WILHELM HENLE

Die Ordnung der Finanzen in der Bundesrepublik Deutschland

AF883443

Bücher der Verwaltung in unserer Zeit

Herausgegeben von Friedrich von Dungern

Band 1

Die Ordnung der Finanzen in der Bundesrepublik Deutschland

Von

Dr. Wilhelm Henle
Ministerialdirigent, München

DUNCKER & HUMBLOT / BERLIN

Alle Rechte vorbehalten
© 1964 Duncker & Humblot, Berlin
Gedruckt 1964 bei Albert Sayffaerth, Berlin 61
Printed in Germany

Vorwort

Staatskunst, Staatsführung und Staatsverwaltung gehören zu den großen Gegenständen der Weltliteratur. Das beginnt für unser Wissen mit dem Buch der Staatsweisheit des Kautilya, des bedeutenden Staatsmanns und Kanzlers eines Mauryakaisers von Indien. Sein umfangreiches, alle Teile staatlicher Tätigkeit umfassendes Werk, in Sanskrit auf Palmblätter geschrieben, wurde im Jahr 1909 in der Nationalbibliothek in Mysore aufgefunden. Es wird mit Recht als ruhmvolle nationale Leistung angesehen und von Nehru bei besonderen Gelegenheiten wie der Eröffnung der neuen Universität in Neu Delhi zitiert. Geschrieben wurde dies Buch um 300 v. Chr. Es fußt auf 1—2000 Jahre alter literarischer Tradition.

In Griechenland schrieb etwa 350 v. Chr. Plato seine beiden Werke über den Staat. Das erste nicht gerade realistisch, aber großartig vom Standpunkt des Erziehers. „Den Staat führen sollen die Reichen, aber nicht die reich sind an Gold, sondern reich an Geist, Wissen und Verstand." Aristoteles, der Professor, widmete dem gleichen Thema drei Bücher. Das hochinteressante für jede Demokratie grundlegende Buch über den Staat der Athener, 1891 in Ägypten aus dem Sand ausgegraben. Ein zweites unvollendetes Werk mehr soziologischer Art und als drittes wieder ein juristisches, nicht erhalten gebliebenes, in dem er 158 Verfassungen griechischer und anderer Staaten beschrieben haben soll. Ebenfalls berühmt waren lange Zeit die Schriften des Cicero über den Staat, bewußt griechischen Mustern nachgebildet, später mit Rücksicht auf den großen Namen des Verfassers wohl eher überschätzt.

Danach folgt eine Pause von eineinhalb Jahrtausenden nicht ganz ohne Literatur, aber ihren früheren Leistungen doch nicht vergleichbar. Erst 1519 in der Renaissance kommt „der Fürst" des Machiavelli, eine der interessantesten Gestalten der Literatur überhaupt. Zum erstenmal wird die Morallosigkeit religiös nicht verpflichteter staatlicher Machtpolitik offen dargestellt, bewußt zugegeben und bei den so handelnden Tyrannen dieser Zeit bewundert.

Es ist ein Buch, mit dem nun alle folgenden Leiter der Politik, Fürsten, leitende Minister ebenso wie die Lehrer des Staatsrechts sich auseinandersetzen müssen. Daß dies Buch zur Lektüre an italienischen Schulen gewählt wird, hat weniger den Inhalt als den nationalbewußten und sprachlichen Wert zum Anlaß. Die staatliche Unmoral, die Nietzsche sagen ließ: der Staat sei das kälteste aller kalten Ungeheuer, findet noch deutlicher seinen Ausdruck in Machiavellis Discorsi, den Vorlesungen über die erste Decade des Titus Livius, worin es heißt: „Wir Italiener einschließlich der Kirche und der Priester haben die erste Pflicht, ohne Religion und nicht gut zu sein (cattivi)."

Fast genau 200 Jahre später erscheint das auf Moral und Religion ganz natürlich gegründete, umfassende, hauptsächlich der Verwaltung gewidmete Buch vom „Geist der Gesetze" des Montesquieu, eine vergleichende Darstellung der Aufgaben von Staat und Behörden der damals bekannten Länder mit deutlicher Vorliebe für das englische System, das fortan auch für Preußen von Bedeutung wurde (Heinitz, Freiherr vom Stein), mehr aber noch von Bedeutung für die nun kommenden Staatsverfassungen der Vereinigten Staaten von Nordamerika 1787, und von Frankreich 1790. Die viel ältere englische Verfassung beruht weitgehend auf Gewohnheitsrecht, die amerikanische dagegen auf geschriebenem Recht, wobei in den Artikeln I, II und III Montesquieus Dreiteilung der Gewalten in Gesetzgebung, Verwaltung und Rechtsprechung streng durchgeführt ist, wie es fortan für alle Verfassungen des 19. und 20. Jahrhunderts maßgebend wurde.

Danach folgt in Preußen die Selbstverwaltung des Freiherrn vom Stein in der Städteordnung von 1808 und die allgemeine Staatslehre der Philosophen des deutschen Idealismus (Fichte, Hegel). Das 20. Jahrhundert brachte dem Staat zu den bisherigen Aufgaben der Sorge für Sicherheit, gerechte Ordnung und Freiheit als neue Aufgaben soziale Fürsorge, Versorgung und Wohlstand.

Wenn von einer guten Verwaltung verlangt wird, daß sie gerecht, ohne Ansehen der Person, fleißig und unbestechlich arbeitet, dann wird die deutsche Verwaltung gewiß nicht zurückstehen. In der Frage der Rechtsstaatlichkeit wird heute die Bundesrepublik von keinem anderen Land übertroffen. Es schrecken die furchtbaren Lehren der Vergangenheit. Auf einigen Fachgebieten ist Deutschland führend.

Allen Ländern gemeinsam ist das brennende Problem des ständigen Anwachsens der Aufgaben. Ist doch zum Beispiel der Präsident der Vereinigten Staaten der Leiter von 83 verschiedenen Organisationen des Bundes. Während aber gleichzeitig die Verwaltung im privaten

Sektor unterstützt wird von einer umfassenden auch spezialisierten Wissenschaft, bleibt im öffentlichen Sektor die Wissenschaft noch im Rückstand, wobei erst in neuester Zeit der Versuch zu begrüßen ist, ihr in diesen Bereich Eingang zu verschaffen. Im allgemeinen herrscht immer noch die Meinung vor, die öffentliche Verwaltung sei der Theorie weniger zugänglich, sie beruhe auf Tradition und auf der Praxis. Das alte System des Hängens am Simile im schriftlichen und mündlichen Verkehr herrscht nach wie vor, ergänzt an manchen Stellen durch bewußte Förderung menschlichen Verhaltens auch als public relations bezeichnet. Es gibt gewiß nicht mehr die Windmacher und Schreiberseelen, die der Freiherr vom Stein so sehr bekämpft hat. Doch die Beobachtung von Balzac, daß ein Beamter keine neuen Ideen äußern dürfe, tue er es doch, dann kämen unweigerlich die Konflikte, gilt weiter.

Recht einsam steht das Wort von Hans Peters, die Verwaltungstätigkeit sei, richtig verstanden, schöpferische Tätigkeit, und der Verwaltungsbeamte müsse ein schöpferischer Mensch sein, und noch grundlegender das Wort, das der Bundeskanzler Konrad Adenauer geprägt hat: „Sich ganz auswirken, mit den Kräften des Verstandes und der Seele, mit seiner ganzen Persönlichkeit, schöpferisch tätig sein zu können, das ist der schönste Inhalt menschlichen Lebens."

Ohne irgend an ähnlich Hohes zu denken, sind die geschichtlichen Beispiele ein Ansporn für das eigene Bemühen, über den engen Bezirk des Gewohnten hinaus zu sehen, sei es, daß Europa ein Muster bietet für neu entstandene Staaten in andern Kontinenten, damit sie aus eigener Kraft ihre Verwaltung aus dem kolonialen Bereich hinausführen können, oder daß die Ergebnisse europäischer Forschung ihnen zur selbständigen Verwertung dienen, dies vor allem in den einzelnen Fachgebieten. Als Beispiel ist die Bundesrepublik Deutschland schon deshalb geeignet, weil sie, wie die Welt weiß, vor kurzem aus dem Nichts weitgehender Zerstörung aufgebaut wurde und weil sie die besondere Lage eines Bundesstaats mit lebensvollem Föderalismus bietet. In diesem weiten Rahmen bedeutet heute verwalten in der Hauptsache aufbauen und helfen am weiteren Aufbau der Welt.

Für die hier versuchte Reihe von Monographien der Verwaltung in unserer Zeit muß in erster Linie dem Bundespräsidenten Heinrich Lübke als dem Anreger gedankt werden. Er hat in der Öffentlichkeit und in persönlichen Briefen eindringlich gefordert, es möge in einer Zeit, in der eine große Zahl von Ländern von ihren Kolonialmächten freigegeben und so neue Staaten entstanden sind, nicht zum wenigsten für das Gebiet der Verwaltung eine Hilfe gegeben werden. So sind diese Bücher entstanden, deren Reihe noch fortgesetzt werden soll.

Dank gebührt allen Mitarbeitern und Verfassern, dem Ministerialdirigenten Dr. Wilhelm Henle in München (Finanzen), Dr. med. Otto Jäger in Berlin (Gesundheitswesen), Professor Dr. Dr. Dr. h. c. Kurt Mantel in Freiburg (Forsten), dem Ministerialdirigenten Arno Maneck in Wiesbaden (Personalwesen), der Forschungsgesellschaft für Staats- und Kommunalwirtschaft in Frankfurt a. M. für ihre Förderung und nicht zum wenigstens dem Verlag Duncker und Humblot in Berlin und München, der sich mit seiner großen Erfahrung und gutem Rat in den Dienst der Sache gestellt hat.

Der Herausgeber

Inhalt

Erster Abschnitt

Finanzpolitik gestern und heute

Zweiter Abschnitt

Die Ordnung des Haushaltswesens

Dritter Abschnitt

Die finanzpolitische Sicherung des föderativen Aufbaus

Vierter Abschnitt

Das System der Einnahmen und Ausgaben

Fünfter Abschnitt

Die Vermögenswirtschaft der öffentlichen Hand

Erster Abschnitt

Finanzpolitik gestern und heute

§ 1. Der Kameralismus

Die Wurzeln der staatlichen Finanzwirtschaft von heute führen kaum weiter zurück als zum Barock und zur Aufklärung, allenfalls in die frühe Neuzeit. Das ist kein Zufall: Es war dies die Zeit, in der die geistigen Grundlagen einer Epoche gelegt wurden, die als Neuzeit deklariert, sich immer weiter in die unendliche Zukunft erstreckt. An dieser Schwelle der Zeiten formierte sich das moderne Staatswesen; damals kam eine neue Wirtschaftsgesinnung herauf und — was Deutschland angeht — schrie die durch den 30jährigen Krieg zerrüttete Wirtschaft nach hegender Pflege unter sorgsamer Führung. In Europa war eine neue Staatenwelt und ein neuer Staatstyp entstanden. Dieser neue Staat hatte sich freigemacht von der Ordnungsidee des Mittelalters und der Ausrichtung auf universelle und jenseitige Zwecke. Losgelöst von allen außerhalb liegenden Ideen, sollte er ganz sich selber dienen, der Staatsraison, also seinen Interessen und der Mehrung seiner Macht. Wie der Mensch sich von seinen mittelalterlichen Bindungen gelöst hatte und stürmisch nach den Möglichkeiten einer voranschreitenden geistigen Entwicklung griff, so wurde auch ein Staat geschaffen, der Einzelner unter Einzelnen war. Dieser Staat spannte schlechthin alle Lebensgebiete in sein Interesse und seine Sorge ein. „In diesem Staat wurden alle Kräfte zusammengefaßt und unter die Leitung eines tätigen und zielbewußten Willens gestellt[1].“ „Der Sinn des Ganzen ging auf die Hervorbringung der Macht und der unmittelbar für dieselbe erforderlichen Mittel[2].“ „Macht durch Reichtum“ und „Reichtum durch Macht“ ist ein vielleicht zu lakonisches Motto für diese Staatsideologie; in ihr kommt der Wille zur schöpferischen kulturellen Leistung in der ganzen Breite des Worts, die den Barock auszeichnet und großartige Werke menschlichen Geistes gezeugt hat, nicht recht zum Durchbruch. Dem damaligen Wandel des zentralen Weltanschauungssystems ent-

---

[1] *Schnabel*, Deutsche Geschichte im 19. Jahrhundert, 1947, S. 43.

[2] *Ranke*, 12 Bücher preußischer Geschichte, Bd. IV, S. 298.

sprach auch eine neue Wirtschaftsgesinnung. Man begann bald, nach der „Natur und den Ursachen des Wohlstands der Nationen“ zu suchen, ein Anliegen, das später Adam Smith zum Gegenstand seines im Jahre 1776 erschienenen Werkes machte.

„Die kommerziellen Kräfte“ (Ranke) regten sich. Der Staat stellte sie in den Dienst seiner Zwecke. „Er setzte deshalb alle Mittel ein, um Gewerbe und Handel zu heben[3].“ Der aufgeklärte Fürst betrachtete sich bald nicht mehr als den egozentrischen Selbstzweck des Staates, er empfand sich nicht mehr als „roi soleil“, sondern als „premier serviteur“ des Staates. Er sah den Staat als kunstvolles Räderwerk, zu dessen Leitidee übrigens die Städterepubliken in Italien und die deutsche Städteherrlichkeit viel beigetragen hatten. Es bedurfte eines zuverlässigen Apparats, der die Räder des Kunstwerks „Staat“ betrieb und ihren Lauf verbesserte. Dem rationalistischen Zug dieser Zeit entsprechend, suchte man nach einem Rezept, nach einem geschlossenen System, um zum bestmöglichst funktionierenden Staatswesen zu kommen. „Que toutes les mesures prises soient bien raisonnées“ war das Anliegen Friedrich des Großen, der den vollendeten Typus des aufgeklärten Fürsten stellte. „Mit Bajonetten kann man Schlachten gewinnen, über das Resultat des Krieges entscheidet die Ökonomie“ soll er einmal gesagt haben.

Die Einheit von Staat und Wirtschaft

Zur Zentrale, gewissermaßen zum Gehirntrust dieses Räderwerkes, war in Deutschland schon vorher die „Camera principis“ geworden. Von ihr erhielt die deutsche Ausprägung des Merkantilsystems ihren Namen: der „Cameralismus“ entwickelte sich als Wissenschaft von der praktischen Staatstätigkeit, als einheitliche und ungetrennte Wissenschaft von Staatsverwaltung und von Volkswirtschaft. Im Zeichen des Barock erdachte man „ein volkswirtschaftliches System von kulturtragender Kraft, großzügig und auf das Schöpferische gerichtet, weit ausgreifend im Raum und in der Idee und doch einseitig gebannt durch selbsterrichtete Grenzen. Man dachte im System der nationalen Autarkie, im Dogma der aktiven Handelsbilanz, des Reichtums und des Glückes durch gewerbliche Ausfuhr“[4]. Es entsprach der damaligen Auffassung vom „Deutschen Fürstenstaat“, wie das Standardwerk des Franken Veit Ludwig von Seckendorf (1626—1692) sich bezeichnenderweise betitelte, daß der Staat als oberstes Organ die Lenkung vor-

---

[3] *Schnabel,* a.a.O.

[4] *Schmitt-Lermann,* Der Versicherungsgedanke im deutschen Geistesleben des Barock und der Aufklärung, 1954, S. 33.

nehmen müsse, um das Land in „einen blühenden Zustand zu versetzen, dergestalt, daß dadurch die Nahrung der Untertanen gefördert und das Vermögen des Landes vermehrt“ werde. Die Kameralwissenschaft beschäftigt sich mit den Bedingungen und Voraussetzungen des Wohlstands, den wirksamsten Mitteln, die am zweckmäßigsten und sichersten für die Begründung, Erreichung, Erhaltung und Vermehrung der Wohlfahrt benützt werden könnten, wie ein Kameralist es damals formulierte. Ein lebendiges Zeugnis des damaligen Stils, der nichts ohne Pathos zu sagen vermochte, bildet ein Brief des Kronprinzen Friedrich an Voltaire von einer Studienreise durch Ostpreußen: „Ich finde etwas so Heroisches in der hochherzigen, emsigen Art, wie der König diese Wüste besiedelt, sie fruchtbar und glücklich gemacht hat.“ Es war das Bemühen der Kameralisten oder Staatswirtschaftler, das Wirtschaftsgefüge als ein feingliedriges merkantiles System zu erfassen, in der Landwirtschaft, Gewerbe und Handel bestimmte Funktionen zu erfüllen hatten. „Kein Winkel soll unbenutzt bleiben, kein Grundstück brach liegen.“ Gewerbe und Manufaktur gelten als die vornehmsten Quellen des Reichtums, denn das Gewerbe produziert die Güter auf der Grundlage der Bodenerzeugung. Der Handel vermittelt ihren Absatz. Man muß im Land produzieren, um die Einfuhr zu erübrigen. Manufakturen aller Art errichtete der Staat teils selbst, teils bestellte er geeignete Bürger für diesen Zweck. Auch die Bedeutung des Geldes wurde erkannt. Überall, wohin es kommt, so hieß es, regt es die Wirtschaft an. Die Bayerische Staatsbank — bezeichnenderweise im rührigen Frankenland, in Ansbach gegründet — stammt aus jener Zeit.

Im Zuge dieser Überzeugungen, die teilweise durchaus modern sind, wurde kultiviert und meliorisiert. „Den letzten Pfuhl noch abzuziehen, das Letzte wäre das Höchsterrungene“ so klingen noch im „Faust“ die Gedankengänge des Ministers von Goethe nach. Wirtschaftliche und religiöse Überzeugung vereinigten sich zum Kampf gegen Bettlertum und Bummelei. Man zog die Leute ins Land und versetzte auch die Einheimischen dahin, wo sie gebraucht wurden. Wie wirtschaftlich man gesinnt war, zeigt sich an vielen kleinen und großen Zügen; auch in der schönen Literatur.

„Die Flut, so hoch sie morgens eintritt,
ist des Mittags längst verlaufen,
weil Kanäle sie verschlingen,
die zu füllen und zu schließen, gleich unmöglich“,

so umreißt 1781 Lessing im „Nathan“ die ewige Sorge der Finanzminister.

Nicht nur die Kameralisten glaubten, daß die Welt „das öffentliche Glück den Wohltaten der Fürsten verdankte"[5]. Der barocke Schwung dieser Bewegung klingt noch in der Legende von „Zar und Zimmermann", wo der Zar persönlich das Handwerk erlernte, durch das seinem Land der Weg übers Meer eröffnet werden sollte, oder in der Anekdote von den „Potemkinschen Dörfern", in der ein Betrüger der Zarin die Erfüllung ihrer landesmütterlichen Vorstellung vorgaukelte.

Die Kameralisten haben das Verdienst, sich um die theoretischen Rezepte für die praktische Verwirklichung solcher Vorstellungen einzusetzen, und sie machten den Versuch, ein geschlossenes wissenschaftliches System auszudenken. Sie hatten Erfolg für ihre Zeit. Justi (1705—1771) schrieb eines der Standardwerke des Kameralismus mit dem bezeichnenden Titel „Staatswirtschaft". Staat und Wirtschaft trieben sich in grandioser Wechselwirkung gegenseitig in die Höhe[6]. Die Parallelen zur Entwicklungsideologie liegen offen.

Die Haushaltswirtschaft des Staates begannen die Kameralisten zu ordnen und in ein System zu bringen, das heute noch nachwirkt. Ebenso bemühte man sich — der rasch wachsende Staatsbedarf konnte nicht entfernt mehr aus dem Ertrag der Domänen und Regalien gedeckt werden — das Steuerwesen zu einer ergiebigen Einnahmequelle auszubauen. Die unübersehbare Zahl von Verbrauchsteuern und Ertragsteuern wurde gründlich „durchforstet"; die Möglichkeiten und Vorteile der einen und anderen Steuerart gegeneinander abgewogen. Im „Akzisenstreit" standen sich in ganz modern anmutender Weise die Fronten gegenüber. Während die Fiskalisten in einer allgemeinen Akzise „pur et simple" die „neu-entdeckte Goldgrube" sahen[7], wollte die soziale Richtung Brot und Salz des Bettlers durch Akzisenfreiheit schonen.

Staatspolitik, Heerwesen, Wirtschaftspflege und Wohlfahrtspolizei durchdringen sich zu einer unlösbar verflochtenen Einheit, in der das, was wir heute Finanzpolitik nennen, völlig aufging. Unter dem Namen der „Wohlfahrtspolizei", wobei Polizei wohl als Politik zu lesen ist, betrieb man weithin das, was man heute gerne als Wachstumspolitik bezeichnet. Es versteht sich, daß diese Politik die Staatskassen anreicherte. Ein stehendes Heer hätte anders nicht gehalten werden können. Es leuchtet auch ein, daß sie an die Bürger manchmal unbequeme Ansprüche stellte. Im „Josephinismus" hat diese Übertreibung landesväterlicher Sorge ihren Namen gefunden.

---

[5] *Racine*, Britannicus.

[6] *Schnabel*, a.a.O., S. 54.

[7] So eine Schrift von *Tenzel*, 1685.

§ 2. Die Finanzpolitik im liberalen Staat

Die Kameralistik war des aufgeklärten Absolutismus liebstes Kind und ihre Stunde schlug gleichzeitig. Es kam mindestens in der Staatsideologie und in der Volkswirtschaftslehre, zunächst weniger in der Praxis der Staatswirtschaft und Finanzpolitik, zum Ausschlag des Pendelns nach der anderen Seite. War früher aller Staatszweck in einer grenzlosen Wohlfahrtspolizei aufgegangen, in teils ideal-ethischer, teils machtpolitischer Zielsetzung das Schöne und Nützliche, Idealismus und Pragmatismus verbindend, so begann das im Wohlstand erstarkende Bürgertum sich schließlich gegen pedantische Reglementierung und bürokratische Gängelei aufzulehnen. Es kündigte das Bündnis mit dem Staat, das eine Entwicklungsepoche zum Vorteil beider begleitet hatte. Eine neue Sternstunde der Menschheit war angebrochen. Die Idee des neu heraufkommenden Staatsgefühls formulierte Wilhelm von Humboldt: „Der Staat enthalte sich aller Sorgfalt für den positiven Wohlstand der Bürger und gehe keinen Schritt weiter, als zur Sicherstellung gegen sich selbst und gegen auswärtige Feinde notwendig ist.“ In einem gewaltigen Umschwung der Staatsphilosophie war man damit bei einer neuen Formel für die Lösung des ewigen Problems vom Verhältnis des Einzelnen zur Gemeinschaft angelangt. Den Menschen kam jetzt die erste Rolle zu. Die Entfaltung aller Kräfte des freien Individuums wurde zur optimistischen Leitvorstellung der Zeit. Der Staat hat die Aufgabe, dienend das Zusammenleben zu ordnen, dem Bürger eine möglichst große „Individualsphäre“ zu sichern. Der Garant dieser dienenden Stellung wurde der Rechtsstaat. Durch ein konstitutionelles System der „checks and balances“ sollte er seiner unumschränkten Macht beraubt werden. Die Beschränkung des Staats auf Gefahrenabwehr, mit der der Begriff der Polizei eine bezeichnende Wandlung seines Inhalts erfährt, schließt den Gedanken der landesväterlichen Sorge für die Wohlfahrt eigentlich aus.

Waren der Staat und sein Führungsapparat einst Herz und Motor des volkswirtschaftlichen Kreislaufs gewesen, so wird er jetzt zur Seite gedrängt: Es gibt keine „Staatswirtschaft“ mehr, sondern eine Privatwirtschaft. Der Staat produziert nicht, er ordnet. Der Staatsbeamte wird als Jurist ausgebildet; Wirtschaftsfremdheit schadet ihm nicht unbedingt; die Bürokratie soll sich ja nicht einmischen. In der Wirtschaft geht alles von selbst am besten. Angebot und Nachfrage regeln den Markt; Malthus ersetzt die Gewerkschaften und die Sozialpolitik. Es gilt das Prinzip: Dem Tüchtigen gehört die Welt. Freiherr vom Stein schreibt in einem Brief an Freiherrn von Gagern: „Der Staat ist kein Manufakturverein“, um fortzufahren, „sein Zweck ist nicht allein Brot und Wohlstand, sondern mehr noch religiöse Erziehung, die Bildung von Geist und Gemüt". Der große Staatsmann wußte, daß es allerdings zweierlei ist, romantisch zu schwärmen und richtig zu handeln.

Wenngleich von der offiziellen Staatsphilosophie, deren Pendel ja häufig weit ausschlagen, abgeschrieben, wirkte der kameralistische Geist in der Stille fort. Denn die Erziehung zur Industrie, ja die Industrialisierung selbst, gehörte zu den großen Aufgaben des 19. Jahrhunderts. Sie konnten nicht geleistet werden ohne den Staat. Der aufgeklärte Absolutismus hatte Vorarbeit geleistet. Die Beamten der neuen Zeit brauchten nur einfach weiterzubetreiben, was damals begonnen wurde und Wurzeln gefaßt hatte[8]. Neben der sogenannten Gewerbeförderung durch den Staat waren es insbesondere aber die Gemeinden, die in der zweiten Hälfte des 19. Jahrhunderts die Notwendigkeiten erfaßten und sich nicht scheuten, im Sinne der „Daseinsvorsorge" als Unternehmer aufzutreten. Der Geist des Kameralismus verschlug sich in die „Kämmereien" der Städte; in der Folge wird der Kommunaldienst dem Staat hervorragende Diener schenken.

Die Verselbständigung der Finanzpolitik

In der angedeuteten geistigen Atmosphäre dieser Staatsideologie geschah es, daß sich die Finanzwissenschaft als eigene Wissenschaft und die Finanzpolitik gewissermaßen im Wege der Zellteilung abspalteten. Die Zielsetzung der Kameralistik als einer geschlossenen Lehre vom nationalen Reichtum aus der Entwicklung aller nationalen Quellen, verkürzte sich auf die Lehre von der Befriedigung des jährlichen Staatsbedarfs. Noch 100 Jahre später betrachtete es Eheberg, der Verfasser eines führenden finanzwissenschaftlichen Lehrbuches seiner Zeit, als die vornehmste Aufgabe der Finanzwissenschaft, „die öffentliche Einnahmewirtschaft darzustellen, während über die Ausgaben nur kurz zu berichten sei". Gerloff, der selbst über diese Lehre längst hinauswuchs, formulierte den Tatbestand dahin, daß der öffentliche Bedarf der Finanzwissenschaft bestimmt und vorgeschrieben, die Art seiner Deckung freigegeben sei. Die Finanzwissenschaft stellte demgemäß die Steuerlehre in den Mittelpunkt. Was die Ausgaben anlangt, so stimmen alle Autoren darin überein, daß der Haushalt nur das zum Inganghalten des Staates Notwendigste (vgl. § 17 RHO) enthalten dürfe. Diese Auffassung ist die Basis der Reichshaushaltsordnung aus dem Jahre 1922, die zu ihrer Zeit ein großer Wurf war, aber nach 40jähriger Lebensdauer gewisse Zeichen gesetzmäßigen Alterns zeigt. Sie und das Grundgesetz in seinem Abschnitt „Finanzwirtschaft" spiegeln den Stand der finanzwissenschaftlichen und verfassungspolitischen Erkennt-

---

[8] *Schnabel*, a.a.O., Bd. III, S. 292.

nisse dieses Zeitalters wider. Sie sind geistige Kinder des 19. Jahrhunderts. Der Verfassungssatz z. B., wonach der Haushaltsplan durch Gesetz festgestellt wird, klingt heute selbstverständlich und doch ist er das Ergebnis der tiefgehenden, verfassungspolitischen Auseinandersetzung zwischen Krone und Parlament, die die erste Hälfte des vorigen Jahrhunderts als konstitutionelles Problem beschäftigte. Denn seiner wahren Natur nach ist der Haushaltsplan ein Verwaltungsakt. Wenn er durch das Gesetzgebungsverfahren getrieben wird und wenn die Aufnahme von Staatskredit des Gesetzes bedarf, so deswegen, weil dadurch das Parlament die Staatstätigkeit in den Griff bekommen sollte. Die Haushaltsgrundsätze der Jährlichkeit, der Einheit, der Vollständigkeit, und naturgemäß auch der Ausgeglichenheit, sind notwendige Glieder des Systems, die mithelfen, um die Herrschaft der Bürger durch das Parlament über die Staatsverwaltung zu sichern. Natürlich soll der Haushalt möglichst klein gehalten werden. Das Aufkommen der Steuern muß so eingestellt werden, daß es gerade ausreicht, diejenigen Ausgaben, die regelmäßig wiederkehren, zu decken.

Am Rande des Defizits

Was über diesen Block des zwangsläufig immer wiederkehrenden hinausgeht und irgendwie außerordentlichen Charakter trägt, darf nicht mehr durch Steueraufkommen gedeckt werden. Die Anleihe soll die Steuerzahler schonen. Aus dieser Überlegung stammt die heute noch geübte Teilung in ordentlichen und außerordentlichen Haushalt. Alle Überschüsse, die erzielt werden, vermindern den Betrag der Anleiheermächtigung oder müssen zur Schuldentilgung verwendet werden; keinesfalls dürfen sie für neue Ausgaben herangezogen werden. Der ideale Finanzminister verfolgte kein anderes Ziel, als die alljährlichen Haushaltsanforderungen möglichst geräuschlos zu decken. Er wandelt sozusagen von Amts wegen am Rand des Defizits. Die Steuerpolitik sollte neutral sein. Ihr ausschließliches Ziel ist die Bedarfsdeckung.

Im Ganzen war das System logisch entwickelt. Es diente seinem Zweck vollkommen. Es war und bleibt eine bewunderungswürdige Leistung des politischen Geistes, die gesamte Staatstätigkeit im Staatshaushalt in Ziffern und Zahlen zu fassen und sie in ein für das Parlament überblickbares und kontrollierbares System zu ordnen. Diese Erfindung hat sogar so etwas wie ihre Zweckentfremdung überdauert. Zu dem doppelten Zweck der Überwachung, aber auch der Begrenzung der Staatstätigkeit erdacht, dient sie heute eigentlich vorwiegend der ersteren. Die Ausdehnung der Staatstätigkeit, nicht zuletzt durch die Ausgabefreude der Parlamente und der Bürokratie, scheint zu einem unbewältigten Problem der Massendemokratien geworden zu sein. Damals hätte man noch nicht in bitterem Humor sagen dürfen, daß „Staatsgelder auszustreuen, zum reinsten aller menschlichen Vergnügen gehört. Es befriedigt nämlich Instinkte der Macht und der Herzensmilde, und es ermöglicht den Menschen, sich über jene engherzigen Bedenken hinwegzusetzen, die sie im Privatleben hemmen und lähmen“[9]. Und doch gehört es zu den reizvollen Überraschungen der Finanzgeschichte, daß in diesem Klima der puritanischen Sparsamkeit Adolf Wagner aus der Entwicklung der Verhältnisse sein Gesetz vom wachsenden Staatsbedarf im Jahre 1883 ableitete, daß 1899 Adams ganz ähnlich zu dem natural law of public expenditures gelangte und wenig später Pantaleoni über den gleichen Tatbestand seine Betrachtungen anstellte.

Die Lehre von der wirtschaftlichen Verderblichkeit der Staatstätigkeit, von der staatswirtschaftlichen Enthaltsamkeit, entsprach und genügte der allgemeinen Überzeugung des Mittelalters. Die Zeiten des frühen Kapitalismus hatten eine gute Konstitution. Nicht nur das Handwerk hatte einen goldenen Boden. Die junge Industrie brachte vielerorts Wohlhabenheit und Reichtum, zunächst ohne die Schattenseiten des Massenproletariats. Die Erschließung der Welt durch die Technik sorgte für eine kräftige Expansion und ein stürmisches Wirtschaftswachstum auf der Basis der Goldwährung. Rückschläge wurden schnell wieder aufgefangen. Der Staatsbedarf lag bei weniger als 10 vH des Nationalprodukts. Die Finanzpolitik diente der jungen Wirtschaft von damals vielleicht am wirksamsten durch ihre Beschränkung.

§ 3. Vom Weltkrieg und der Weltwirtschaftskrise zur „fiscal policy“

Doch traten alsbald Umstände ein, denen gegenüber die alten Lehren versagten. Verschiedene Ereignisse wirkten verhängnisvoll zusammen. Man darf wohl sagen, daß in den Stahlgewittern des ersten Weltkrieges viel Optimismus und Fortschrittsgläubigkeit verbrannten. Die besten Kräfte der Nation verbluteten, darunter gerade auch der Nachwuchs der Führungsschicht, der die bürgerliche Ideologie des 19. Jahrhunderts weiterzutragen bestimmt war. Mit ihnen wurde die Zukunft Europas begraben. Im Gefolge des Krieges und seiner politischen wie wirtschaftlichen Wirren zerfiel das soziologische Gefüge des 19. Jahrhunderts vollends. Der Massenstaat des 20. Jahrhunderts begann sich zu formieren. Die Schwächen des kapitalistischen Systems traten un-

---

[9] *Brogan*, The Demokrat at the Suppertable — Demokrat am Tischlein-Deck-Dich.

verhüllt hervor. Wellen der Inflation und Arbeitslosigkeit gingen über die ganze Welt. Eine starke Konzentrationsbewegung in der Wirtschaft, insbesondere der Grundstoffindustrie, zeichnete sich ab und brachte eine fühlbare Umstrukturierung unter ausgreifender Verdrängung des selbständigen Mittelstandes. Der organisierte Arbeiter begann seine Macht zu begreifen. „Wenn Dein starker Arm es will, stehen alle Räder still.“

In Deutschland, aber auch anderwärts, war man in den ersten Weltkrieg finanzpolitisch unvorbereitet gegangen. Die Reparationszahlungen, die Deutschland auferlegt wurden und die es zum völligen wirtschaftlichen Ruin brachten, waren ein verhängnisvoller Ausfluß der national-ökonomischen Unschuld, die Volkswirtschaft und Privathaushalt gleichsetzte. Die Inflation in Deutschland war nicht nur eine Folge der inneren Kriegslasten, sondern auch eine Folge der äußeren Reparationszahlungen. Die Währungsreform im Jahre 1923 führte bezeichnenderweise der damalige Finanzminister (und spätere Reichskanzler) Dr. Luther durch, der übrigens aus dem Kommunaldienst stammte. Sie hätte ohne eine Haushaltspolitik von äußerster Strenge und Konsequenz nicht zu einem Dauererfolg werden können. Die orthodoxe Lehre vom Haushaltsausgleich hat hier einen letzten Triumph gefeiert. Dem Reichsfinanzminister Schlieben war es in der Mitte der 20er Jahre sogar gelungen, eine nicht unbeträchtliche Rücklage zu sammeln und eine gewisse Gesundung der deutschen Finanzen zu beweisen. Sein Nachfolger Dr. Reinhold gab diese Rücklage leichten Herzens preis. Er wollte unbedingt am Rand des Defizits wandeln. Er ist der Vater dieser nachmals berühmt gewordenen Formulierung.

All das lag im Rahmen einer konservativen Haushaltspolitik. Der Haushaltsausgleich, d. h. die Ablehnung eines ungedeckten Fehlbetrages, stand oben an. Die Fortsetzung dieser Politik der finanzpolitischen Enthaltsamkeit in die Weltwirtschaftskrise hinein sollte sich jedoch als verhängnisvoll erweisen. Das gilt besonders von der Sparpolitik Brünings, die das Ziel verfolgte, den steigenden Bedarf des Staats mit aller Gewalt seinen in der Krise sinkenden Einnahmen anzupassen. Zwar war diese Politik gerade auf dem Hintergrund des damaligen Wissens und vor allem aus dem furchtbaren Ergebnis der kurz vorher überwundenen Inflation zu verstehen. Aber in der Geschichte gilt das Prinzip der Erfolgshaftung. Mißerfolg führt zur Verurteilung. Es spricht in der Tat vieles dafür, daß diese deflationäre Haushaltspolitik von damals zu unserem Schicksal bis heute entscheidend beigetragen hat, weil sie die Arbeitslosigkeit vermehrte und damit den Sieg des Nationalsozialismus begünstigte. Keine Regierung eines hochentwickelten Industriestaates könnte es sich heute leisten, einer Massenarbeitslosigkeit tatenlos zuzusehen, das Brachliegen des wichtigsten Produktionsmittels „Arbeit“ hinzunehmen, die Verarmung und damit die Radikalisierung um sich greifen zu lassen. Das wußte man damals noch nicht. Man hofft es heute zu wissen, und man weiß vor allem, daß es besser ist, irgendetwas zu tun als tatenlos abzuwarten. Die Weltwirtschaftskrise — 6 Mill. Arbeitslose in Deutschland — brachte das Ende einer geistigen Epoche. Sie hat ein Trauma hinterlassen, von dem sich der Wirtschaftsliberalismus nicht wieder erholen konnte. Die Krise in der Wirtschaft wurde zur Krise des Wirtschaftssystems.

Der Einschnitt der Weltwirtschaftskrise

Die heutige Epoche der Finanzpolitik hat in dem Erlebnis der Weltwirtschaftskrise von 1930 ihre Wurzeln. Sie gab einer Volkswirtschaftslehre und -politik den Todesstoß, die sich mit einem Konjunkturzyklus als marktwirtschaftliche Gegebenheit abfindet und die in der Konjunktur erklärt, daß die Krise und in der Krise, daß die Konjunktur demnächst ausbricht.

So entstanden unter dem Druck der Verhältnisse die Bruchstücke einer neuen Konzeption. Zu ihr hat John Maynard Keynes in einer „General theory of employment, interest and money“ die Grundlagen gelegt. Seine Lehre ist natürlich auch ein Kind ihrer Zeit insofern, als sie unter dem Eindruck der Arbeitslosigkeit unterstellte, daß die Sparneigung die Investitionsneigung übertreffe und dadurch in der hochkapitalistischen Wirtschaft ein Hang zur Unterbeschäftigung entstehen müsse. Er folgert, daß der Staat mit Investitionsausgaben eingreifen, die Lücke zwischen Sparen und Investieren schließen und den Arbeitslosen Arbeit beschaffen müsse. Seine Erkenntnis, daß Konsum und Investition das Volkseinkommen bilden, führte zu der Formel: $Y = C + I$.

Damit war die rudimentäre Formel aller makro-ökonomischen Gleichungen gefunden, die den volkswirtschaftlichen Kreislauf beschreiben. Keynes ist der Erfinder der „fiscal policy“. Er hat der Finanzwissenschaft dazu verholfen, wieder das zu werden, was sie einst war und was sie nach Gegenstand und Aufgabe wohl zu sein beanspruchen darf: „Ein Kernstück der politischen Ökonomie“ (Gerloff). Mit seinem Werk, das 200 Jahre nach den Werken der Kameralisten erschien, beginnt sich der Kreis zu schließen. Eine ganze Epoche der Finanzideologie hatte sich bemüht, den Staat aus dem Wirtschaftsgeschehen zu verbannen. Mit der „fiscal policy“ wird ihm die Türe wieder aufgestoßen. Finanzpolitik und Wirtschaftspolitik rücken im modernen Staat wieder zu einer Einheit zusammen. Gerade das hatten wir als das Charakteristikum des Kameralismus empfunden. Mit der gewaltigen Zäsur der Weltwirtschaftskrise endet und mit Keynes beginnt eine neue Epoche der Finanzpolitik.

§ 4. Der Wohlfahrtsstaat

Das moderne Staatswesen der westlichen Kulturstaaten hat die Bezeichnung „Wohlfahrtsstaat" erhalten. Seine Bedingungen sind von denen seines Vorgängers, des liberalen Staates, so verschieden, daß er sich eine Finanzpolitik eigener Art ausbilden muß. Es scheint, daß die Finanzpolitik kein „Ding an sich" ist. Sie spiegelt den Geist des Staates wieder, dem sie dient. Die Finanzpolitik von heute ist und wird die Finanzpolitik des Wohlfahrtsstaates sein.

Soziale Gerechtigkeit und Sicherheit

Eine Definition des Wohlfahrtsstaates ist schwierig; man erfaßt sein Wesen wohl am besten, wenn man das — allerdings nicht näher definierbare — gesellschaftspolitische Ideal der „sozialen Gerechtigkeit" und der „sozialen Sicherheit" in den Vordergrund stellt.

Auf wirtschaftlichem Gebiet bejaht dieser Staat das Privateigentum als Basis seiner Wirtschaftsordnung, das private Unternehmertum und das Prinzip — wie manche meinen: die Illusion — des freien Wettbewerbs. Seine Wirtschaft ist die Marktwirtschaft. Die Schwächen und die Auswüchse des Systems will und kann er nach dem Erlebnis der Weltwirtschaftskrise nicht mehr in Kauf nehmen. Seine Existenz könnte sonst gefährdet sein. Der Sozialstaat darf sich dem Risiko der dem kapitalistischen Wirtschaftssystem augenscheinlich innewohnenden Wellenbewegungen von Krisen und Konjunkturen nicht aussetzen, jedenfalls muß er alles daran setzen, es in engen Grenzen zu halten. Die Wirtschaftspolitik, von der er sich das einigermaßen verspricht, ist die der „sozialen Marktwirtschaft". Sie führt ein variables, bewegliches Programm, das seinen Akzent bald mehr auf „Markt", bald mehr auf „sozial" legt. Die Setzung allgemeiner Rahmenbedingungen für die Wirtschaft, vor allem eine Wettbewerbsordnung, ist selbstverständlich. Wirtschaftsrecht und Wirtschaftsverwaltung nehmen einen breiten Raum ein. Verschiedene Sektoren der Wirtschaft wie etwa die Agrarwirtschaft, das Kreditwesen, der Güterverkehr unterliegen Sonderregelungen. Mit der Theorie der sozialen Marktwirtschaft ist die Intervention in bestimmten Fällen, etwa zur Anpassung an neue Marktbedingungen oder beim Übergang zu Strukturveränderungen, vertretbar, ja angezeigt. Die Praxis geht über die Theorie weit hinaus und übt den Einzeleingriff, insbesondere mit Hilfe der Subventionen, als alltägliches Instrument seiner Wirtschaftspolitik.

Ein möglichst hoher Grad der Beschäftigung, am besten die Vollbeschäftigung, ist ein wichtiges Anliegen. Die Vollbeschäftigung sichert den sozialen Frieden, setzt das kostbarste Produktionsmittel, über das die hochentwickelten Staaten verfügen, die Arbeitskraft, voll ein und vermittelt über den Lohn am einfachsten und organischsten die Teilhabe an der Güterversorgung. Ein stetiges Wachstum der Wirtschaft steigert das Angebot der Güter und Dienstleistungen, verbessert die Güterversorgung für alle und vermehrt den Wohlstand jedenfalls für die am Produktionsprozeß beteiligten Menschen. Was die öffentliche Hand von sich aus zur Förderung des Produktionsprozesses beitragen kann, muß sie tun. Der moderne Staat wird deshalb bemüht sein, die öffentlichen Dienstleistungen auszubauen, sie ständig den Fortschritten der Technik anzupassen und ihr zuverlässiges Funktionieren sicherzustellen. Ein dichtes und breites Netz öffentlicher Dienste wird zum typischen Kennzeichen des Staates einer hochentwickelten Stufe.

Zum Programm des Wohlfahrtsstaates gehören Vollbeschäftigung und Wirtschaftswachstum. In diesem Zusammenhang wird regelmäßig auch die Stabilität genannt. Da aus verschiedenen Gründen der Lohn- und Preisspiegel in den Industriestaaten wahrscheinlich (auch bei wirtschaftlichen Rückschlägen) nicht sinken kann, bedeutet die Stabilität in der Praxis die Verhinderung von Inflation. Ob hier ein wunder Punkt des Systems liegt, wie manche behaupten, die Vollbeschäftigung und Stabilität für unvereinbar halten, bleibt abzuwarten.

Die Umverteilung des Einkommens

Eine kräftige Umverteilung des Einkommens ist ein weiterer hervorstechender Zug des Sozialstaats. Sie soll den „Wohlstand für alle“ verwirklichen und im Sinne sozialer Gerechtigkeit und Sicherheit einer breiten Masse die Teilhabe am allgemeinen Wohlstand ermöglichen. Der Umfang der Einkommensverlagerung ist beträchtlich. Sie erfolgt im wesentlichen über Steuern und Sozialabgaben, die Einkommen entziehen, sowie über Renten, Subventionen, Stipendien, Prämien, Steuerprivilegien und dergleichen, die Einkommen schaffen oder schonen. Die Einkommensteuer mit ihrer Progression erweist sich als vorzügliches Werkzeug dieser Umverteilung. Überhaupt ist die Einkommen- und Korperschaftsteuer zu einem wichtigen Instrument wirtschafts- und sozialpolitischer Ziele geworden.

Tabelle 1: **Umverteilung des Einkommens**

	1913	1929[a)]	1938	1961	1962[b)]	1963[b)]
	in Millionen DM (bzw. RM)					
Abgabebelastung (Steuern, Beiträge zur Sozialversicherung, Arbeitslosenversicherung, landwirtschaftl. Alterskasse, Familienausgleichskasse)	5 360	18 692	28 609	107 577	118 190	126 310
Sozialleistungen	1 393	8 222	6 009	41 120	44 615	47 980
Sozialleistungen in vH der Abgabebelastung	26	43,9	21	38,2	37,7	38,0
Sozialleistungen in vH des Bruttosozialprodukts	3,1	9,3	6	12,7	12,8	13,1
Ausgabebelastung in vH des Bruttosozialprodukts	11,8	23,1	28,3	33,2	33,8	34,4

a) Der hohe Sozialaufwand erklärt sich aus dem Fürsorgeaufwand und den Leistungen der Sozialversicherung sowie der Arbeitslosenversicherung infolge der beginnenden Weltwirtschaftskrise.

b) Schätzung.

Quelle: Konrad *Elsholz*, Sozialbilanz 1962. Bulletin der Bundesregierung 1962 Nr. 65; *derselbe*, Sozialbilanz 1963, in Arbeit und Sozialpolitik, Heft 3/1963.

Die Kritik am Wohlfahrtsstaat ist lebhaft und bezeichnet ihn oft abschätzig als „Wohlstandsstaat“, „Verteilerstaat“ oder gar als „Fiskalsozialismus“ (Roepke)[10]. Diese Kritik ist nicht nur zu scharf, sondern wohl auch ungerecht. Das Programm der sozialen Gerechtigkeit mag etwas mystisch sein. Wie kann man aber in einer Zeit des Umbruchs und der Wandlung aller Werte feste und allgemein verbindliche Leitvorstellungen verlangen? Zweifellos ist der Wohlfahrtsstaat mehr als übrigbleibt, wenn alle anderen Staatsideologien zusammengebrochen oder zerredet sind. Es mag wohl sein, daß er sein Schicksal in gefährlicher Weise mit dem der Wirtschaft verbunden hat, daß er in hohem Grade „ökonomisiert“ ist. Es kann sein, daß ihm eine Wirtschaftskrise gefährlich wäre; aber gerade das ist die Sorge seiner Wirtschafts- und Finanzpolitik.

Die wachsenden Staatsausgaben

Die Dinge werden dadurch nicht einfacher, daß sich im modernen Staat Staatstätigkeit und Staatsbedarf unerhört ausgedehnt haben und

10 „Der Sozialstaat ist ein reaktiv aus der jeweiligen Situation heraus handelnder Staat. Dieses Handeln folgt mehr den Anforderungen der Lage, als allgemein politischen Konzeptionen ... Dem Verteilerstaat ist eine verbindliche Vorstellung von gerechter Verteilung und gerechter Sozialordnung fremd ... Die Entideologisierung des modernen Staates beruht u. a. darauf, daß der Verteilerstaat der Ideologie keinen Anhaltspunkt liefert“ *Forsthoff*, Lehrbuch des Verwaltungsrechts, 1. Bd., 1961, S. 59.

sich noch weiter ausdehnen. Es liegt keineswegs allein an den Soziallasten. Die Verteidigungsausgaben wachsen sich zu einem Faß ohne Boden aus. Aber auch von ihnen abgesehen, steigen diejenigen Ausgabenkategorien unaufhaltsam, die mit der fortschreitenden Urbanisierung und Industrialisierung zusammenhängen. Man braucht nur an das Verkehrswesen, die Wasserwirtschaft, die Reinhaltung der Luft zu denken oder an die Kosten der Forschung, darunter der Atomforschung, und der Ausbildung des Nachwuchses, die eine moderne Industriegesellschaft einfach verlangt. Darüber hinaus erklären aber noch Gründe vielschichtiger Natur dieses Wachstum. Mancherlei könnte im „Gefälligkeitsstaat" eingespart werden. Manches entzieht sich der rationalen Erklärung. Nicht umsonst hat man vom „faustischen Staat" gesprochen, der nie in sich ruht, sondern ständig nach neuen Ufern drängt. Beobachtungen und Erfahrungen im In- und Ausland also sprechen dafür, daß der Staat von heute in ganz besonderem Maße und mit Zwangsläufigkeit dem Gesetz vom Wachstum des Staatsbedarfs unterliegt.

Tabelle 2: **Entwicklung von Bruttosozialprodukt, öffentlichen Ausgaben und Einnahmen in der Bundesrepublik**

Jahr	Bruttosozialprodukt Milliard. DM	Öffentliche ausgaben[a]) Milliard. DM	in vH des BSP	Einnahmen[b]) Milliard. DM	in vH des BSP
1952	140,7	39,8	28,3	33,2	23,6
1953	151,2	43,4	28,7	36,5	24,2
1954	162,8	47,2	29,0	38,3	23,5
1955	185,7	50,4	27,2	42,3	22,8
1956	204,6	58,8	28,7	47,0	23,0
1957	222,7	65,2	29,3	50,3	22,6
1958	238,2	70,7	29,7	52,4	22,0
1959	258,5	77,1	29,8	59,3	22,8
1960	294,4	63,8	—	68,4	23,2
1961	326,4[c])	93,2[c])	28,6	78,5	24,3
1962	355,1[c])	103,7[c])	29,2	86,4	24,3
1963	376,4[c])	111,2[c])	29,5	90,8[c])	24,1

a) Ausgaben von Bund, Ländern und Gemeinden ohne Sozialversicherung.
b) Einnahmen aus Steuern ohne Sozialabgaben.
c) Schätzungen bzw. vorl. Ergebnisse.
Quelle: Finanzberichte 1963 und 1964, herausgegeben vom Bundesministerium der Finanzen.

Die Notwendigkeit des Wirtschaftswachstums

Seinen von Jahr zu Jahr wachsenden Bedarf vermag der Staat nur aus seinem wachsenden Sozialprodukt zu decken. Nur eine auf vollen

Touren laufende Volkswirtschaft liefert die Abgaben, die zur Finanzierung seiner Bedürfnisse notwendig sind. Die alljährlichen Steigerungsbeträge des Steueraufkommens können nur aus einer wachsenden Wirtschaft fließen. Meist sind die Steigerungsbeträge schon verplant, bevor sie aufkommen. Das Wirtschaftswachstum ist das „Tischleindeckdich" der Finanzpolitik im Wohlfahrtsstaat. Nur es erlaubt diese Ausdehnung der Staatstätigkeit auf schmerzlose Weise. Schmerzlos deshalb, weil mit den höheren Einkommen und Verdiensten automatisch Abgaben und Steuern wachsen.

Mit wachsendem Wohlstand scheint der Sozialbedarf im weitesten Sinne zu steigen und nicht zu fallen. Für die Vermutung Musgraves: „The nature of social wants may be such as to absorb an increasing share of outlays with a rising level of per capita income"[11] spricht die Wahrscheinlichkeit. Es tritt der geradezu „unausweichliche Zwang" ein, dem imposanten Anstieg unserer Produktion und Güterversorgung eine Verbesserung der öffentlichen Umweltbedingungen an die Seite zu stellen[12]. Das klingt an die Meinung jener Theoretiker um Galbraith an, die meinen, daß der Staat in einer „Gesellschaft im Überfluß" ganz kläglich hinter dem zurückgeblieben ist, was er eigentlich leisten sollte. Während die Wirtschaft produziere, ohne nach dem Sinn und Nutzen ihrer Produkte zu fragen, bleibe die Dienstleistung des Staates auf nützlichen, ja unentbehrlichen Gebieten zurück. Es mag sein, daß sich diese Kritik in der Endkonsequenz überhaupt gegen das System der freien Marktwirtschaft und der Güterwahl richtet. Ein wahrer Kern steckt doch in ihr.

Allen diesen Ansprüchen wird der Wohlfahrtsstaat nur nachkommen können, wenn es ihm das Gedeihen der Wirtschaft erlaubt. Wenn dieses Glück aufhören sollte, käme die Finanzpolitik in der Tat in eine verzweifelte Lage. Wie könnte sie die jährlichen Mehrausgaben des Wohlfahrtsstaates decken, wenn die Einnahmen nicht mehr automatisch mit dem Sozialprodukt wüchsen? Kann man die Steuern, von denen die Einkommensteuer mit ihrer Progression sowieso bei steigenden Preisen und Einkommen einer ständigen Verschärfung unterliegt, ergiebig erhöhen? Was gibt der Kapitalmarkt? Soll man an die Notenpresse denken? So herrscht die Überzeugung, daß der Wohlfahrtsstaat nur im Klima des Wirtschaftswachstums, nur unter der Sonne einer hohen Konjunktur leben und durchgehalten werden kann. Das ist der wahre Grund der „Wachstumsideologie".

---

[11] The Theory of Public Finance, S. 51.

[12] *Müller Armack*, Das gesellschaftspolitische Leitbild der sozialen Marktwirtschaft, Bulletin 1962, S. 1998.

Wenn dem so ist, so muß alles getan werden, um diese Basis zu sichern. Zwingend stellt sich die Frage, ob und wie die Finanzpolitik in Abstimmung mit der Wirtschafts- und Währungspolitik dazu beitragen kann.

§ 5. Einfluß und Verantwortung der Staatswirtschaft

Verfolgen wir diese Frage, so ist der Ausgangspunkt, daß sich in den modernen Staaten ein gemischtes Wirtschaftssystem durchgesetzt hat. Der größere Teil des Sozialprodukts wird von privaten Unternehmern hergestellt und von privaten Verbrauchern und Investoren gekauft. Die Einkommensverteilung ergibt sich im wesentlichen aus der Verfügung über die Produktionsmittel und ihren Erträgen am Markt. Ein recht beträchtlicher Teil der privaten Einkünfte fließt über Steuern, Sozialabgaben, Beiträge sowie über Anleihen in die öffentlichen Haushalte. Umgekehrt sind die öffentlichen Haushalte die Quelle starker Einkommensströme. Die Staatsaufträge haben Auswirkungen auf Beschäftigtenstand und Preise im privaten Sektor. In diesem Zusammenhang ist nicht nur an die öffentlichen Haushalte zu denken. In die Betrachtung müssen vielmehr neben der Sozialversicherung die zahlreichen Sondervermögen, Regiebetriebe, hilfsfiskalischen Einrichtungen, Versorgungsbetriebe, Wirtschaftsunternehmen der öffentlichen Hand einbezogen werden. Die öffentliche Hand ist ein mächtiger Unternehmer, der über wichtige Teile der Grundstoffindustrie, über Großbanken und Versicherungen verfügt. Der Staat ist Arbeitgeber und Produzent im großen Ausmaß.

In den Nachbarstaaten tritt das noch deutlicher ins Bild, etwa in England mit seinem öffentlichen Gesundheitsdienst und seiner nationalisierten Industrie. In Frankreich hat sich das Programm von der Economie Concertée durchgesetzt. Italien verfügt über seine mächtigen Staats-Holdings wie die „Iri“ und „Eni“ und seine berühmte Cassa del Mezzo-giorno, welche der Entwicklung des Südens gewidmet ist.

Durch die Verbindungsströme zwischen Privat- und Staatswirtschaft übt der Staat große Einflüsse auf das Wirtschaftsgeschehen aus. Da ist also sein Haushalt, der mit seinem Volumen nicht nur größere Quantität, sondern auch neue Qualität gewonnen hat. Er beeinflußt den Wirtschaftsablauf auf das stärkste. Da ist der Staat als Unternehmer. Er verfügt hier über Möglichkeiten, deren er sich in Deutschland vielleicht noch gar nicht richtig bewußt geworden ist. Es scheint jedenfalls die notwendige Koordinierung zwischen Haushalts- und Unternehmenspolitik noch verbesserungsfähig zu sein.

Aus diesem Tatbestand erwächst die Forderung, daß die Staatswirtschaft die jeweiligen Auswirkungen ihrer Politik auf den Einkommens-, Preis-, Beschäftigungs- und Produktionsstand berücksichtigt. Es wird heute ganz allgemein von der Staatswirtschaft ein konjunkturbewußtes Verhalten verlangt. Nach fast allgemeiner Überzeugung sollte sie sich im Sinne der „fiscal policy“ verhalten.

In einer schärferen Form geht die Forderung mancher Kreise dahin, ein sogenanntes Nationalbudget oder eine volkswirtschaftliche Gesamtrechnung zu verlangen. Diese Rechnung wird zunächst nur die voraussichtlichen Vorgänge auf den Gebieten des Verbrauchs, der Investition und der Außenwirtschaft darstellen, soweit diese sich in der Privatwirtschaft abspielen, und gleichzeitig diejenigen erfassen, die von der Staatswirtschaft ausgehen. Das Ganze wäre nur eine Vorschau. Sie ist dazu bestimmt, Unterlagen zu liefern, die die Erkenntnis der Auswirkungen der Staatsmaßnahmen auf den gesamten Wirtschaftsablauf erleichtert. Eine genaue Abstimmung der staatswirtschaftlichen Betätigung auf die voraussichtlichen Ereignisse im privatwirtschaftlichen Bereich — etwa im Sinne eines antizyklischen Verhaltens — wäre das nächsthöhere Postulat. Eine Einwirkung auf den privatwirtschaftlichen Bereich ist damit noch nicht verbunden. Sie würde als „Planification“, als „Dirigismus“, als „zentrale Planwirtschaft“ zu bezeichnen sein. An diesem Punkt scheiden sich die Geister.

Haushalt des Leistungsstaats

Man wird in diesem Zusammenhang an der Überlegung nicht vorbei gehen können, daß die beschriebenen Ansprüche an den Staat seinem Haushalt nicht nur ein größeres Volumen gegeben, sondern geradezu einen neuen Stil aufgeprägt haben. Wenn wir wieder von den Verteidigungsausgaben absehen, die gewachsen sind, die es aber immer schon gegeben hat, so ergibt ein Vergleich mit Haushalten etwa der Zeit vor dem ersten Weltkrieg einmal die gewaltige Zunahme der Soziallasten — in allen westlichen Ländern 12 bis 13 vH des Sozialprodukts —, sodann die Entwicklung der Subventionen und anderen Kosten der Intervention, ferner die Zunahme der staatlichen Investitionen. Es spiegelt sich im Budget die Umbildung des Staates von einem bloß ordnenden und regelnden zum Leistungsstaat. Mit einer geradzu verblüffenden Übereinstimmung nimmt in den vergleichbaren westlichen Staaten der öffentliche Bedarf ein Drittel des Sozialprodukts in Anspruch. Es taucht die Frage auf, ob dieser Haushalt nach Größe und Zusammensetzung noch konjunkturell neutral sein kann? Wirkt er nicht mit Notwendigkeit expansiv? Das würde bedeuten, daß der Staat gar nicht mehr frei ist, Konjunkturpolitik zu betreiben oder nicht. Er betreibt sie bewußt oder unbewußt.

Alles zusammengenommen ergibt sich, daß die Finanzpolitik von heute Aufgaben hat, die weit über die der Finanzpolitik im liberalen Staat hinausgehen. Sie hat zu sorgen für die Befriedigung eines ausgedehnten öffentlichen Bedarfs. Sie steht mit der Verbesserung der Einkommensverteilung im Dienst größerer sozialer Gerechtigkeit. Schließlich wird sie für eine Linie verantwortlich gemacht, die Vollbeschäftigung und Wirtschaftswachstum bei gleichzeitiger Wahrung der Preisstabilität anstrebt.

§ 6. Glanz und Elend der finanzpolitischen Instrumente

Kann die Finanzpolitik — allein oder im Zusammenwirken mit der Wirtschaftspolitik — dieser letzten, anspruchsvollen Aufgabe gerecht werden? Diese Frage ist von beträchtlicher Bedeutung. Denn die erste These war, daß das Gedeihen des Wohlfahrtsstaats mit dem Wirtschaftswachstum eng verbunden ist, die zweite, daß in einem umfangreichen Haushalt und einem ausgedehnten staatswirtschaftlichen Bereich beachtliche Einflußmöglichkeiten liegen. Nimmt man das Instrumentarium der Notenbank und die Möglichkeit der Wirtschaftspolitik dazu, so können mit ihrer Hilfe zweifellos auf den Wirtschaftsablauf gezielte Wirkungen ausgeübt werden.

Wo ist der Ansatzpunkt und wie ist der Wirkungsmechanismus? Die moderne Nationalökonomie lehrt, daß die Wirtschaft sich auf einer ständigen Wanderung zwischen Wirtschaftsaufschwung und- abschwung befindet. Sich selbst überlassen, taumelt sie vom Wellenberg der Inflation in das Wellental der Arbeitslosigkeit[13], pendelt sie zwischen Überspannung und Depression und, was noch schlimmer ist, beide tendieren dahin, sich zu verstärken[14].

Die Intervention ist daher notwendig. Seit dem Erlebnis der Weltwirtschaftskrise ist der Glaube an die selbstheilenden Kräfte der Wirtschaft zutiefst erschüttert.

Grundgedanken der kompensatorischen Haushaltstheorie

Was die Rezepte einer die Wellenbewegung ausgleichenden Finanzpolitik betrifft, so klingt ihre Grundkonzeption einfach[15]:

---

13 *Musgrave*, a.a.O., S. 22.

14 *Preiser*, Nationalökonomie heute, S. 124.

15 *Musgrave*, a.a.O., S. 23.

1. Wenn Arbeitslosigkeit herrscht, muß die öffentliche und private Nachfrage soweit angehoben werden, daß sich der gesamte Ausgabenspiegel dem Wert der Produktion bei Vollbeschäftigung nach oben angleichen kann.

2. Wenn Inflation herrscht, muß die öffentliche und private Nachfrage so stark gedrosselt werden, bis der gesamte Ausgabenspiegel am Wert der Produktion gemessen, den gegenwärtigen, nicht den steigenden Preisen entspricht.

3. Wenn Vollbeschäftigung und Preisstabilität besteht, muß der Ausgabenspiegel aufrechterhalten werden, um Unterbeschäftigung oder Inflation zu verhindern.

Der Ansatzpunkt ist demnach die Kaufkraft, und das Problem besteht darin, für das jeweils richtige Maß zu sorgen.

Was nun den Umfang der Kaufkraft anbetrifft, so muß man sich zunächst darüber klar sein, daß die öffentliche Hand keineswegs alle Quellen der Nachfrage beherrscht. Allerdings ist der Haushalt der Ursprung eines starken Nachfragestromes. Die Geld- und Kreditpolitik der Notenbank hat daneben beträchtliche Wirkungsmöglichkeiten. Merkwürdigerweise beginnt man in der letzten Zeit gerade deren Wirksamkeit skeptischer zu beurteilen. Man hat lange Zeit geglaubt, daß die Währungsbank mit ihrem Instrumentarium jede beliebige Gesamtsituation in der Wirtschaft herzustellen oder doch wenigstens unter Kontrolle zu halten vermöge. In den letzten Jahren ist man hier vorsichtiger geworden, ja man warnt vor einer Überschätzung des Instruments. Das bedeutet eine beachtliche Schwächung der konjunkturpolitischen Ausrüstung.

Sollte sich nun auch die Haushaltspolitik als nicht voll einsatzfähiges Werkzeug erweisen? Sie muß nach obigem Rezept in ständiger Anpassung an die Konjunkturlage leben. Es wird eine fortwährende Manipulation des Haushaltsvolumens — sei es nach oben oder nach unten — oder innerhalb des konstanten Volumens — ein ständiger Wechsel zwischen Steuer und Anleihedeckung verlangt. Man hat dafür die Bezeichnung „antizyklische Ausgabenpolitik" geprägt, weil sie sich gegenläufig nach dem jeweiligen Stand des Konjunkturzyklus ausrichtet. Damit tritt in der Geschichte der Finanzpolitik ein ganz neues Erfordernis auf. Denn bisher bestimmte sich der Haushalt ausschließlich nach dem Staatsbedarf. Der Maßstab des Staatsbedarfs verliert nun nach der Lehre vom kompensatorischen Haushalt seine erste Rolle.

Der Konflikt zwischen dem politischen und konjunkturellen Haushalt

Der Staatsbedarf ist das Ergebnis des politischen Kräftespiels und der politischen Entscheidung; der antizyklische Haushalt ist nach Umfang und Zusammensetzung eine rationale Größe. Beides läßt sich nicht immer in Einklang bringen. Das ist ein Konflikt, aus dem weitere folgen. Wie sehr wird deutlich, wenn man den Anforderungen des kompensatorischen Rezepts nachgeht: So soll in der Periode des Gleichgewichts der Haushalt stabil bleiben, um die Nachfrage weder zu vermehren noch zu verkürzen. Aber nach alter Erfahrung unterliegt er dem Gesetz der Ausdehnung. Es gehört große Disziplin dazu, um dem Druck dieses Gesetzes nicht nachzugeben. Noch schwieriger wird es in der Phase der Überspannung. Hier sind die Staatseinnahmen automatisch gewachsen, weil die Steuern mit höheren Preisen, Löhnen und Gewinnen, stärkerem Verbrauch und vermehrten Umsätzen in die Höhe schnellen. Vor allem die Steuern vom Einkommen bringen dank der Progression des Tarifs Rekorderträge. Damit wird die Verlockung zu höheren Ausgaben, für die nun endlich die Mittel vorhanden sind, geradezu unwiderstehlich. Aber die Konjunkturtherapie verordnet eine entsagungsvolle Diät. Sie schreibt vor, daß die Steuern nochmals erhöht werden müssen (übrigens: zu wessen Lasten?), die Staatsausgaben dagegen gesenkt werden sollen, denn nur Haushaltsüberschüsse und ihre Stillegung können die überschießende Nachfrage abschöpfen. Kann man in der parlamentarischen Demokratie solche Askese erwarten?

Bleibt der Fall der Depression und Arbeitslosigkeit. Gerade dieser Fall dürfte im Wohlfahrtsstaat an sich nicht eintreten! Wenn er eingetreten ist, so zeigt das, daß die Konjunkturrezepte entweder nicht gehandhabt wurden oder daß sie versagten. Glücklicherweise sieht es auf den ersten Blick aus, als ob hier die antizyklische Haushaltspolitik ihr schönstes Feld und ihre größte Chance fände. Endlich kann man dem Ausgabedrang nachgeben, nun sind allseits begrüßte Steuersenkungen am Platz und erhöhte Ausgaben. Die einen ermöglichen eine größere private und die anderen eine erhöhte öffentliche Nachfrage. Die sich öffnende Kluft zwischen Einnahmen und Ausgaben schließen die Anleihen, vor allem das deficitspending, d. h. die Geldschöpfung mit Hilfe der Notenbank. Zu unserer Überraschung ist die Finanzpolitik auch in diesem „Idealfall" vor dornenvolle Entscheidungen gestellt, wie sich bei den Maßnahmen der Regierung des so tragisch ums Leben gekommenen Präsidenten Kennedy zur Bekämpfung der Arbeitslosigkeit und Depression in USA zeigt[16].

---

[16] Da ist z. B. die Auswahl der zu finanzierenden Programme, die Pro-

In USA ist die ökonomische Theorie auf eine harte Probe gestellt. Ihr Erfolg oder Mißerfolg in diesem Testfall wird für die künftige Ausrichtung der Finanzpolitik aller Länder von entscheidender Bedeutung werden.

Überblickt man das Ganze, so kann man sich des Eindrucks nicht erwehren, daß viel von dem Gold der ökonomischen Theorie bei der Übersetzung in die graue Wirklichkeit verblaßt. Folgende sind u. a. ihre harten Grenzen:

1. In der Politik und darüber hinaus hat sich die Überzeugung von der Notwendigkeit und Richtigkeit der ökonomischen Lehre noch nicht mit letzer Kraft durchgesetzt. Man fürchtet, daß es an der Diagnose und Prognose der Wirtschaftsentwicklung noch hapert und daß man infolgedessen im Zeitpunkt und Ausmaß der Therapie fehlgreifen könnte. Zweifellos ist die neue Lehre kein Zauberstab. Die Schwierigkeit der Gelehrtensprache und die Unleserlichkeit der mathematischen Formeln, mit denen sie arbeitet, sind ihr zudem im Wege.

2. Eine große Rolle spielt die Befürchtung, man könnte in einer Periode der Hochkonjunktur die günstige Entwicklung zur Unzeit abstoppen und in ihr Gegenteil verkehren. Wenn nämlich schon Ungleichgewicht bestehen muß, überläßt man sich lieber einer leichten Inflation als einer großen Arbeitslosigkeit, zumal der politische Kraftaufwand einer antiinflationären Politik ungeheuer wäre.

3. Vor allem aber richten sich die politischen Bedürfnisse nicht nach den Empfehlungen der Konjunkturforschung. Übergeordnete politische Ziele — etwa die Verteidigung — müssen ohne Rücksicht auf das wirtschaftliche Risiko verfolgt werden. Zahlreiche andere Ausgaben, insbesondere des sozialen Bereichs, können tatsächlich nicht verändert werden. Auf die Durchführung wirtschaftlicher Strukturprogramme kann und will man nicht verzichten. Auch ein föderativer Finanzausgleich mag unter Umständen hindernd im Wege sein.

Nach wie vor sind es also die allgemeinen politischen Anforderungen, denen die Finanzpolitik gerecht werden muß und die ihren Kurs bestimmen. Man könnte darüber zur Tagesordnung übergehen, müßte man nicht befürchten, daß die ökonomische Theorie doch ihr Recht

---

jektierung im Großen und im Kleinen, der richtige Einsatz der Mittel im einzelnen, Dinge, auf die die Regierung gewappnet sein muß und die eine gewisse Anlaufzeit beanspruchen. Bei der Senkung der Steuer tritt die Frage auf, ob sie „oben“ ermäßigt werden soll, um den großen Einkommenbeziehern mehr Anreiz und Möglichkeit für die Investition zu geben, oder ob man „unten“ senken soll, um den Verbrauch zu vermehren. Schwierige Fragen, die die Regierung zu einem Spießrutenlauf zwischen den Interessenten zwingen!

verlangt. Wenn nämlich die Haushaltsgebarung das Konjunkturpendel in Schwung setzen, seine Ausschläge verstärken oder auch abschwächen kann, so wird sie das tun, gleichgültig, ob sie konjunkturbewußt betrieben wird oder nicht. Es gibt keine Ausflucht. Nur eine Einbahnstraße?

Es ist deshalb kein Wunder, daß so etwas wie eine konjunkturpolitische Ratlosigkeit um sich greift. Dann fragt sich, ob ein modernes Staatswesen seiner ganzen Konstitution nach überhaupt in der Lage ist, Konjunkturpolitik mit Hilfe eines entsprechend manipulierten öffentlichen Gesamthaushalts zu treiben, oder ob es nicht eine Einbahnstraße entlangrast.

Manche nehmen das für den Fall an, daß die Ausgaben unter dem Druck des Gesetzes vom Wachstum des Staatsbedarfs schneller steigen als das Sozialprodukt. Dann werde das bisherige Gleichgewicht gestört und die Wirtschaft gezwungen, die Wirkung der übermäßig steigenden Ansprüche des Staates durch eine erhöhte Inanspruchnahme von Krediten auszugleichen, um die Investitionsquote zu halten[17]. Eine andere Argumentation geht dahin, daß die Sozialausgaben nicht neutral seien. Durch die Veränderung der Einkommensverteilung — ein programmatisches Anliegen des Wohlfahrtsstaates — werde die Verbrauchsneigung erhöht und über deren multiplikatorische Wirkung die Nachfrage gesteigert[18]. Der große Block unproduktiver Ausgaben — darunter die Verteidigungslasten — zieht in die gleiche Richtung. Sie schwächen nicht nur das Arbeitspotential, sondern vermindern auch die Investitionsrate, von der der technische Fortschritt und damit das Wachsen des Sozialprodukts mit abhängt. Die Investitionen der öffentlichen Hand, insbesondere die Bautätigkeit, haben ganz zweifellos in diesen Jahren die Konjunktur hinaufgetrieben[19]. Jedenfalls legen diese Momente den Verdacht einer expansiven Wirkung der öffentlichen Haushalte in unserer Zeit nahe. Die Beobachtung der Inflation, die wegen ihrer Stille eine „schleichende" und wegen ihrer Stetigkeit eine „säkulare" genannt wird, kann den Verdacht nur nähren, wenngleich wohl noch andere Ursachen mit eine Rolle spielen. Soll man es aussprechen, daß sich die Sorge erhebt, das ganze System könnte schließlich an der Maßlosigkeit des Finanzbedarfs, der in ihm hervortreten kann, scheitern? Die Meinung, daß umgekehrt gerade der öffentliche Finanzbedarf das Zaubermittel wäre, das perpetuum mobile des Wirtschafts-

---

[17] So *Ehrlicher*, Der Fiskus und die Geldentwertung, Frankfurter Allgemeine Zeitung, 1962, Nr. 203.

[18] Vgl. *Liefmann-Keil*, Ökonomische Theorie der Sozialpolitik.

[19] Vgl. Jahresbericht der Deutschen Bundesbank 1963.

wachstums in Gang zu halten, kann nur dem rosenroten Optimismus von Zauberlehrlingen entstammen.

Das Ergebnis

1. Die Haushaltspolitik unterliegt heute wie früher Bedingungen, die sie nicht beherrscht. Sie kann keineswegs unter allen Umständen bewußt als konjunkturbeeinflussendes Instrument gehandhabt werden.

2. Die Haushalte der modernen Staaten strahlen wahrscheinlich eine expansive Wirkung aus. Das mag bei bestimmten Konjunkturlagen von Vorteil, in anderen aber schädlich sein. Da die öffentlichen Ausgaben nur recht begrenzt beeinflußbar sind, mag man — mit einiger Überspitzung — von einer Haushaltspolitik „ohne Alternative" sprechen.

Es bleibt nach dieser Diagnose ein unbehagliches Gefühl, denn ganz offensichtlich steht eine — nach den Maßstäben der ökonomischen Theorie — nicht voll zulängliche Haushaltspolitik in unbewältigtem Gegensatz zu der Notwendigkeit, mit aller Kraft für das weitere Wirtschaftswachstum zu sorgen, von dem die Fortsetzung der Wohlfahrtspolitik so stark abhängt. Indes darf man das Kind nicht mit dem Bade ausschütten. Mag auch die Haushaltspolitik — heute noch — hinter den modernen Forderungen zurückhängen, so bleibt doch noch für die Finanzpolitik im übrigen ein breiter und fruchtbarer Wirkungsbereich. Die Steuerpolitik hat zu ihren fiskalischen Zielen immer mehr die Verfolgung wirtschafts- und sozialpolitischer Zwecke in ihr Programm aufgenommen. Sowohl im Wege der Gesetzgebung wie der Verwaltung können große Wirkungen erzielt werden — insbesondere kann auf Einkommensverwendung, Ersparnis und Investition Einfluß genommen werden. Auf der Ausgabeseite kann die Finanzverwaltung die Mittel bereitstellen und selbst oder im Zusammenwirken mit anderen Verwaltungen dafür sorgen, daß sie in fruchtbarer Weise einer inneren Entwicklungspolitik zugeführt werden. Der Aufbau des Sozialkapitals, die Intervention durch Subventionen und das ganze übrige Bukett der staatlichen Hilfestellungen bedeuten eine Förderung der Wirtschaft, das ihre Krisenfestigkeit untermauern kann. Dazu kommen noch die Möglichkeiten einer koordinierten Geschäftspolitik im Bereich der öffentlichen Unternehmen und der Betriebe, auf die die öffentliche Hand Einfluß besitzt. Man hat diese großen und kleinen Maßnahmen der Verwaltung gelegentlich als „Neo-Kameralismus" belächelt. Warum? Nicht alles, aber vieles, was alt ist, hat sich bewährt. Das Neue aber bedarf der Zeit, um zu reifen.

Zweiter Abschnitt

Die Ordnung des Haushaltswesens

§ 1. Die Finanzverfassung
Rechtsgrundlagen des deutschen Finanzsystems

1. Sämtliche, auch die ältesten in Kraft befindlichen Verfassungen der Welt enthalten Bestimmungen, die sich auf die öffentliche Finanzwirtschaft beziehen. So auch das Grundgesetz. Sie ist aber wohl die erste Verfassung, die einen eigenen Abschnitt dem „Finanzwesen“ widmet. In diesem Abschnitt ist eine Vielzahl von Dingen geregelt. wie:

a) die Zuständigkeit für die Steuergesetzgebung;

b) die Aufteilung des Steueraufkommens zwischen Bund, Ländern und Gemeinden;

c) der Finanzausgleich zwischen Bund, Ländern und Gemeinden;

d) die Finanzverwaltung;

e) die Haushaltswirtschaft des Bundes;

f) die Aufnahme von Krediten;

g) die Rechnungsprüfung.

Diese Vorschriften lassen sich unter zwei große Gesichtspunkte gliedern, nämlich

a) die Teilung der Finanzgewalt zwischen Bund und Ländern sowie der Finanzausgleich. Dieses Thema ergibt sich aus der föderativen Struktur der Bundesrepublik;

b) die Ordnung der Haushaltswirtschaft des Bundes. Dabei steht im Vordergrund die Kontrolle der Staatstätigkeit durch das Parlament und sein Anteil an der finanzpolitischen Willensbildung.

Beide Themen betreffen Kernfragen der Finanzpolitik. Indes sind im Abschnitt „Finanzwesen“ des Grundgesetzes nicht sämtliche Bestimmungen des Grundgesetzes vereinigt, die für die Finanzwirtschaft von Belang sind. Vielmehr finden sich solche Bestimmungen verstreut über viele Abschnitte des Grundgesetzes. Zu ihnen gehört insbesondere Art. 96 GG, wonach ein oberstes Bundesgericht für die Finanzgerichtsbarkeit zu errichten ist. Von mindestens gleich großer Bedeutung für die Finanzordnung ist die Bestimmung, wonach der Bund eine Währungs- und Notenbank errichtet in Art. 88 GG. Sie ist die Grundlage für die Errichtung der Deutschen Bundesbank, die auf das deutsche Geld-, Kredit- und Währungswesen entscheidende Einflüsse ausübt.

Für die Aufteilung der Finanzlast zwischen Bund und Ländern sind von Bedeutung die Bestimmungen, die die Kompetenzverteilung zwischen ihnen regeln, insbesondere die Art. 70 ff., 83 und 84 mit 87. In den gleichen Zusammenhang gehört auch Art. 120, weil er die Kostenverteilung zwischen Bund und Ländern für den Sonderfall der Kriegsfolgelasten regelt.

Alle diese Bestimmungen zusammen bilden „die verfassungsmäßige Ordnung der Finanzgewalt" (Hettlage) in der Bundesrepublik und machen zusammen ihre Finanzverfassung aus. Darunter versteht man „im staatsrechtlichen Sinne den Inbegriff jener Verfassungsnormen, die sich mit der Ordnung des Geldwesens und dem Ablauf der Finanzvorgänge in der staatlichen Haushalts-, Vermögens- und Schuldenwirtschaft, besonders mit der Grundordnung des Steuerwesens im Staat und den eingegliederten Gemeinden befassen"[1].

Auch die Verfassungen sämtlicher deutscher Länder enthalten Vorschriften, die sich auf das Finanzwesen der Länder beziehen und zwar hauptsächlich

a) auf ihre Haushaltswirtschaft;

b) auf das finanzielle Verhältnis zwischen ihnen und den Gemeinden und Gemeindeverbänden — kommunaler Finanzausgleich;

c) auf die Verwaltung des Landesvermögens.

Man kann auch diese Rechtsvorschriften, die auf das Finanzwesen Bezug haben und sich in den Verfassungen der Länder finden, noch zu dem Begriff der Finanzverfassung hinzunehmen. Sie bestimmen den Grundriß des deutschen Finanzsystems.

2. Die Verfassungsvorschriften des Grundgesetzes werden durch eine ganze Reihe von Bundesgesetzen — ohne Verfassungscharakter — ergänzt. Zu ihnen gehören das bereits erwähnte Bundesbankgesetz, die zahlreichen Steuergesetze, die Reichsabgabenordnung und die Finanzverwaltungsgesetze, das Gesetz über die Errichtung und die Aufgaben des Bundesrechnungshofes und die Reichsschuldenordnung. Eine Reihe von Gesetzen regeln die Haushaltswirtschaft des Bundes. In ihrer Mitte steht die Reichshaushaltsordnung. Um sie kreisen wiederum eine ganze

---

[1] *Hettlage* im „Staatslexikon", III. Bd., S. 318, 6. Aufl., Freiburg 1959.

Reihe von Vorschriften, die die Kassenführung, die Rechnungslegung u. ä. ordnen. Die Aufzählung gibt einen annähernden Begriff von dem weiten Bereich der Finanzgesetzgebung.

3. Eine ganz hervorragende Stellung nimmt die Reichshaushaltsordnung vom 31. Dezember 1922 ein. Sie ist neben und in Ergänzung zu den einschlägigen Bestimmungen des Grundgesetzes die Grundlage für die Haushaltswirtschaft des Bundes. Gleichzeitig gilt sie in den Ländern. Sie ist demnach das Band, das das Haushaltswesen von Bund und Ländern verbindet. Die RHO wurde seiner Zeit mit verfassungsändernder Mehrheit als Reichsgesetz erlassen. Sie gab zunächst dem Reich eine zusammenfassende Ordnung des Reichshaushaltswesens und bildete das Rückgrat seiner Haushaltswirtschaft.

Durch das Reichsgesetz vom 17. Juni 1933 wurde die RHO im Zuge der vom sogenannten Dritten Reich durchgeführten Gleichschaltung auch in den Ländern eingeführt und dort ebenfalls verbindliches Recht. Daß sie heute noch in Bund und Ländern gilt, ist ein Zeichen dafür, daß sie die Bewährungsprobe bestanden hat. Im Bund gilt sie auf Grund des Art. 123 GG als „Recht aus der Zeit vor dem Zusammentritt des Bundestages" fort. Durch das Bundeshaushaltsgesetz für 1949 vom 7. Juni 1950 (BGBl. Seite 199) wurde ihre Fortgeltung noch einmal festgestellt. In den Ländern gilt sie nicht als ehemaliges und übernommenes Reichsrecht weiter, sondern als Landesrecht. Das Haushaltsrecht ist nämlich merkwürdigerweise trotz seiner Bedeutung kein Gegenstand der konkurrierenden Gesetzgebung des Bundes. Infolgedessen fehlt ihm insoweit die Zuständigkeit dafür, Haushaltsrecht zu setzen, das gleichzeitig für die Länder verbindlich wäre. Die Reichshaushaltsordnung wurde von den Ländern freiwillig beibehalten. Sie gilt gewissermaßen auf Grund ihrer überzeugenden Qualität. Bund und Länder haben deshalb auf dem Gebiete des Haushaltswesens eine gemeinsame Rechtsordnung. Dem glücklichen Wurf des Jahres 1922 verdankt die Bundesrepublik eine in Bund und Ländern gemeinsame, ununterbrochene Tradition auf dem Gebiete des Haushaltswesens.

Man sprach und spricht also auf diesem Gebiete eine gemeinsame Sprache. Man handelt nach dem gleichen „Ritus". Die Existenz dieses gemeinsamen Bandes kann nicht hoch genug eingeschätzt werden.

4. Selbstverständlich haben sich die Länder ebenfalls eigene Gesetze zur Regelung ihrer Finanzwirtschaft gegeben. Unter ihnen ragen die Gesetze über die Rechnungshöfe hervor. Von der größten Bedeutung ist ferner selbstverständlich das Gemeinde-Finanzrecht. Das Gemeinde-Finanzrecht der Länder ist nicht identisch. Es trägt jedoch den gemeinsamen Charakter, den die musterhafte Regelung des Wirtschafts-

rechts der Gemeinden in der deutschen Gemeindeordnung von 1937 dem gemeindlichen Finanzwesen aufgedrückt hat.

Auf der Grundlage der Bestimmungen des Grundgesetzes ist in den einzelnen Ländern der sogenannte kommunale Finanzausgleich verschieden gestaltet worden. Die Finanzausgleichs-Gesetze der Länder regeln die finanziellen Beziehungen zwischen ihnen und den Gemeinden, insbesondere die Schlüsselzuweisungen, Verwaltungskostenzuschüsse, Finanzzuweisungen, die von den Ländern an die Gemeinden fließen (vgl. § 9 des III. Abschnitts).

5. Das Grundgesetz hat demnach zwei Themen in seinem Abschnitt „Finanzwesen" zu Verfassungsrang erhoben:

a) die Abschirmung des Föderativsystems im Bereich der Finanzwirtschaft durch die Teilung der Finanzgewalt;

b) die Beherrschung der Staatstätigkeit durch das Parlament mit Hilfe der budgetären Entscheidungen.

Von diesen beiden Themen wird in den nächsten Paragraphen und im III. Abschnitt gehandelt. Die Einteilung ergibt sich mit einer gewissen Zwangsläufigkeit aus der Gliederung des Stoffes im Grundgesetz, die wiederum gründlich überlegt und durchdacht der Logik der finanziellen Grundtatbestände folgt.

6. Es soll dieser Abschnitt indes nicht seinen Abschluß finden, ohne eines Bonmots zu gedenken, das von dem früheren Staatssekretärs des Bundesfinanzministeriums, Prof. Hettlage, stammt. Er sagt vom Finanzminister und von der Finanzverfassung: „Sein Amt und die Finanzverfassung überhaupt leben immer ein wenig in der Nähe des Ausnahmezustandes. Man könnte Abschnitt X des Grundgesetzes über das Finanzwesen als die Traditionskompagnie Preußens im liberaldemokratischen Verfassungsstaat rheinisch-bayrischen Gepräges bezeichnen und es ist wohl kein Zufall, daß der geistige Vater dieser Finanzverfassung ein früherer preußischer Finanzminister war" (Hopker-Aschoff)[2].

[2] Zitiert nach Kurt *Stadler* in „Ansprachen und Vorträge" anläßlich der Tagung: „Finanz- und Haushaltswesen" der Verwaltungs- und Wirtschaftsakademie München, Dezember 1962.

§ 2. Die Rechtsgrundlagen der Haushaltsordnung

1. Überblick

Unter der Überschrift „Finanzwesen" regelt das Grundgesetz in seinem Abschnitt X neben dem großen, für das Finanzsystem der Bundesrepublik so wichtigen Thema der Teilung der Finanzgewalt zwischen Bund Ländern und Gemeinden, wie ausgeführt, auch die Grundlagen der Haushaltswirtschaft des Bundes.

Die einschlägigen Bestimmungen finden sich in den Artikeln 110 bis 115 GG. Sie regeln die Ausübung der Haushaltshoheit durch den Bund und seine Organe; sie bilden die Grundlagen der finanziellen Ordnung.

Ein Überblick über sie ergibt folgendes:

a) Art. 110 erweist sich von zentraler Bedeutung. Nach ihm wird der Haushaltsplan alljährlich im Gesetzgebungsverfahren beschlossen. Es müssen dort die Einnahmen und Ausgaben des Bundes jeweils für ein Jahr veranschlagt sein. Einnahmen und Ausgaben sind auszugleichen.

b) Art. 111 beschäftigt sich mit der Frage, wie in einer Übergangszeit zu verfahren ist, wenn das jährliche Haushaltsgesetz zu Beginn des Haushaltsjahres nicht rechtzeitig verabschiedet wird. Dem Nothaushaltsrecht kommt insofern immer wieder Bedeutung zu, als die Haushalte erfahrungsgemäß des öfteren mit Verspätung zustande kommen.

c) Art. 112 behandelt außerplanmäßige Ausgaben und Haushaltsüberschreitungen. Sie werden nur mit vorheriger Zustimmung des Bundesministers der Finanzen zugelassen. Außerplanmäßige Ausgaben und Haushaltsüberschreitungen sind Planabweichungen, die eine Gefahr für den Vollzug des Haushaltsplans und für den Haushaltsausgleich darstellen. Wenngleich sie sich nicht immer vermeiden lassen, müssen sie folglich sehr ernst genommen werden, denn sie sind Störungen der Planmäßigkeit.

d) Art. 113 bestimmt, daß Beschlüsse des Bundestags und des Bundesrats, welche die von der Bundesregierung vorgeschlagenen Ausgaben des Haushalts erhöhen oder neue Ausgaben in sich schließen, der Zustimmung der Bundesregierung bedürfen. Er zielt auf eine Begrenzung der Ausgabeninitiative des Parlaments und versucht, eine Hürde gegen eine Politik der offenen Hand aufzubauen.

e) Art. 114 schreibt die Rechnungslegung vor und installiert den Bundesrechnungshof. Er setzt ihm die Aufgabe der Rechnungsprüfung: Der Rechnungshof soll prüfen, ob die bewilligten Einnahmen erhoben und die beschlossenen Ausgaben planmäßig geleistet wurden.

Der ordnungsgemäße Vollzug des Haushalts wird also durch eine Institution untersucht, die auf der Verfassung beruht und eine dem Richtertum angenäherte Unabhängigkeit besitzt.

f) Art. 115 beschäftigt sich mit der Staatsverschuldung. Anleihen dürfen nur für außerordentliche Zwecke und nur auf Grund eines Gesetzes aufgenommen werden. Er versperrt also einerseits der Regierung den leichten Ausweg der eigenmächtigen Kreditaufnahme, wenn die normalen Einnahmen nicht ausreichen, belastet andererseits das Parlament mit der vollen finanzwirtschaftlichen Verantwortung.

Der Überblick ergibt ein ziemlich buntes Bukett von Vorschriften, die alle um den Haushaltsplan kreisen und sich ein Ziel setzen: Die Staatstätigkeit mit Hilfe des Haushaltsplans in ein festes Programm zu binden und sie dadurch der Herrschaft des Parlaments zu unterwerfen.

2. *Die Reichshaushaltsordnung (RHO)*

Die Bestimmungen des Grundgesetzes finden ihre Ergänzung in der Reichshaushaltsordnung vom 31. Dezember 1922 mit rund 130 Paragraphen. Sie ist die eigentliche Grundlage für die Haushaltswirtschaft des Bundes. Da sie gleichzeitig in den Ländern gilt, sprechen Bund und Länder auf dem Gebiet des Haushaltswesens eine gemeinsame Sprache. Zur Reichshaushaltsordnung gehören die Reichswirtschaftsbestimmungen für die Reichsbehörden[3], die auf Art. 77 der Weimarer Reichsverfassung beruhen. Sie regeln in Ausführung der Vorschriften der Reichshaushaltsordnung die Aufstellung des Entwurfs des Haushaltsplans und seine Ausführung, insbesondere die Wirtschaftsführung der Behörden. Sie enthalten einen Katalog von Erläuterungen zu den Begriffen, mit denen die Reichshaushaltsordnung arbeitet. Sie gelten in Bund und Ländern noch heute (soweit sie dem Grundgesetz nicht widersprechen, was an keiner bedeutungsvollen Stelle der Fall ist).

In den Kreis der Bestimmungen, die für die finanzwirtschaftliche Tagesarbeit der Behörden von Bedeutung sind, gehören die Reichskassenordnung und die Rechnungslegungsordnung für das Reich. Auch sie werden in Bund und Ländern einheitlich angewandt.

3. *Charakter der Reichshaushaltsordnung*

Die Reichshaushaltsordnung ist im wesentlichen eine Verfahrensordnung. Sie sagt, wie man bei der Planung, Aufstellung, Verabschiedung, beim Vollzug des Haushalts vorzugehen hat. Sie regelt die Frage, wer wofür zuständig ist und was er dabei zu tun hat. Über die Art

---

[3] RWB v. 11. Februar 1929, Reichsministerialblatt, S. 49.

finanzwirtschaftlichen Verhaltens, über den Inhalt finanzpolitischer Entscheidungen kann sie naturgemäß wenig aussagen. Von einigen Ansatzpunkten abgesehen — wie der gut gemeinten, aber nicht sehr wirkungsvollen Unterscheidung zwischen ordentlichem und außerordentlichem Haushalt (§ 6 dieses Abschnitts) — enthält sie keine Rezepte für eine finanziell gesunde, für „richtige" Haushaltsgebarung. Ihr Ziel ist Ordnung. Das ist an sich schon ein segensreiches Programm. Wollte man — um der Verlockung zum Bonmot nachzugeben — sagen, daß ein Staatswesen durch eine falsche Finanzpolitik unter voller Beachtung seiner Haushaltsordnung finanziell ruiniert werden kann, so müßte man hinzufügen: Ohne Ordnung ginge es schneller und leichter.

§ 3. Der Begriff des Haushalts; seine Bedeutung als Programm der Staatstätigkeit

1. Der Begriff des Haushalts

Der Begriff des Haushalts läßt sich aus Art. 110 des Grundgesetzes entwickeln. Dort ist gesagt, daß „alle Einnahmen und Ausgaben des Bundes für jedes Rechnungsjahr veranschlagt und in den Haushaltsplan eingesetzt werden" müssen. Weiter heißt es: „Der Haushaltsplan wird durch Gesetz festgestellt." Diese Bestimmung enthält zwar nicht eine Definition des Begriffs „Haushaltsplan", sie läßt aber erkennen, daß das Grundgesetz unter dem Haushaltsplan ein Verzeichnis aller Einnahmen und Ausgaben für den Zeitraum eines Jahres versteht. Eine Begriffsbestimmung, allerdings etwas schwerfälliger Art, findet sich in den erwähnten Reichswirtschaftsbestimmungen. Dort ist gesagt: „Der Haushaltsplan ist die durch das Reichshaushaltsgesetz festgestellte, für die Wirtschaftsführung maßgebende Zusammenstellung der für ein Rechnungsjahr veranschlagten Haushaltseinnahmen und -ausgaben der gesamten Reichsverwaltung[4]." Vielleicht läßt sich etwas einfacher formulieren: „Der Haushaltsplan ist die systematische Zusammenstellung aller im Zeitraum eines Jahres erwarteten Einnahmen und geplanten Ausgaben in Gesetzesform." Entscheidend ist — neben der Vollständigkeit, dem Postulat also, daß der Plan alle Einnahmen und Ausgaben umfaßt — der Umstand, daß er dem Gesetzgebungsverfahren unterworfen wird. Denn damit wird sichergestellt, daß der Plan vom Parlament beschlossen und nur aus dem Zusammenwirken von Regierung und Volksvertretung zustandekommen kann.

---

[4] Fast gleichlautend § 48, Abs. 1, Nr. 1, der Verordnung über die Aufstellung und Ausführung des Haushaltsplanes der Gemeinden vom 4. September 1937 (RGBl. I, S. 921), wobei an Stelle von „Reichshaushaltsgesetz" der Begriff: „Haushaltssatzung" tritt.

2. *Das Parlament als Herr der Staatstätigkeit*

Die Bestimmungen des Grundgesetzes über die Haushaltswirtschaft stehen ihrer verfassungspolitischen Bedeutung nach gleichberechtigt neben anderen Kernstücken der Verfassung, wie etwa neben den Grundrechten, dem Wahlrecht und den Vorschriften über die Regierungsbildung. Sie sind ein nicht wegdenkbares Wesensstück der politischen Demokratie. Ihr Zweck ist es, das Parlament zum Herrn der Staatstätigkeit zu machen. Denn der von der Volksvertretung als Gesetz verabschiedete Haushaltsplan bindet die im Rechtsstaat dem Gesetz unterworfene Verwaltung. Das vom Parlament beschlossene Gesetz — in unserem Falle eben das Haushaltsgesetz — schreibt der Verwaltung das Gebot und Verbot ihres Handelns vor.

Die gesamte Verwaltungstätigkeit findet im Staatshaushalt ihren Niederschlag. Alles Verwalten erfordert die Tätigkeit von Menschen und fast immer kostet sie Geld. Eine Staatstätigkeit, für die die Ausgaben im Haushalt nicht bewilligt wären, gibt es nicht. Denn woraus und wie sollte sie finanziert werden? Der Staatshaushalt zielt also darauf ab, die gesamte kostenveranlassende Staatstätigkeit zu erfassen und er wird zu einer ihrer Rechtsgrundlagen. Ist die gesamte Staatstätigkeit im Haushalt zusammengefaßt, so wird er zum Instrument, mit dessen Hilfe das Parlament die Verwaltung bindet, ihre Tätigkeit lenkt und kontrolliert. Erreicht wird das, wie gesagt, dadurch, daß der Haushalt im Gesetzgebungsverfahren beschlossen wird. Um einen naheliegenden Ausweg zu verschließen, verbietet die Verfassung die Aufnahme von Staatsanleihen durch die Exekutive. Nur wenn eine gesetzliche Ermächtigung vorliegt, also nur mit Wissen und Willen des Parlaments darf Kredit aufgenommen werden. Der Staatshaushalt ist eine großartige Erfindung des demokratischen Parlamentarismus.

3. *Parlament und Regierung*

Diese geniale Leistung des politischen Geistes ist das Ergebnis der gewaltigen Auseinandersetzung zwischen Krone und Parlament, die sich fast durch das ganze 19. Jahrhundert hindurchzieht. Die Auseinandersetzung spiegelt sich in den deutschen Verfassungen des vorigen Jahrhunderts wider. Die bayerische Verfassung des Jahres 1818 erkannte dem Parlament nur das Steuerbewilligungsrecht zu. Die Krone arbeitete mit den Einnahmen selbständig. Im Jahre 1840 kam es über dieses System zum Konflikt. Er wurde mit dem Verfassungsverständnis von 1843 zugunsten der Volksvertretung gelöst. Preußen erhielt am 5. Dezember 1848 eine „oktroyierte" Verfassung, der Landtag erhielt an diesem denkwürdigen Tage in Preußen die Kontrolle des gesamten Staatshaushalts.

Der Etat konnte von dort ab nur im Einverständnis mit den beiden Kammern festgestellt werden. Nach Ablauf jeden Jahres war Rechnung zu legen. Eine ähnliche Entwicklung vollzog sich in den übrigen deutschen Staaten.

Zu einem tiefgreifenden Verfassungskonflikt kam es im Jahre 1862 wegen der Heeresvermehrung in Preußen. Da die Kammern die vom preußischen Ministerpräsidenten von Bismarck verlangten Gelder nicht bewilligen wollten, regierte er bis 1866 ohne einen verfassungsmäßig zustandegekommenen Etat. Zu der Frage, ob die Krone berechtigt sei, das auszugeben, was ihr beliebte, oder ob die ihr vom Parlament bewilligte niedrigste Summe als Gesetz gelten müsse, erklärte Bismarck in grandioser Vereinfachung des Problems: „Für mich reicht die Notwendigkeit, daß der Staat existiere, diese Notwendigkeit ist allein maßgebend." Bismarck konnte seine Stellung nur halten, weil der König ihn stützte und die Verfassung keine Handhabe bot, die Regierung des Königs durch ein Mißtrauensvotum der Volksvertretung zu stürzen. Im Jahre 1866, nach dem Sieg bei Königsgrätz über die Österreicher wurde der Zwist durch eine Indemnitätsvorlage beseitigt. Die Auseinandersetzung des vorigen Jahrhunderts hat mit einem eindeutigen Sieg der Volksvertretung geendet. Die Vorstellung von zwei miteinander um den Haushalt ringenden Mächten, nämlich Monarchie und Parlament, wirkte indes selbst nach dem Ende der Monarchien in Deutschland noch lange nach. Bismarck hatte das Erlebnis so formuliert: „Die meisten Abgeordneten kommen nicht über den Gedanken hinaus, daß sie und die Regierung zwei feindliche Mächte sind und jede Schwächung der Regierung eine Stärkung des Landtags bedeutet." Erst später haben sich die Dinge verändert; erst lange nach dem Sturz der Krone wurde der Antagonismus zwischen Regierung und Volksvertretung nicht nur in der Welt der Tatsachen, sondern auch in der Welt der politischen Vorstellungen überwunden.

Allerdings hat die Alleinherrschaft des Parlaments zu einer merkwürdigen Umkehrung der Verhältnisse geführt. Mußte in den Zeiten der konstitutionellen Monarchie noch der Beamte der Volksvertretung die im Haushaltsentwurf als notwendig erachteten Bewilligungen abringen, so ist nunmehr die Ausgabefreudigkeit der Parlamente zu einem schlagwortartigen Begriff geworden. Mit der Verantwortung für die Ausgabewirtschaft ist das Parlament eben auch zum Adressat aller Ausgabewünsche geworden. Der von der Gunst der Wähler getragene Abgeordnete kann sich diesen Wünschen nicht entziehen. Ja, er wird häufig geneigt sein, sich zu ihrem Vorkämpfer zu machen. Damit hat sich das parlamentarische Klima gewandelt. Früher zur Kritik an den Maßnahmen der Krone, zur Vertretung der bürgerlichen

Freiheit und zur Verteidigung des Steuerzahlers berufen, ist es heute der eigentliche Souverän. Der alte Dualismus besteht nicht mehr. Denn die Regierung erwächst aus dem Parlament; sie representiert dessen Mehrheit und rekrutiert sich aus den Vertrauensleuten der Mehrheitsparteien. In diesem Sinne ist es auch zu verstehen, wenn an anderer Stelle der Haushalt als „Regierungsprogramm" bezeichnet wird. Allerdings ist — nach den schlechten Erfahrungen mit der Weimarer Verfassung — die Stellung des Regierungschefs durch das Grundgesetz gestärkt worden. Bei einem starken Bundeskanzler könnte ein neuer Dualismus — auf Zeit und Widerruf — entstehen. Auf alle Fälle ist der Finanzminister in die Rolle des Mahners gedrängt. Er wächst in immer stärkerem Maße über die Rolle desjenigen hinaus, der die Einnahmen zu beschaffen hat. Er wächst in die volle Verantwortung für das Ganze des Haushalts hinein. Die Finanzpolitik ist längst mehr als die Kunst der Einnahmebeschaffung. Sie greift auf die Ausgabengestaltung über. Das gilt sowohl für die Beratung des Parlaments bei den Haushaltsverhandlungen wie bei dem Ausgleich zwischen den Ressortwünschen im Schoß der Regierung. Es geht auch nicht ausschließlich darum, den Ausgleich zwischen Einnahmen und Ausgaben zu finden, so wichtig das ist und bleibt. Es gilt eine Budgetpolitik zu verfolgen, „die den maximalen Beitrag zu einem harmonischen wirtschaftlichen Wachstum liefert"[5].

Unser Haushaltsrecht ist dieser letzten Entwicklung nicht gefolgt. Es erschöpft sich im wesentlichen in der Verankerung des Ergebnisses der verfassungspolitischen Kämpfe im vorigen Jahrhundert: Das Parlament zum Herrn der Staatstätigkeit zu machen. Das Prinzip der Haushaltsordnung läßt sich auf den Nenner bringen: Ordnung um der Kontrolle willen. Es liegt auf der Hand, daß eine Neugestaltung des Haushaltsrechts hier ihr „Rhodos, hic salta" finden wird. Wird es gelingen, der Haushaltsordnung — die von uns als „Verfahrensordnung" gekennzeichnet wurde — zu dem notwendigen Bestand an formalen Vorschriften noch Regeln über ein finanzpolitisch richtiges Verhalten einzugießen? Diese Frage ist noch völlig offen. Nur das Mindestprogramm ist klar: die neue Ordnung soll zum mindesten so beschaffen sein, daß sie ein besseres Urteil über den finanzwirtschaftlichen Kurs erlaubt als die bisherige.

---

[5] *Colm* im Handbuch der Finanzwissenschaft, Bd. I, S. 534.

§ 4. Die Funktionen des Haushalts

1. Das Wesen des Haushalts wird noch deutlicher, wenn man ihn sich an Hand der Aufgaben oder Funktionen vergegenwärtigt, denen er dient.

a) Die technische Funktion. Der Haushalt soll, indem er sämtliche Einnahmen und Ausgaben verzeichnet, zunächst einen Überblick über die staatliche Tätigkeit geben. Er vermittelt eine Bestandsaufnahme.

Es leuchtet ein, daß nur eine planvolle Ordnung diesen Überblick ermöglicht. Ein möglichst klares und übersichtliches Schema ist eine einleuchtende Grundbedingung für die Verwirklichung der Haushaltsidee. Ebenso einleuchtend ist es, daß es nicht ganz einfach ist, die ganze rudes-indigesta-moles der Staatstätigkeit in einer durchsichtigen Ordnung zu gliedern. Allein schon durch diese Ordnung wird viel erreicht. Sie gibt nicht nur einen Überblick über die Summe der Staatseinnahmen, sondern auch über die Staatstätigkeit und die Aufgaben des Staates im Ganzen. Ein wesentlicher Zweck dieser Ordnung ist es, sicherzustellen, daß Einnahmen und Ausgaben übereinstimmen. Bei dem Umfang der heutigen Staatstätigkeit kommt es sehr auf eine klare Gliederung des Materials an. Das „Haushaltsschema", in dem diese Gliederung erfolgt, ist von großer technischer Bedeutung. Es bildet die Grundlage der Wirtschaftsführung sowie des Kassen- und Rechnungswesens und der Finanzkontrolle.

b) Die politische Funktion. Es ist merkwürdig, daß in einem Staatswesen die finanziellen Möglichkeiten nie ausreichen, um alle wünschbaren Dinge zu finanzieren. Die Einnahmen werden immer knapp sein. Die Ausgaben werden immer nur einen Ausschnitt aus allen denkbaren Ausgabemöglichkeiten darstellen. Der Haushaltsplan bringt also immer nur eine Auswahl aus der Masse der Ausgabemöglichkeiten und -wünsche. Das bedeutet, daß er einen Kompromiß zwischen dem politischen Wollen und dem finanziellen Können darstellt. Die Auswahl, die getroffen wird, ist eine politische Entscheidung, ein politisches Programm. „Das Budget ist der ziffernmäßig exakte Ausdruck des Handlungsprogramms einer Regierung" (Neumark). Der Haushalt ist also das Spiegelbild der Aufgaben, die sich die Regierung gesetzt hat. Die Regierung selbst oder die Regierungskoalition wiederum beruht auf der Regierungspartei oder den Regierungsparteien. Das Programm wird also meist in einer vorparlamentarischen Zusammenarbeit zwischen der Regierung und der sie stützenden parlamentarischen Mehrheit festgelegt. Die Opposition, die das Regierungsprogramm natürlich nicht billigen kann, wird auch dem Haushalt nicht zustimmen können; sie wird bei der Verabschiedung des Haushaltsplans immer, alter Tradition gemäß ihre Neinstimme abgeben.

c) Die rechtliche Funktion.

aa) Die Verbindlichkeit. Dieses politische Programm wird von der Regierung im Haushaltsentwurf ausgearbeitet und nach mehr oder weniger großen Änderungen im parlamentarischen Verfahren von der die Regierung tragenden Parlamentsmehrheit zum Haushaltsgesetz erhoben. Durch diesen Akt gewinnt es Gesetzeskraft und wird für alle Staatsinstanzen verbindlich. Die Gesetzesform gewährleistet im Rechtsstaat den Vollzug dieses Programms durch die Verwaltung. Sie bedeutet gleichzeitig einen Wall gegen Änderungswünsche der politischen Kräfte und gewährleistet den Bestand des Programms in der würdigsten und feierlichsten Form, die die demokratische Verfassung zu geben hat: der Gesetzesform. Das Budget erweist sich als ein Instrument zur Lenkung der Staatsverwaltung, zur Festlegung des Gegenstands und Umfangs ihrer Betätigung, zur Gestaltung von Zuständigkeit und Verantwortung.

bb) Die Kontrollierbarkeit. Der Vollzug des Programms muß kontrollierbar sein. Das Grundgesetz schreibt deshalb vor, daß der Bundesminister der Finanzen im Bundestag über alle Einnahmen und Ausgaben jährlich Rechnung zu legen hat. Der Vergleich der Rechnung, des „Ist" zeigt, wie weit mit dem Plan, dem „Soll", das Programm eingehalten oder von ihm abgewichen wurde. Je nach dem erhält die Regierung durch das Parlament Entlastung oder nicht.

2. Die Definition der Reichswirtschaftsbestimmungen (vgl. § 3 Ziff. 1) deutet all diese Funktionen mit Ausnahme einer einzigen, des Haushaltsgleichgewichts, an:

a) Der Haushalt ist also eine Zusammenstellung der Einnahmen und Ausgaben — Ordnungsfunktion —.

b) Er ist die für die Wirtschaftsführung maßgebende Zusammenstellung — politische Funktion —.

c) Infolge seiner Feststellung in Gesetzesform erhält er die Verbindlichkeitswirkung und wegen der gleichen Eigenschaft auch die Vollzugsgarantie. Auf diese Weise wird der Haushalt zum Planungsinstrument der Staatstätigkeit.

3. Der Satz, daß der Haushalt Ausdruck eines politischen Programms ist, läßt sich geradezu umkehren: Politische Körperschaften, die ein eigenes politisches Programm im Rahmen des ihnen eingeräumten Zuständigkeitsrahmens bilden können, werden auch einen eigenen Haushalt aufstellen. Der Haushalt ist der Ausdruck ihrer Autonomie. Deshalb werden Eingriffe in den Haushalt seitens der Staatsaufsicht regel-

mäßig mit großer Empfindlichkeit registriert. Übrigens ist die Aufstellung eines Haushalts den juristischen Personen des öffentlichen Rechts vorgeschrieben[6]. Ein Beweis dafür, daß politische Autonomie ohne finanzwirtschaftliche Ordnung nicht denkbar ist.

4. Nach dem, was im ersten Abschnitt dieses Buches über die Bedeutung des Haushalts ausgeführt wurde, mag es überraschen, wenn es bei den aufgezählten Funktionen sein Bewenden hat. Der Haushalt von heute hat in der Tat eine enorme sozial- und wirtschaftspolitische Bedeutung erlangt. Die Finanzwissenschaft und die Staatswirtschaftslehre messen ihm dementsprechende Funktionen zu. Musgrave[7] stellt die fiscal policy in einer Weise in den Vordergrund, die die herkömmlichen Aufgaben des Budgets geradezu überdeckt. Es geht nach ihm zwar immer noch um Programmierung der Aufgaben, des Bedarfs und seiner Deckung, aber ebenso um die Verbesserung der Einkommensverteilung, sowohl durch eine auf dieses Ziel abgestimmte Politik der Einnahmebeschaffung wie der Ausgabengestaltung, und fast noch mehr um die Sicherung von Vollbeschäftigung und Wirtschaftswachstum (vgl. I. Abschnitt § 5). Das Kunststück besteht darin, diese Ziele zu vereinbaren. Wenngleich das der Stand der Wissenschaft ist, so läßt sich weder vom Standpunkt der Rechtsordnung noch von dem des politischen Sachverhalts aus sagen, daß diese Überlegungen bereits den Grad institutionalisierter oder zielstrebig verfolgter Haushaltsfunktionen erreicht, daß sie sich zur Richtlinie der Haushaltspolitik verwirklicht hätten. Die Bundesrepublik hängt damit weder anderen Staaten nach noch geht sie ihnen damit voran. Das deutsche Haushaltswesen und die Finanzpolitik entsprechen im ganzen durchaus dem internationalen Standard. Es darf an dieser Stelle nochmals auf den unbewältigten Konflikt verwiesen werden, der zwischen einer konventionellen Haushaltspolitik besteht, die nur die Deckung des politisch gegebenen Bedarfs als Ziel anerkennt, und dem modernen Haushaltsdenken, das die gesamtwirtschaftliche Verantwortung in Rechnung stellt und zu anderer Haushaltsgestaltung kommen kann.

---

[6] § 9 b RHO und Gesetz zur Erhaltung und Hebung der Kaufkraft (Beitragegesetz) vom 24. März 1934 (RGBl. I, S. 235).

[7] *Musgrave*, The Theory of Public Finance.

§ 5. Die Gliederung des Haushalts

1. Seinen Funktionen kann der Haushalt nur gerecht werden, wenn er mit äußerster Klarheit und Übersichtlichkeit gegliedert wird. Nur so wird er insbesondere seiner technischen Funktion genügen können, eine Bestandsaufnahme der Staatstätigkeit zu geben.

Die Gliederung ist eines der Hauptprobleme der Haushaltstechnik. Da eine Aufbereitung des umfangreichen Zahlenmaterials in durchsichtiger und übersichtlicher Ordnung die Voraussetzung für die Arbeit mit dem Haushalt bildet, reicht die Bedeutung des Problems weit über die bloße Technik hinaus. Für die parlamentarische Arbeit und für die Beschäftigung der Öffentlichkeit mit dem Haushalt ist sie von grundlegender Wichtigkeit.

Nicht unter allen Gesichtspunkten ist das Problem jedoch befriedigend gelöst. Die Schwierigkeit, eine Ideallösung zu finden, hängt einerseits mit dem Umfang und der Vielseitigkeit des Materials zusammen, das in die spanischen Stiefel des Haushaltsschemas geschnürt werden muß. Außerdem sind recht verschiedene Standpunkte denkbar, von denen aus das Material betrachtet und gesichtet werden kann: administrative, volkswirtschaftliche, finanzwirtschaftliche, betriebswirtschaftliche; die sich keineswegs in ihren Zielen zu decken brauchen. Andererseits führt eine einfache Überlegung zur Erkenntnis des Dilemmas: Der Wunsch, die Verwaltung möglichst zu binden und ihre Tätigkeit ins Einzelnste zu regeln, führt zu einem engmaschigen Netz; je engmaschiger jedoch die Einteilung wird, um so mehr leidet die Übersichtlichkeit. Die goldene Mitte ist nicht immer leicht zu finden. Es gibt wohl keine Präsentation des Budgets, die der Vielfalt der Ziele und Betrachtungsweisen gerecht werden könnte.

2. Für die Aufgliederung bieten sich zunächst zwei Einteilungsmöglichkeiten an:

a) Nach den die Einnahmen und Ausgaben verwaltenden Stellen — institutionelle Gliederung —.

b) Nach der Herkunft der Einnahmen und nach dem Zweck der Ausgaben — funktionelle Gliederung —.

„Wer“ ausgibt und „wofür“ ausgegeben wird, sind die naheliegenden Gliederungsgesichtspunkte. Im Streit zwischen diesen beiden Prinzipien hat die institutionelle Gliederung aus praktischen Gründen obsiegt (siehe unter 3.).

Schon immer zieht sich durch die Überlegungen die Frage nach zusätzlichen finanzwirtschaftlichen Gliederungskriterien — nach Kostenarten. Aus ihnen ergab sich u. a. die Einteilung in den ordentlichen und den außerordentlichen Teil des Haushalts. Diese Unterscheidung beruht auf der Herkunft der Mittel; der eine ist der (hauptsächlich) mit Steuern, der andere der (hauptsächlich) mit Anleihen finanzierte Haushalt (vgl. § 6 dieses Abschnitts). Auf der Ausgabeseite läßt sich nach Verwendungsarten unterscheiden, etwa zwischen Verbrauchsausgaben, die kein Vermögen bilden, also „vermögensunwirksam" sind, und Investitionen, die Sach- oder Kapitalvermögen vermehren, also „vermögenswirksam" sind, eine Unterscheidung, die neuerdings wieder stärker betont wurde. Diese Unterscheidung wirft ein Problem der Klassifikation auf. Nur wenn es sich um „echte" Vermögensbildung handelt — Kanonen und Düsenjäger sind keine „echten" Investitionen — liefert sie einen Beitrag zur Beurteilung eines Haushalts. Erst wenn diese schwierige Vorfrage geklärt, kann man sagen, ob die Unterscheidung nicht in der Haushaltslehre eine größere Rolle spielt als sie tatsächlich verdient.

Noch interessanter sind die Gliederungsversuche, die zwischen Haushalt und volkswirtschaftlicher Gesamtrechnung eine Brücke schlagen. Die OEEC (= Organization for European Cooperation) hat ein Standardsystem volkswirtschaftlicher Gesamtrechnungen erarbeitet, das eine Aufgliederung der Einnahmen und Ausgaben des Staates vorsieht, die wir für zukunftsträchtiger halten[8]. Auch sie unterscheidet zwischen laufenden Ausgaben und Investitionsausgaben. Sie bringt aber darüber hinaus sowohl auf der Einnahmeseite wie auf der Ausgabeseite Unterteilungen, die interessante Aussagen liefern.

Laufende Ausgaben:

a) Laufende Käufe des Staates von Gütern und Diensten,
   aa) Verteidigung
   bb) Zivile Zwecke
b) Subventionen,
c) Laufende Übertragungen an Haushalte und private Organisationen, ohne Erwerbscharakter (Transfer),
d) Laufende Übertragungen an das Ausland.

Man möchte auf diese Weise die Grundlage schaffen, um die gesamtwirtschaftlichen Wirkungen der öffentlichen Finanzgebarung abzuschätzen.

Aus dem anliegenden Schema eines Haushaltsquerschnitts für den Bundeshaushalt läßt sich ersehen, wie dort vorgegangen wird. Die

[8] Vgl. OEEC, A Standardized System of National Accounts, Paris 1952, deutsche Übersetzung vom Statistischen Bundesamt, Wiesbaden.

waagerechte Spalte enthält die Einteilung nach den Aufgabenbereichen, den Funktionsplan. Die senkrechte Spalte versucht Einkommen und Ausgaben unter wirtschaftlichen Gesichtspunkten zu teilen. Sie gibt damit ein recht modernes Einteilungsschema.

Muster eines Haushaltsquerschnitts zum Bundeshaushaltsplan

Zeilen:

A. Bundespräsident, Oberste Staatsorgane
B. Auswärtige Angelegenheiten
C. Verteidigung (einschl. zivile Verteidigung)
D. Öffentliche Sicherheit
E. Rechtsschutz
F. Innere Verwaltung und allgemeine Staatsaufgaben
G. Finanzverwaltung
H. Unterricht
J. Hochschulen und Wissenschaft
K. Kunst, Volksbildung usw.
L. Soziale Sicherung
M. Gesundheit, Sport, Jugendpflege
N. Ernährung, Landwirtschaft und Forsten
O. Wasser- und Kulturbau, Wasserversorgung
P. Wirtschaft
R. Verkehr (einschließlich Straßenwesen)
S. Bau- und Wohnungswesen
T. Wiedergutmachung
U. Besondere Kriegsfolgeaufgaben
V. Wirtschaftsunternehmen
W. Allgemeines Finanzwesen

Spalten:

Einnahmen

Fortdauernde Einnahmen

1. Verwaltungseinnahmen
2. Betriebseinnahmen
3. Gewinne aus Unternehmen, Einnahmen aus Sondervermögen
4. Zinsen und Tilgung
5. Zuweisungen von Gebietskörperschaften, Lastenausgleichsfonds, Sozialversicherung
6. Steuern — Sonstige Einnahmen

Einmalige Einnahmen

7. Anleihen

Ausgaben

8. Personalausgaben — Versorgung
9. Sachausgaben

Allgemeine Ausgaben

10. Zuweisungen an Gebietskörperschaften und Sondervermögen — Beihilfen
11. Renten, Unterstützungen — Sonstige Ausgaben
12. Betriebsausgaben
13. Zuschüsse an Unternehmen, Ausgabe an Sondervermögen, Rücklagen — Bürgschaften
14. Darlehen an Gebietskörperschaften, Lastenausgleichsfonds, Sozialversicherung
15. Sonstige Darlehen
16. Zuweisungen an Gebietskörperschaften, Lastenausgleichsfonds, Sozialversicherung
17. Zuschüsse und Beihilfen
18. Schuldendienst — Übrige Ausgaben

Einmalige Ausgaben

19. Erwerb von Grundstücken
20. Neu-, Um- und Erweiterungsbauten — Darlehen
21. Anschaffung von Fahrzeugen, Einrichtungsgegenständen und dgl.
22. Erwerb von Beteiligungen
23. Subventionen — Sonstige einmalige Ausgaben

3. Die Haushalte des Bundes und der Länder sind nach Verwaltungen gegliedert. Die Einteilung folgt aus praktischen Gründen der Organisation. Sie erfolgt nach den Stellen, denen die Haushaltsmittel zur Verfügung gestellt werden und die für ihre Verwaltung verantwortlich sind. Die deutschen Haushalte beruhen also nach wie vor auf dem Prinzip der institutionellen Gliederung. Anderweitige Reformvorschläge wurden aufgegeben. Sicher deckten sich in der Zeit, als die Staatsaufgaben im Sinne des Herkommens auf die „klassischen Ministerien" verteilt waren, Funktionen- und Institutionenplan weitgehend. Mit dem Zuwachs der Staatsaufgaben einerseits, mit der Verteilung von Staatsaufgaben auf eine stattliche Reihe von Ministerien sowohl in Bund und Ländern kam es jedoch zu Zersplitterung und Überschneidung. Auf vielen Gebieten, so insbesondere auf denen der Wirtschaftsförderung und der sozialen Sicherung, lassen sich oft keine klaren Abgrenzungen der Zuständigkeiten treffen. Das macht funktionelle Übersichten zweckmäßig, aber auch ausreichend. So wird dem Bundeshaushalt wie den meisten Länderhaushalten ein besonderer Funktionenplan beigefügt. Ein System von Kennziffern stellt die Verbindung zum Institutionenplan her.

Der Gesamtplan ist in Einzelpläne aufgeteilt, wobei jedes Ressort seinen eigenen Einzelplan erhält. Diese Einzelpläne wiederum sind unterteilt entsprechend dem Behördenaufbau innerhalb des betreffenden Ressorts. Eine Behörde oder Gruppen gleichgeordneter Behörden haben ihre eigene Haushaltsstelle: „das Kapitel". Diese Kapitel ihrerseits sind wieder unterteilt nach Art der Ausgaben in „Titel". Die hauptsächlichsten Titelgruppen sind den Personalausgaben, den Sachausgaben, den allgemeinen Ausgaben (oder Zweckausgaben) gewidmet. Das Ganze läßt sich am besten mit einer Häuserzeile vergleichen. Unter dem gemeinsamen Dach des Haushaltsgesetzes und der Endziffer des Haushalts stehen die Reihenhäuser nebeneinander und jedes birgt eine Verwaltung. Das Haus hat Stockwerke. Im obersten wohnt das Ministerium, darunter in der Folge ihres Ranges die diesem Ministerium nachgeordneten Dienststellen. Die Wohnungen selbst sind nach dem gleichen Grundriß aufgebaut. Der Kenner weiß, in welcher Stelle des Grundrisses und in welchem Stockwerk eine bestimmte Einnahme oder Ausgabe zu finden sein muß. In den Haushalten der Ministerien ist es jeweils das Kap. 02, das unter der Bezeichnung „Allgemeine Bewilligungen" die interessantesten Posten des „Leistungsstaats" aufweist. Im allgemeinen werden diese Mittel vom Ministerium selbst, selten von nachgeordneten Behörden verwaltet. Es sind „zentral gesteuerte Mittel", die nach politischen Gesichtspunkten eingesetzt werden. Sie verstricken die Ministerialarbeit, die nach deutscher Tradition eine leitende sein sollte, häufig in das Gestrüpp des Details.

4. Auf diese Weise entsteht ein Spiegelbild von der Organisation der Staatsverwaltung. Man kann aus dem Haushalt ablesen, welche Behörden es gibt, über wieviele Beamten und Angestellten sie verfügen, welche Mittel von ihnen vereinnahmt und verausgabt werden. Erläuternde Einführungen zu den Einzelplänen des Haushalts oder zu den einzelnen Kapiteln schildern die wesentlichen Aufgaben und Tätigkeiten der betreffenden Dienststelle. Auch von dieser Seite her läßt sich also das Bemühen erkennen, die Staatstätigkeit klar und übersichtlich darzustellen. Wer sich mit der Organisation des deutschen Staatswesens beschäftigen will, versäume also nicht, den Haushalt zu Rate zu ziehen!

5. Die Haushaltspläne enthalten selbstverständlich die Personalausgaben, und zwar getrennt nach Dienstbezügen für den Minister, für die planmäßigen Beamten (Richter, Soldaten), für die beamteten Hilfskräfte, für die nichtbeamteten Kräfte (Vergütungen für Angestellte, Löhne der Arbeiter). Die Grundlage für die Veranschlagung der Dienstbezüge der Beamten sind die Stellenpläne: aus ihnen ergibt sich, über wieviele Beamte eine Dienststelle verfügt und welchen Rang sie ein-

nehmen. Ähnliches gilt für Angestellte und Arbeiter. Daraus folgt, daß nur Kräfte beschäftigt werden können, für die Stellen bewilligt worden sind. Die Organisation der Verwaltung in Behörden und deren Personalausstattung ist deshalb eine Angelegenheit des Haushalts und steht unter der Obhut des Parlaments. Man muß bedenken, daß das Verwaltungspersonal der Hoheits- und Kämmereiverwaltungen — also das Personal von Bund, Ländern und Gemeinden, aber ohne Arbeiter, Soldaten und ohne die Bediensteten von Bahn, Post und Wirtschaftsunternehmen der öffentlichen Hand — sich auf fast 1,2 Mill. Menschen beläuft. Das Personal der Länder verschlingt fast ein Drittel ihrer gesamten Einnahmen, knapp die Hälfte der Länder-Steuereinnahmen.

6. Dieses Spiegelbild von der Organisation der Staatsverwaltung und der Personalausstattung der Behörden, die Überblicke über Zuständigkeiten und Aufgabengebiete werden ergänzt durch den erwähnten Funktionenplan. Beim Bund kommt dazu noch ein Finanzbericht, der den Haushaltsplan auf dem Hintergrund der größeren volkswirtschaftlichen Zusammenhänge schildert, internationale Vergleiche anstellt und besonders gewichtige Sachverhalte der Finanzpolitik anspricht. Es steht außer Zweifel, daß dieses Material eine ausgezeichnete Unterrichtung ermöglicht.

Es kommt dazu, daß dieser Finanzbericht gründliche Auskunft über das Vermögen und die Schulden des Bundes liefert. Damit erhält der klassische Haushalt der Einnahmen und Ausgaben für ein Jahr eine wichtige Ergänzung. Besonders bedeutungsvoll ist jener Teil des Finanzberichts, der sich mit den großen „Sondervermögen", wie dem Lastenausgleichfonds, der deutschen Bundesbahn und der deutschen Bundespost sowie dem industriellen Bundesvermögen, darunter den großen Konzerngesellschaften des Bundes, befaßt. Erst dadurch entsteht ein abgerundetes Bild vom Stand der Finanzwirtschaft der Bundesrepublik. Übrigens ist dieser Bestandsnachweis des Vermögens und der Schulden vom Grundgesetz (Art. 110 Abs. 3) vorgeschrieben.

§ 6. Ordentlicher und außerordentlicher Haushalt

Die Gliederung des Haushalts in einen ordentlichen und außerordentlichen Teil (§ 3 RHO) gilt heute als der schwächste und reformbedürftigste Teil unseres Haushaltsrechts. In der Tat hat diese Einteilung weder die Durchsichtigkeit des Haushalts und seiner Finanzierung erhöht noch finanzwirtschaftliche Vorteile gezeitigt. Die Gedanken und Überlegungen, die hier am Werke waren, gelten heute als weitgehend überholt. Die Anfeindung, denen sie ausgesetzt ist, ist allerdings übertrieben. Mit dem Verbot, Anleihen anders als für außerordentliche Aufgaben aufzunehmen (Art. 115 GG), hat das Grundgesetz die herkömmliche Zweiteilung übernommen und verankert. Ihr Sinn und ihre Bedeutung werden im folgenden behandelt. Auf den Zusammenhang zwischen der Beschränkung der Anleihefinanzierung auf außerordentliche Zwecke und dem Gleichgewichtsgebot des Grundgesetzes wird anschließend (§ 7 dieses Abschnitts) eingegangen.

Zunächst ist hervorzuheben, daß die Haushaltsordnung das von ihr sonst hochgehaltene Prinzip verläßt, wonach eine Zweckbindung von Einnahmen für bestimmte Ausgaben ausgeschlossen ist. Außerordentliche Einnahmen — die Haushaltsordnung nennt insbesondere Einnahmen aus Anleihen, Einnahmen aus der Veräußerung von Grundstücken im Werte von mehr als 10 000 DM sowie „andere außerordentliche Einnahmen" — sollen nur für außerordentliche Ausgaben beschafft werden. Bei der Definition der außerordentlichen Ausgaben erlaubt sie sich mit dem wohlwollenden, um Verständnis bemühten Leser ein Ringelspiel: es sind solche, die mit außerordentlichen Einnahmen zu bestreiten sind. Die Kennzeichnung erfolgt also auffallenderweise von der Einnahmeseite her. Man muß also etwas tiefer gehen:

Außerordentliche Zwecke sind solche, die sich nicht in alljährlicher Wiederkehr wiederholen. Sie gehen über die stete Grundlast hinaus. Sie sollten, das ist wohl die tragende Idee, nicht durch Steuereingänge, sondern durch Anleihen gedeckt werden müssen, um rasche Veränderungen der Steuerlast zu vermeiden. Indes ergibt sich, daß mit der Unterscheidung von Grund- und Spitzenlast jedenfalls heute nicht mehr auszukommen ist. Eine ganze Masse von Einzelobjekten, wie etwa Verwaltungsbauten, von denen jedes für sich „außerordentlich" ist, kehrt in anderer Zusammensetzung alljährlich wieder und ist im Gesamtbestand keineswegs „außerordentlich", sondern im normalen Rahmen. Man hat also, wenn man so will, jedes Jahr einen außerordentlichen Haushalt bei konstantem Haushaltsvolumen. Andererseits finden sich derartige Einzelobjekte auch im ordentlichen Haushalt. Er umfaßt deshalb mehr als ein Betriebsbudget, das sich auf die laufende Verwaltung beschränkt und keine vermögenswirksamen Einnahmen und Ausgaben enthält. Die Unterscheidung des deutschen Haushalts kommt der zwischen Betriebs- und Kapitalbudget zwar nahe, deckt sich aber bedauerlicherweise nicht mit ihr. Man kann prinzipiell sagen, daß der außerordentliche Haushalt ausschließlich vermögenswirksame, das Staatsvermögen vermehrende Anschaffungen enthalten sollte, aber nicht, daß der ordentliche Haushaltsteil von ihnen bereinigt wäre. Das geltende Haushaltsrecht ist damit einer Entscheidung ausgewichen. Es folgt nicht der „Profit-Investitions"-Theorie, nach der ausnahmslos nur Ausgaben für „werbende Zwecke“ mit außerordentlichen Mitteln gedeckt werden dürfen (Art. 115 GG).

Tabelle 3: **Theoretisches Schema eines Haushalts**

Betriebsbudget (vermögensunwirksame Vorgänge)	
Einnahmen (Hauptgruppen)	Ausgaben (Hauptgruppen)
Steuern und Abgaben	Personalausgaben
Verwaltungseinnahmen, (darunter: Gebühren)	Sachausgaben[a]
Vermögenserträge	Allgemeine Ausgaben, (darunter: Renten, Subventionen, Zuweisungen im Finanzausgleich)
	Zinsen
	Abschreibungen[b]
Kapitalbudget (vermögenswirksame Vorgänge)	
Gegenwert der Abschreibungen	Investitionen[a]
Überschuß des Betriebsbudgets	[a): rentierliche b): nicht-rentierliche]
Vermögenserlöse	Schuldentilgung
Anleihen	Rücklagenbildung
Entnahme aus Rücklagen	

a) Die Abgrenzung von Sachausgaben und Investitionen ist etwa die gleiche wie zwischen kurzlebigen und langjährigen Anschaffungen im Bilanzwesen.

b) Abschreibungen sind an sich dem kameralistischen Haushalt fremd. Sie bilden, wo sie angesetzt werden, einen fiktiven Posten, der den Überschuß des Betriebsbudgets vermindert.

Was sind werbende Zwecke? Der Begriff scheint auf den ersten Blick klar: es sind Anlagen, die „rentierlich“ sind. Das wäre der Idealfall, daß sie den Zinsen- und Tilgungsdienst der Anleihe, aus der sie finanziert wurden, selbst tragen (Fall der autarkischen Anleihe). Daß dieser Fall im Staatsbetrieb selten ist, liegt auf der Hand. Weder soll der Staat auf dem Feld der Erwerbswirtschaft mit Privaten konkurrieren, noch ist bei der Verfolgung der Staatszwecke die Rendite ihr Maßstab. Der Begriff der werbenden Zwecke umfaßt natürlich auch diejenigen Betriebe, die ihre Kosten durch entsprechende Gebührenaufkommen selbst decken, wie Verkehrs- und Versorgungsbetriebe. Einrichtungen, bei denen das nur zeitweise oder nur teilweise der Fall ist, wie z. B. Krankenhäuser, oder solche, bei denen die Ausgaben überwiegen, wie Schulen und Bildungsstätten, fallen streng genommen nicht mehr darunter. Trotzdem müssen sie und werden sie, insbesondere von den Gemeinden, regelmäßig mit Fremdmitteln finanziert. Man erfand den trostreichen Begriff der „Umwegsrentierlichkeit“.

Tabelle 4: **Schema der Reichshaushaltsordnung**

Einnahmen		Ausgaben
	Ordentlicher Haushalt	
Steuern Verwaltungseinnahmen Allgemeine Haushaltseinnahmen Titel 1 bis 69	fortdauernde	Personalausgaben Titel 100 bis 199 Sachausgaben Titel 200 bis 299 Allgemeine Haushaltsausgaben Titel 300 bis 699
Einnahmen, deren Wiederholung unsicher ist Titel 70 bis 99	einmalige[a][b]	Ausgaben für einmalige Maßnahmen, darunter Um- und Erweiterungsbauten, Grundstückserwerb im Betrag von 50 000,— DM und mehr
	Außerordentlicher Haushalt[a]	
Anleihen Veräußerungserlöse von Vermögensgegenständen, die aus Anleihemitteln beschafft wurden, Veräußerungserlöse von Grundstücken im Werte von mehr als 10 000,— DM		Ausgaben, die aus außerordentlichen Einnnahmen zu decken sind, vorzüglich solche für werbende Zwecke, notfalls auch für anderen außerordentlichen Bedarf

a) Die einmaligen und die außerordentlichen Ausgaben haben durchweg vermögenswirksamen Charakter.

b) Die einmaligen Einnahmen und Ausgaben müssen sich finanzwirtschaftlich nicht entsprechen.

Sie ist dann gegeben, wenn Staatseinrichtungen das wirtschaftliche Leben befruchten (reproduktive Ausgaben) und einen Wachstumsprozeß erhoffen lassen, der zu höheren Steueraufkommen in der Zukunft führt. Ob das in concreto zutrifft, das ist oft eine Gewissensfrage.

Ebensowenig hat sich die Reichshaushaltsordnung für die „reine Investitions"-Theorie entschieden. Auf dieser Theorie basiert die Unterscheidung zwischen dem Betriebsbudget, in das die laufenden Ausgaben (und nur sie) und dem Kapitalbudget, in dem die Anschaffungen (und nur sie) aufgenommen werden. Das erstere kann nur mit ordentlichen Einnahmen finanziert werden. Das letztere kann sowohl mit Überschüssen des Betriebsbudgets wie mit spezifischen Einnahmen, wie Rückflüssen, Vermögenserlösen, vor allem durch Ausgabe von Schuldtiteln, finanziert werden. Die Haushaltspraxis nähert sich dieser Auffassung, in dem es zwischen vermögenswirksamen und vermögensunwirksamen Einnahmen und Ausgaben unterscheidet. Auf Grund dieser Gliederung kann man sich quer durch den ordentlichen und außerordentlichen Haushaltsteil einen Überblick über die Höhe der Betriebs-

und der Kapitalausgaben errechnen. Das geschieht auch für Zwecke der Statistik, die Staatsverbrauch und Vermögensbildung ermittelt.

Festzuhalten ist indes, daß die vermögenswirksamen Ausgaben aus dem ordentlichen Haushalt nicht verbannt sind, wie umgekehrt ausnahmsweise auch außerordentliche Einnahmen in den ordentlichen Haushalt fließen können[9]. Die Reichshaushaltsordnung ermöglicht es, daß auch andere als Kapitalausgaben in den außerordentlichen Haushalt eingestellt werden. Der Begriff der außerordentlichen Ausgaben ist sehr weit. Man hat deshalb in früheren Zeiten ohne Bedenken auch Militärausgaben über Anleihen finanziert. Aber es müssen, wenn es schon nicht Investitionsausgaben sind, doch Ausgaben wirklich außerordentlichen Charakters sein. Man kann also ohne Zögern von einem grundsätzlichen Verbot der RHO sprechen, ordentliche Ausgaben mit außerordentlichen Mitteln zu finanzieren, aber nicht umgekehrt. Die Trennschärfe der Abgrenzungen läßt zu wünschen übrig. Das Bild ist eher verwirrend als überzeugend.

Der unentschiedenen Linie der Haushaltsordnung entspricht ein häufiges Schwanken in der Praxis von Bund und Ländern. Insbesondere in den finanziell sehr harten Anfangsjahren des Wiederaufbaus war man hinsichtlich des außerordentlichen Haushalts recht weitherzig. Gelegentlich ist sogar die Erneuerung von Straßendecken, sind Zuschüsse an hilfsbedürftige Betriebe über Anleihen finanziert worden. Sehr bald wurde jedoch auf eine strengere Linie übergegangen, die Steuereingänge erlaubten es auch! Die Neuverschuldung am Kreditmarkt blieb dank dieser Entwicklung im ganzen gesehen gering (Tabelle 5).

Tabelle 5: **Neuverschuldung[a]) von Bund, Lastenausgleichsfonds, Ländern und Gemeinden aus Kreditmarktmitteln zum 31. 12. 1961**
(Millionen DM)

Bund	9 725[b)]
Lastenausgleich	1 643
Länder	4 012
Gemeinden	11 829
	27 208

a) Finanzbericht 1963, S. 600, vgl. auch Vermögensbildung bei § 7 dieses Abschnitts.
b) Einschließlich Krediten der Deutschen Bundesbank von 6485,4 Mill. DM.

[9] Vgl. *Vialon*, Haushaltsrecht, § 3, Anm. 10.

Heute gilt als Maßstab, daß kein Substanzverkehr stattfinden darf. Der Vermögensbelastung durch die Anleihe muß entsprechende Kapitalbildung, am liebsten eine produktive, gegenüberstehen. Es leuchtet ein, daß der Saldo des ordentlichen Haushalts anders ausfällt, je nachdem man den ordentlichen Einnahmen nur reine Betriebsausgaben oder auch (je nach der angewandten Klassifikation) vermögenswirksame Ausgaben in größerem oder kleinerem Umfang gegenüberstellt. Die sauberste Lösung scheint die der reinlichen Trennung zwischen Betriebs- und Kapitalausgaben ohne jeden Unterschied, ob sie werbenden Charakter haben oder nicht. Sie führt allein zu einem klaren Begriff von Überschuß oder Defizit. Sie gibt ein Bild von der finanzwirtschaftlichen Situation, weil sie zeigt, ob wenigstens die laufenden Ausgaben mit Hilfe der laufenden Einnahmen gedeckt werden können — das ist die Mindestforderung der klassischen Haushaltswirtschaft — und wie weit aus einem Überschuß noch Kapitalausgaben finanziert werden können. Sie darf allerdings nicht das Mißverständnis herausfordern, daß alle Kapitalausgaben mit Anleihen bezahlt werden müssen; im Gegenteil sollte ein möglichst großer Teil aus den ordentlichen Mitteln finanziert werden, es sei denn, daß ganz besondere Umstände ein anderes Vorgehen rechtfertigen.

An diesen Kapitalausgaben hat eine vorausschauende Haushaltspolitik größtes Interesse. Es handelt sich um die Daseinsvorsorge bei den Gemeinden angefangen, um die Straßen, Verkehrsmittel, die Nachrichtenübertragung, Schulen, Universitäten, Krankenhäuser, um Licht und Kraft, kurz, um das ganze „Sozialkapital“, ohne das eine Kultur- und Wirtschaftsblüte nicht mehr denkbar ist. Hier ist die schöpferische Verwaltung aufgerufen, hier liegt ihr Betätigungsfeld.

Freilich braucht man eine finanzpolitische Linie, um das Sozialkapital in vernünftiger Weise zu finanzieren. Soweit die Objekte sich selbst tragen, geht die Problematik nicht weit. Wenn Zinsen und Tilgung der Anleihen aber aus zukünftigen Steuererträgen gezahlt werden müssen, ist eine Prognose der Haushaltsentwicklung notwendig. Überlegungen, wie „pay as you use“ oder „gerechte Lastenverteilung auf mehrere Generationen“, sind schmückende Ornamente für Haushaltsreden, bedürfen aber sehr nüchterner Betrachtung. Das gilt sowohl für die finanzwirtschaftliche Seite — die zukünftige Belastung! — wie für die volkswirtschaftliche Seite: die Verteilung der Kosten auf Jahre darf nicht darüber hinwegtäuschen, daß die Aufbringung der Produktionsmittel zu Lasten des Sozialprodukts von heute geht. Sie werden anderen Verwendungen entzogen und die Frage ist, wo der Einsatz mit der höheren Produktivität liegt, beim Staat oder bei der Wirtschaft. Das Problem taucht auf, ob mit Steuern oder mit Anleihen finanziert wird. Hier wird deutlich, daß die Forderung, laufende Ausgaben stets durch Steuern, alle anderen durch Anleihen zu finanzieren, kurzsichtig wäre und an den Zusammenhängen vorbeiginge. Die Konkurrenz um die Verwendung der Produktionsmittel ist kein Problem der Steuer- oder der Anleihefinanzierung, sondern der einer Abstimmung des Staatsbedarfs auf die gesamtwirtschaftliche Lage. Nur die Zahlungsweise ist verschieden: bei der Steuerfinanzierung trägt der Steuerzahler die Last heute, bei der Anleihefinanzierung zahlt er sie (über Zinsen und Tilgung) morgen und übermorgen. Es sei denn, es stellt sich im Verlaufe einer Inflation heraus, daß der Anleihegläubiger in Wirklichkeit die Last nicht nur finanziert, sondern auch endgültig getragen hat.

Aber abgesehen von dieser hintergründigen, jedoch nicht unrealistischen Betrachtungsweise ist die Wahl zwischen Steuer- und Anleihefinanzierung von Bedeutung. Die Wahl entscheidet nämlich, ob die Übertragung der volkswirtschaftlichen Resourcen vom privaten auf den öffentlichen Sektor mehr zu Lasten des Konsums oder der Investition erfolgt. Mit Musgrave[10] kann man nämlich annehmen, daß die Steuer den privaten Konsum drosselt, während die öffentliche Anleihe die Kraft zur privaten Investition schwächt. Für ihn gilt die Faustregel, daß eine Finanzpolitik, die auf Wirtschaftswachstum abzielt, die Steuerfinanzierung bevorzugt, während umgekehrt eine Politik, die den Konsum fördern will, sich auf die Anleihe verlegt.

Die Finanzierung des Staatsbedarfs auf diesem oder jenem Wege hat jedenfalls Einfluß auf die Liquidität und die Nachfrage. Sie ist somit ein Bestandteil der Stabilisierungspolitik.

Eine Haushaltsordnung wäre überfordert, wenn sie der Finanzpolitik den Weg durch diesen Irrgarten weisen sollte. Sie ist ihrem Wesen nach eine Verfahrensordnung und kein finanzpolitischer Katechismus. Wenn sie zu dem Ergebnis kommt, daß ein Doppelbudget wegen seiner größeren Durchsichtigkeit dem Einheitsbudget überlegen ist, so kann sie eine klare Trennungslinie zwischen den zwei Teilen des Doppelbugdets ziehen. Wie immer sie vorgehen wird, sie kann eine unglückliche Finanzpolitik nicht verhindern. Die Haushaltsordnung verfolgt nicht ein bestimmtes finanzpolitisches Programm, sondern die Ordnung um der Kontrolle willen.

---

[10] *Musgrave*, The Theory of Public Finance, S. 557.

§ 7. Das Gebot des Haushaltsausgleichs

Das Grundgesetz stellt eine Reihe von Haushaltsprinzipien auf. Teilweise tragen sie rein formalen Charakter, teilweise besitzen sie finanzwirtschaftlichen Gehalt. Zu den letzteren gehört das Gebot, den Haushalt auszugleichen (Art. 110 GG) und das Verbot, ordentliche Haushaltsausgaben im Wege der Verschuldung zu finanzieren (Art. 115 GG). Da eine gewisse Verwandtschaft zwischen diesen beiden Grundsätzen besteht, werden sie im Zusammenhang behandelt. Den formalen Budgetprinzipien ist der nächste Paragraph gewidmet.

Der Ausgleich des Haushaltsplans wird von Art. 110 des Grundgesetzes ausdrücklich vorgeschrieben. Es heißt dort: „Er ist in Einnahmen und Ausgaben auszugleichen." Der Verfassungssatz hat manches Kopfzerbrechen verursacht. Es fehlt an klaren begrifflichen Grundlagen. Nur die Überzeugungskraft der Maxime steht außer Frage, nicht ihre konkrete Bedeutung. Vielleicht deshalb gehört sie „zu den erfolgreichsten finanzpolitischen Ideologien"[11].

1. Auf den ersten Blick scheint diese Bestimmung nichts anderes als eine Selbstverständlichkeit zu sein. Der Haushaltsplan würde diesen Namen nicht verdienen, wenn er nicht ausgeglichen wäre; er wäre kein politisches Programm, wenn es dem Zufall überlassen bliebe, welche Ausgaben aus den unzureichenden Einnahmen finanziert werden sollen. Eine politische Willensbildung wäre nicht zustandegekommen, Regierung und Parlament wären an ihrer Aufgabe, das Regierungsprogramm festzulegen, vorbeigegangen. Aus dem Begriff des Haushalts läßt sich also die Notwendigkeit des Gleichgewichts leicht herleiten. In der Tat haben Wissenschaft und Praxis schon bisher einhellig den Grundsatz vertreten, daß das Prinzip des Gleichgewichts den Haushaltsbestimmungen der Weimarer Verfassung und der Reichshaushaltsordnung immanent sei[12]. Wenn das zutrifft, sagt das Grundgesetz also nichts Neues.

Freilich ist der Ausgleich zwischen den Einnahmen und Ausgaben in aller Regel weder bei der Aufstellung des Haushaltsentwurfs leicht herzustellen noch beim Vollzug des Haushalts leicht durchzuhalten.

Die Schwierigkeiten liegen sowohl auf der Einnahme- wie auf der Ausgabeseite des Haushalts. Die Schätzung der Steuereinnahmen ist der Angelpunkt oft quälender Überlegungen. Die Schätzungen werden auf Grund der Erfahrungen der letzten Jahre, der Steuerstatistiken,

---

[11] Fritz *Mann*, Ideologie und Theorie des Haushaltgleichgewichts, Finanzarchiv, Bd. 21, S. 1.

[12] *Vialon*, Haushaltsrecht, 2. Aufl., S. 280.

vor allem aber mit Hilfe konjunkturwissenschaftlicher Vorausberechnungen vorgenommen. Gleichbleibende wirtschaftliche Entwicklung und Steuergesetzgebung vorausgesetzt, bilden sie eine schwierige, aber durchaus lösbare Aufgabe. Man ist oft über die Genauigkeit der Voraussage überrascht. Auf der Ausgabenseite leidet die Arbeit unter dem Übermaß an Forderungen, die alljährlich von den Fachministerien neu gestellt werden. Sie in Einklang mit den Möglichkeiten zu bringen, ist die Aufgabe der sogenannten Haushaltsverhandlungen.

Hohe und höhere Schätzungen der Einnahmen, Kürzungen und Korrekturen bei den Ausgaben oder etwa gar die Einstellung globaler Kürzungbeträge bei den Ausgaben sind die Stationen auf dem mühseligen Weg zur Herstellung des Gleichgewichts im Planentwurf. Dabei ist es oft nicht ganz einfach, den Verlockungen zu „Frisuren" zu widerstehen.

Ein echtes Problem entsteht allerdings aus der Frage, wie weit auf den beiden Seiten des Haushalts die zukünftigen Entwicklungen zu berücksichtigen sind. Der Grundsatz geht hier dahin, daß der Haushalt so aufgestellt werden muß, wie es jeweils im Zeitpunkt seiner Planung, Aufstellung oder Verabschiedung richtig ist. Man wird also mit Sicherheit zu erwartende Ausgaben berücksichtigen müssen; hinsichtlich möglicher, ja sogar wahrscheinlicher Ausgaben ein gewisses Risiko laufen dürfen. Mit der Aufnahme einer Ausgabe in den Haushalt würde die Sache selbst zweifellos schon präjudiziert und geradezu ein „fait accompli" geschaffen. Sofern sie noch nicht ein fester Bestandteil des Regierungsprogramms ist, kann ihre Aufnahme in den Haushaltsplan dem Finanzminister m. E. nicht zugemutet werden.

Eine Verletzung des Prinzips der Haushaltswahrheit sollte eigentlich unter der Würde der Beteiligten liegen; wo sie einem „frommen" Selbstbetrug erliegen, ist es auch wegen der Folgen nicht ungefährlich. Die Verfassungspflicht zum Haushaltsausgleich ermöglicht dem für die Aufstellung des Haushalts verantwortlichen Finanzminister den Appell an die Beteiligten, ihn beim Ausgleich zu unterstützen; er hat damit ein mehr oder weniger gewichtiges Argument in der Hand. Der ausgeglichene Haushaltsentwurf ist oft eine Gewissensfrage und oft eine Frage an die Zukunft.

Die Ausgleichspflicht verbietet also zweifellos einen Haushalt, bei dem die vorgesehenen Einnahmen hinter den geplanten Ausgaben zurückbleiben. Ein solcher Haushalt ist aber selbstverständlich sinnlos, denn er ließe, wie oben schon gesagt, hinsichtlich des Vollzugs alles im Ungewissen. Das Gesetz des Haushaltsgleichgewichts kommt also aus der normativen Kraft des Faktischen. Die Herstellung des Gleichgewichts mit Hilfe globaler Kürzungsbeträge, aus denen dann wieder alle gesetzlichen und vertraglichen Verpflichtungen ausgespart werden müssen, oder die Ermächtigung an die Exekutive, durch Kürzungen im Vollzuge das Gleichgewicht herzustellen, sind folglich Behelfe, die nur die Schwierigkeit auf die Exekutive verlagern. Sie bürden ihr eine Pflicht auf, die eigentlich schon vorher hätte erfüllt werden müssen. Der umgekehrte Fall eines Überschußhaushalts hat Seltenheitswert. Indes würde wohl die Bildung bzw. Zuführung zu Rücklagen gegen das Gebot des Gleichgewichts nicht verstoßen, die Bildung einer Betriebsmittelrücklage ist sogar vorgeschrieben. Eine Vorsorge für die mageren Jahre gilt seit dem biblischen Joseph als gute Finanzpolitik. Die Erfahrung der letzten Jahre zeigt indes, daß solche Überlegungen heute nur akademischen, um nicht zu sagen archaischen Charakter tragen. Steuersenkungen werden nach aller Erfahrung nicht mit der Begründung durchgeführt, daß zuviel Geld aufkommt, sondern immer auf soziale Erwägungen oder systematische Reformnotwendigkeiten gestützt.

Das Gebot des Gleichgewichts gilt naturgemäß nicht nur für den Haushaltsentwurf und den Plan; es erstreckt sich auch auf seinen Vollzug. Es findet hier eigentlich seine Bewährungsprobe. Der Plan wird hier zur Gestalt. Der Haushaltsvollzug ist in der Tat ein ständiger Kampf um die Aufrechterhaltung des einmal gefundenen oder die Wiederherstellung des vorübergehend verlorenen Gleichgewichts (vgl. § 10 dieses Abschnitts). Vor allem gilt ihm die Sorge des Finanzministers, dem auch einige Befugnisse eingeräumt sind, um es zu wahren. Kommt es trotzdem zu einem Fehlbetrag, so muß er als Ausgabe in den übernächsten Haushalt (§ 75 RHO) eingestellt werden, wobei der Begriff des Fehlbetrages nicht ganz eindeutig ist: die Frage ist nämlich, ob er nur ein Mehr der tatsächlichen Ausgaben über die Einnahmen oder ob er auch die Ausgabereste (vgl. § 8, Ziffer 2 d) dieses Abschnitts) umfaßt. Alle diese Überlegungen haben bisher nur die Feststellung im Auge, daß das Gleichgewicht durch Übereinstimmung der Einnahme- und Ausgabezahlen hergestellt sein muß. Sie bewegten sich nur um das zahlenmäßige oder formale Gleichgewicht, das im Idealfall der Gewissenserforschung standhält.

2. Ein zweiter Gleichgewichtsbegriff beschäftigt sich mit dem materiellen oder finanzwirtschaftlichen Gleichgewicht des Haushalts. Hier liegt ein Anliegen von nicht geringer Bedeutung. Es dreht sich zunächst um die Frage, ob die Staatsausgaben wahllos mit Einnahmen jeder Art gedeckt werden dürfen oder ob eine Entsprechung von Ausgaben und Einnahmearten besteht. Um die Sache klar zu machen, wird zunächst unterstellt, daß zur Deckung der Staatsausgaben, gleich welcher, nur die sogenannten ordentlichen Einnahmen des Staates wie

Steuern und Zölle, Verwaltungseinnahmen, Erwerbseinnahmen, Zuweisungen aus dem Finanzausgleich herangezogen werden dürfen, nicht aber Fremdmittel lang- oder kurzfristiger Art noch Geldschöpfung durch die Notenpresse. Bei einer derartigen Deckung würde der Haushalt sich zweifellos in einem sehr soliden Gleichgewicht befinden. Der Haushalt würde dem Satz Gaston Jèze's entsprechen: „les depenses publiques doivent en principe être couvertes par des recettes ordinaires“[13]. Mit der Heranziehung außerordentlicher Einnahmen, wie sie aus der Veräußerung von Staatsvermögen oder aus der Staatsverschuldung entstehen, würde sich das Bild verändern. Den Ausgaben eines Jahres zuliebe würde altes Vermögen liquidiert oder es würden zukünftige Jahre belastet werden. Trotz der mathematischen Übereinstimmung der Endsummen von Einnahmen und Ausgaben würde sich der Staat möglicherweise ärmer machen. Er würde von der Substanz zehren. Ein Ausgleich wäre allerdings geschaffen, wenn im gleichen Schritt mit dem Vermögensverlust oder der Vermögensbelastung neues Vermögen auf der Ausgabenseite geschaffen werden würde. In diese Richtung zielt die deutsche Haushaltstradition. Nach Art. 115 GG dürfen auf dem Wege des Kredits Mittel bei außerordentlichem Bedarf, allerdings „in der Regel nur für Ausgaben zu werbenden Zwecken“, beschafft werden. Die Folge ist, daß nach dem deutschen Haushaltsrecht die Ausgleichspflicht gewahrt erscheint, wenn die ordentlichen Ausgaben mit Hilfe ordentlicher Einnahmen, die außerordentlichen Ausgaben — meist zur Bildung von Anlagevermögen — mit Hilfe außerordentlicher Einnahmen gedeckt werden. Auf diese Unterscheidung gründet sich ja die Gliederung des deutschen Haushalts in zwei Teile:

in den ordentlichen und
in den außerordentlichen Haushalt.

Es muß hier hervorgehoben werden, daß die deutsche Terminologie mit dem internationalen Begriff vom Defizit insofern nicht übereinstimmt. Dort gilt ein mit Fremdmitteln gedecktes Budget als Defizithaushalt. Aber die deutsche Terminologie hat verschiedene Ungereimtheiten. So ist der Begriff der werbenden Zwecke, wie erläutert, unscharf; noch mehr gilt das für den der außerordentlichen Ausgaben, die notfalls auch durch Anleihen gedeckt werden dürfen. Ist ein Haushalt ohne Anleihedeckung ein Überschußhaushalt? Es läßt sich also sagen: Wenn das Grundgesetz unter Gleichgewicht nichts anderes verstehen sollte, als daß der ordentliche und der außerordentliche Teil des Haushalts jeweils ausgeglichen sein müssen, so ist das Gleich-

[13] Cours des sciences des finances, Paris 1922, S. 211.

gewichtsgebot sehr weitherzig. Es steht kaum einer Haushaltskonstruktion entgegen. So auch Vialon, der besonders darauf hinweist, daß unser Haushaltsrecht die Einstellung mittelfristiger Geldaufnahmen als Deckungsmittel zuläßt. Nach seiner Meinung läßt sich ohne formelle Änderung des Budgetrechts nach beiden Richtungen des Konjunkturverlaufs das Nötige ohne Schädigung der Ausgleichsvorschrift tun[14]. Die Bedeutung des Ausgleichgebots wird für ihn zu einer Verpflichtung zur Aufrechterhaltung des Haushaltsgleichgewichts.

Die Lehre vom finanzwirtschaftlichen Gleichgewicht hat die finanzielle Gesundheit der betreffenden Körperschaften im Auge. Die Ausgaben sollen sich nach den Einnahmen richten. Eine uferlose Ausdehnung der Ausgaben zu Lasten des Vermögens, der Weg in eine Verschuldung ohne Ende, werden verpönt. Es ist schwer verständlich, warum die neuere finanzwirtschaftliche Lehre diese Gesundheitsregel, zumal sie in der Fassung der RHO niemand weh tut, mit aller Intoleranz ablehnt. Die Annahme, daß Anleihefinanzierung im Kapitalbudget gesund, im Betriebsbudget jedoch ungesund sei, hält sie für „a fallacy, that overlooks the essentially different nature of government and business firms“[15]. Sie übersehe, daß die Finanzkraft des Staates auf den produktiven Kräften der Volkswirtschaft und der Steuerkraft beruht, die sie hervorbringen. Das ist natürlich richtig, steht aber auf einem anderen Blatt von Überlegungen, die dem kameralistischen Denken fremd war.

3. Das moderne Gleichgewichtsdenken liegt somit auf einer anderen Ebene. Die Fragestellung, die der konservativen Auffassung zugrundeliegt, geht dahin, welche Ausgaben mit Anleihen finanziert werden dürfen, und die Antwort lautet: immer und unter allen Bedingungen nur die „außerordentlichen“ (was immer darunter zu verstehen sein mag). Die Fragestellung der ökonomischen Theorie geht dahin, ob ein bestimmtes Budget mit Steuern allein oder ob es mit Steuern und Anleihen bzw. Geldschöpfung finanziert werden soll, und die Antwort lautet: das hängt von der konjunkturellen Situation ab. Die verschiedenen Fragestellungen stammen aus verschiedenen Budgetauffassungen und führen mit Notwendigkeit zu verschiedenen Antworten. Dient das Budget nur der Befriedigung des öffentlichen Bedarfs, so ist die erste Antwort gut, weil sie zeigt, wo die Gefahren weiterer Bedarfsausdehnung beginnen. Dient das Budget aber auch — und über diesen Tatbestand darf kein Zweifel aufkommen — der Steuerung der Kon-

---

[14] Vgl. *Vialon*, Entwicklungstendenzen des öffentlichen Haushalts in Gegenwartsprobleme des öffentlichen Haushalts, Schriftenreihe der Hochschule Speyer, Bd. 12.

[15] *Musgrave*, The Theory of Public Finance, S. 562.

junktur bzw. der Befruchtung der produktiven Kräfte der Volkswirtschaft, so ist die zweite Fragestellung richtig.

Übrigens spricht viel dafür, daß sich die beiden Antworten in der Praxis nicht widersprechen. Es werden nämlich üblicherweise von Bund, Ländern und Gemeinden in großem Umfang Ausgaben mit ordentlichen Mitteln finanziert, die man durchaus als außerordentliche Ausgaben — Investitionen — ansprechen könnte. Es bedürfte also eines katastrophalen Absinkens der Steuereinnahmen, um den Pegelstand des streng ordentlichen Bedarfs zu unterschreiten. Von diesem Fall abgesehen, wird dem Postulat des finanzwirtschaftlichen Gleichgewichts nach den deutschen Begriffen von Ausgleich und Defizit entsprochen werden können. Der Fall eines Widerspruchs tritt in der Praxis hoffentlich gar nicht auf. Bisher konnte die Vermögensbildung ganz überwiegend aus ordentlichen Mitteln finanziert werden.

Tabelle 6: **Vermögensbildung der öffentlichen Hand und ihre Finanzierung**

(Milliarden DM)

	1955	1959	1961
Ausgaben der Vermögensbildung[a)]	11,35	17,58	21,9
Einnahmen der Vermögensbildung[b)]	4,05	8,34	9,3
Aus ordentlichen Mitteln finanzierte Vermögensbildung	7,30	9,24	12,6

a) Ausgaben der Vermögensbildung sind: Neu-, Wiederaufbau-, Erweiterungsbauten (ohne Verteidigung), Erwerb von Grundvermögen, Gewährung von Darlehen, Erwerb von Beteiligungen, Zuführung an Rücklagen und Kapitalvermögen.

b) Einnahmen der Vermögensbildung sind: Schuldaufnahmen, Entnahmen aus Rücklagen und Kapitalbildung, Rückflüsse von Darlehen, Veräußerungserlöse.

Quelle: Finanzberichte 1961 und 1962.

Die Steuerung der Konjunktur erfolgt (nach der Theorie) über die Beeinflussung von Konsum und Investition äußerstenfalls mit den drastischen Mitteln der Geldschöpfung und der Geldstillegung. Man spricht in dem neueren Schrifttum von einem ausgeglichenen Haushalt dann, wenn keine Finanzierung aus Geldschöpfung noch umgekehrt eine Bildung stillgelegter Geldbestände stattgefunden hat. Hiermit ist der theoretische Gleichgewichtsbegriff umrissen. Daß das Grundgesetz diesen Gleichgewichtsbegriff meinte, läßt sich wohl kaum sagen. Sein Defizitsverbot beruht wohl auf den Finanzierungskunststücken des Dritten Reiches im Zusammenhang mit der Arbeitsbeschaffung, Aufrüstung und Kriegsfinanzierung und es wollte wohl eine Wiederholung verhindern. Wenn nun unter ganz anderen politischen Verhältnissen Geldschöpfung und Geldstillegung dem Stand der Wissenschaft entsprechen und therapeutische Mittel der Konjunkturmedizin sind, wird man die Verfassungsauslegung nicht bemühen können, um der gesunden Finanzpolitik, die von ihnen Gebrauch macht, in den Arm zu fallen, zumal wenn dem formalen Begriff des Gleichgewichts — Ausgleich durch Anleihen — Genüge getan ist.

Nach der herrschenden Meinung steht also das Grundgesetz einer konjunkturbewußten Finanzpolitik nicht im Wege. Wie weit eine Geldschöpfung möglich ist, ist nicht eine Frage der Haushaltsordnung, sondern eine Frage des Notenbankgesetzes. Im Gesetz über die Deutsche Bundesbank vom 26. 7. 1957 (BGBl. S. 745) ist vorgesehen, daß der Bund bis zu 3 Mrd. DM kurzfristige Kredite erhalten kann. Diese Kredite sind als Liquiditätshilfen gedacht, wenn der Ausgabefluß vorübergehend schneller läuft als der Einnahmestrom. Das ist nicht, was man eigentlich unter Geldschöpfung versteht. Geldschöpfung könnte wohl nur über die Schaffung von Schuldtiteln erfolgen, die von den Banken aufgenommen und von der Bundesbank refinanziert werden (vgl. § 21 Bundesbankgesetz). Beides setzt die Mitwirkung der Bundesbank voraus. Sie ist durch das Gesetz über die Deutsche Bundesbank beauftragt, mit Hilfe ihrer währungspolitischen Befugnisse den Geldumlauf und die Kreditversorgung der Wirtschaft zu regeln mit dem Ziel, die Währung zu sichern. Unter Wahrung dieser Aufgabe ist sie verpflichtet, die allgemeine Wirtschaftspolitik der Bundesregierung zu unterstützen. Bei der Ausübung ihrer Befugnisse ist sie von Weisungen der Bundesregierung unabhängig. Die Geldschöpfung liegt also nicht im Belieben der Bundesregierung.

§ 8. Die Budgetprinzipien und ihre Verwirklichung in der deutschen Haushaltsordnung

Jede Kontrolle beruht auf Ordnung. So mußten auch für das Haushaltswesen Ordnungsgrundsätze entwickelt werden, um die Herrschaft des Parlaments auf eine sichere Grundlage zu stellen. Diese Grundsätze oder besser noch Postulate bezeichnet man als Budgetprinzipien. Sie haben in mehr oder weniger großer Vollzähligkeit Eingang in die Verfassungen und Haushaltsordnungen aller demokratischen Staaten gefunden. Eine Reihe von ihnen gehört gewissermaßen zum eisernen Bestand von Geboten, die alle Haushalte mehr oder weniger gehorsam befolgen. Heinig bezeichnet sie als „begrifflich formulierte Erkenntnisse von Weltgeltung". Diese universale Anerkennung hat dazu geführt, daß die neuzeitlichen Haushalte — bei aller Verschiedenheit — in gewissen Standardeigenschaften übereinstimmen.

Diese Budgetprinzipien teilen übrigens das Schicksal mancher großer Errungenschaften. Für die Ersterfinder eine gewaltige Neuerung, stellen sie sich den späteren als Selbstverständlichkeiten dar, für deren Bedeutung erst das Bewußtsein geweckt werden muß. Zum eisernen Bestand werden im allgemeinen folgende Grundsätze gerechnet:

1. Die Vorherigkeit
2. Die Jährlichkeit
3. Die Vollständigkeit und das Bruttoprinzip
4. Die Gesamtdeckung (Non-Affectation)
5. Die Spezialität.

Die Prinzipien der Haushaltswahrheit und der Haushaltsklarheit nennen wir nicht besonders. Sie werden als Grundregeln echten staatspolitischen Verhaltens vorausgesetzt. Im Bereich des Haushaltswesens wirken sie unter dieser Voraussetzung wie Banalitäten. Es ist einfach nicht richtig, daß die Bürokratie im Zahlenurwald so behaglich lebe wie der Bär im Nationalpark (Heinig). Auch sie strebt nach Wahrheit und Klarheit.

Die der Haushaltswirtschaft gewidmeten Artikel des Grundgesetzes setzen die genannten Prinzipien geradezu als notwendige Grundlagen eines geordneten Budgets voraus. Auch am Maßstab dieser „Erkenntnisse von Weltgeltung" gemessen, entspricht die deutsche Finanzverfassung allen Anforderungen.

Zu den allgemeinen Grundsätzen des Haushaltsrechts gehört auch das Prinzip der „Öffentlichkeit". Auch dieses Prinzip bedarf in einer parlamentarischen Demokratie kaum der Bestätigung, denn die Publizität gehört zu ihren Lebenselementen. Wenn der Haushalt das Programm der Regierung und damit der Regierungsparteien darstellt, so ist es eine Selbstverständlichkeit, daß sie damit die Öffentlichkeit ebenso sucht wie die Opposition mit ihrer Kritik an diesem Programm. Das Rechen- und Zahlenwerk des Haushalts allerdings in einer für ein möglichst breites Publikum verständlichen Form zu präsentieren, ist eine Kunst, die noch nicht zur letzten Vollendung gediehen ist.

1. Grundsatz der Vorherigkeit

Dieser Grundsatz ist in Art. 110 Abs. 2 Satz 3 GG sowie in § 22 RHO verankert.

Die Vorherigkeit des Budgets ergibt sich als logische Folgerung aus seinem Plan-Charakter. Die Aufstellung des Programms muß vor dem Zeitraum erfolgen, in dem es vollzogen werden soll. Infolgedessen soll nach der RHO der Entwurf des Haushaltsplans dem Parlament spätestens zum 5. Oktober vor Beginn des Rechnungsjahres, für welches er gelten soll, zur Beschlußfassung vorgelegt werden.

Der Grundsatz der Vorherigkeit wurde selbst in normalen Zeiten, wie vor dem 1. Weltkrieg, häufiger verletzt als eingehalten. Regierung und Parlament sind des öfteren durch die Schwierigkeit der Haushaltsverhandlungen, gelegentlich auch durch Neubildung der Regierung nach Wahlen, an der rechtzeitigen Verabschiedung verhindert. Die Verfassungen haben infolgedessen Vorsorge für solche Fälle getroffen: das sogenannte Nothaushaltsrecht. Sie bestimmen regelmäßig entweder,

daß die Regierung den Haushalt nach dem Haushaltsplan des Vorjahres weiterführt

oder — das ist der Weg des Grundgesetzes (Art. 111) —

daß die Regierung ermächtigt wird, alle Ausgaben zu leisten, die nötig sind,

a) um gesetzlich bestehende Einrichtungen zu erhalten und gesetzlich beschlossene Maßnahmen durchzuführen,

b) um die rechtlich begründeten Verpflichtungen des Bundes zu erfüllen,

c) um Bauten, Beschaffungen und sonstige Leistungen fortzusetzen oder Beihilfen für diese Zwecke weiterzugewähren, sofern durch den Haushaltsplan eines Vorjahres bereits Beträge bewilligt worden sind.

2. *Grundsatz der Jährlichkeit*

Dieser Grundsatz ist in Art. 110 Abs. 1 GG sowie in §§ 2 und 9 RHO niedergelegt. Er besagt:

a) Die Haushaltspläne werden jeweils für bestimmte, gleich dauernde Perioden aufgestellt. Allgemein hat man sich für die Einjahresperiode entschieden (Bayern hatte z. B. von 1819 ab eine sechsjährige, von 1868 ab eine zweijährige Haushaltsperiode). Nunmehr läuft in Deutschland das Rechnungsjahr allgemein ein Jahr. Es wurde kürzlich mit dem Kalenderjahr gleichgestellt. Die frühere Überschneidung mit dem Kalenderjahr — das Haushaltsjahr begann am 1. April — erklärte sich aus dem Umstand, daß die Parlamente früher nicht ununterbrochen tagten wie heute, sondern (mit Rücksicht auf die meist agrarische Herkunft der Abgeordneten) im Herbst zusammentraten und im Frühjahr wieder auseinandergingen. Sie konnten den Haushalt also erst zum Frühjahr verabschieden. Da dieser Grund durch die Verhältnisse überholt war, hat man mit der alten Tradition gebrochen.

b) Mit guten Gründen wird neuerdings vielfach wieder der „Zweijahreshaushalt" befürwortet. Diese Überlegungen wurden dahin vertieft, die Haushaltsmaterie aufzuteilen und einen Teil — umfassend die Personal- und Sachausgaben — immer für zwei Jahre, einen anderen, den echten politischen Stoff enthaltenden, im Jahresrhythmus zu verabschieden. Schon wegen des Wahlrhythmus von vier Jahren erscheint der Vorschlag nur mit dieser Abwandlung durchführbar; es sei denn, man wollte den jeweils neu gewählten Bundestag im ersten Jahr seines Wirkens an einen von seinem Vorgänger beschlossenen Haushalt binden. Anders müßte nämlich der neugewählte, im Herbst des Wahljahres zusammentretende Bundestag gleich den Zweijahreshaushalt mit allem Drum und Dran verabschieden. Dazu wäre er in der kurzen Zeit nicht in der Lage.

c) Die Ansätze der Einnahmen, die in dem betreffenden Haushalt anfallen, müssen alljährlich neu geschätzt, die Ansätze der Ausgaben neu bewilligt werden. Dabei ist zu beachten, daß sowohl die Masse der Einnahmen wie die Masse der Ausgaben auf außerbudgetären Gesetzen beruhen, deren Geltung nicht auf ein Jahr begrenzt ist. Das gilt in Deutschland für die Einnahmeseite: Die Steuergesetzgebung ist grundsätzlich als konstant gedacht — anders als z. B. in England, wo die Steuertarife alljährlich nach den Bedürfnissen des betreffenden Haushalts geändert werden (weshalb die Vorlage des Haushaltsplans mit ganz anderer Spannung erwartet wird als hier). Entsprechendes gilt für die Ausgabenseite: Die Kosten des Vollzugs eines Gesetzes werden für das betreffende Jahr hier immer neu errechnet und im Haushalt veranschlagt (wiederum im Gegensatz zu England, wo gewisse Ausgaben wie der Schuldendienst, Richtergehälter u. a. als außerhalb des Haushalts dauernd bewilligt gelten). Die Verfügungsmasse, die nach Bereitstellung der auf gesetzlichen Bindungen beruhenden Ausgaben und der Personalausgaben übrig bleibt, ist sehr gering. Der Spielraum für eine gesetzesfreie, politische Gestaltung darf also nicht überschätzt werden.

d) Die bewilligten Ausgabemittel stehen grundsätzlich nur innerhalb des betreffenden Haushaltsjahres zur Verfügung. Das ist wichtig beim Eingehen von Verbindlichkeiten, die erst nach dem Ende des Haushaltsjahres fällig werden. Die Mittel verfallen, wenn sie in diesem Jahr nicht verwendet werden (§ 30 RHO). Mit dem Schluß des Haushaltsjahres werden die Kassenbücher abgeschlossen. Alle Einnahmen und Ausgaben sind in der Rechnung desjenigen Jahres nachzuweisen, in dem sie eingegangen oder geleistet sind (Prinzip des Kassenbudgets). Den Zeitpunkt des Abschlusses der Bücher bestimmt für die einzelnen Kassen der Finanzminister. Der Zeitraum vom 31. 12. eines Jahres bis zum Abschluß der Kassenbücher wird als Auslaufperiode — in der Regel ein Monat — bezeichnet (§§ 61, 68 RHO).

aa) Eine Ausnahme von dem Grundsatz der Jährlichkeit bilden die übertragbaren Ausgabemittel. Sie ermöglicht ein Wirtschaften im Flusse der Zeit: Die Übertragbarkeit ist dort angebracht, wo Vorhaben über mehrere Jahre hinwegreichen. Allgemein übertragbar sind deshalb einmalige und außerordentliche Ausgaben, also Investitionen. Darüber hinaus dürfen im Haushaltsplan Mittel für fortdauernde Ausgaben als übertragbar nur bezeichnet werden, wenn die Übertragbarkeit nachweislich eine sparsame Bewirtschaftung ermöglicht (§ 30 RHO). Übertragbare Bewilligungen, die am Schluß des Haushaltsjahres nicht ausgeschöpft sind, werden als Ausgabereste bezeichnet. Eine große Masse von Haushaltsresten stört allerdings die Haushaltsklarheit. Sie ist in aller Regel ein Beweis dafür, daß die Bewilligungen zu großzügig erteilt wurden. Die nicht ausgeschöpften Bewilligungen dürfen im neuen Rechnungsjahr nur mit Zustimmung des Finanzministers verausgabt werden. Die Zustimmung des Finanzministers ist vorgesehen, weil nur er beurteilen kann, ob die Ausgaben durch nicht verbrauchte Mittel des Vorjahres gedeckt sind oder aus bereitstehenden Mitteln des laufenden Jahres ohne Gefährdung des Haushaltsgleichgewichts erbracht werden können. Übertragbare Bewilligungen spielen besonders bei den Bauvorhaben eine Rolle, ebenso bei Förderungsmaßnahmen und Subventionen aller Art. Sie sollen die Durchführung mehrjähriger Programme ermöglichen. Allerdings verwischen sie u. U. die Haushaltsklarheit, weil sie in den Planziffern des laufenden Haushaltsjahres nicht erfaßt werden, sondern außerhalb des Haushaltsplanes ihre Existenz führen. Das System der Übertragbarkeit vermittelt zwischen dem Prinzip des Kassenbudgets (cash budget), bei dem im Jahre der Zahlung verbucht wird, und dem des Zuständigkeitsbudgets (compte' d' exercice), das zeitlich unbegrenzt alle Ausgaben für das Jahr bucht, in dem die Verbindlichkeit zur Zahlung eingegangen wurde.

bb) Eine weitere Ausnahme bilden die sogenannten Bindungsermächtigungen (§§ 8, 45 RHO). Man bezeichnet damit die Ermächtigung, Verträge abzuschließen, die mehrjährige Belastungen für den Haushalt mit sich bringen. Solche langjährigen Verpflichtungen dürfen nur eingegangen werden, wenn durch den Haushaltsplan entweder die Ausgaben bewilligt oder der Vertragsabschluß ausdrücklich genehmigt ist. Immer ist die Zustimmung des Finanzministers vor dem Abschluß der Verträge einzuholen. Die Genehmigung des Parlaments ist aus der Erwägung heraus erforderlich, daß solche Verträge künftige Jahre im voraus belasten. Die Bindungsermächtigungen ermöglichen der Verwaltung eine langfristige Planung, die im Bauwesen wie in der Verteidigung eine große Rolle spielen. Sie ermöglichen es der Verwaltung, Verträge einzugehen, die in den nächsten Jahren zu erfüllen sind. Sie enthalten eine Selbst-Bindung des Parlaments, die betreffenden Beträge auch zukünftig bereitzustellen.

3. Grundsatz der Vollständigkeit

Die Beachtung dieses Grundsatzes schreiben Art. 110 GG, §§ 7, 9 RHO vor. Der Grundsatz hat viele Seiten. Er kann zunächst nur die Vollständigkeit im eigenen Bereich des Haushaltsträgers meinen. In einem pluralistischen Staatswesen, das föderative und autonome Glieder kennt, gibt es dementsprechend viele Haushalte. Aber jeder von ihnen unterliegt dem Gebot der Vollständigkeit in seinem Bereich. Eine statistische Zusammenstellung aller Haushalte, nach einheitlichen Gesichtspunkten aufgestellt, muß den Überblick über den nationalen „Gesamthaushalt“ vermitteln, der das Ergebnis der Entscheidungen aller Träger eigenständigen politischen Willens bildet.

Der Grundsatz bedeutet ein doppeltes:

a) Sämtliche Einnahmen und Ausgaben des Haushaltsträgers sind in einem Plan („budget unique“) auszuweisen. Sie werden in einer Rechnung erfaßt und laufen über ein einheitliches Kassensystem (fiskalische Kasseneinheit). Nur ein umfassender Plan, ein derart einheitliches Rechenwerk, erlaubt jene umfassende Übersicht über die Finanzgebarung, die als eine der Zielsetzungen der Haushaltsaufstellung überhaupt genannt wurde. Die Forderung nach Zusammenfassung der gesamten Haushaltsführung einer öffentlichen Körperschaft in einem Plan ist leichter gestellt als erfüllt. Er läßt sich nicht voll verwirklichen. Im wesentlichen bestehen folgende Durchbrechungen des Prinzips:

aa) Die Haushaltswirtschaft verschiedener rechtlich selbständiger Körperschaften und Anstalten des öffentlichen Rechts wickelt sich außerhalb des Haushaltsplans ab, auch wenn die finanzielle Bindung eng ist oder wenn sie für die Wirtschafts- und Finanzpolitik noch so bedeutungsvoll ist. Hierher gehören z. B. die Träger der Sozialversicherung mit Jahreshaushalten von mehr als 30 Mrd. DM insgesamt.

bb) Die Bundesbahn, die Bundespost, der Lastenausgleichsfonds und das ERP-Vermögen sind zwar keine selbständigen juristischen Personen, jedoch selbständige Sondervermögen des Bundes. Ihre Einnahmen und Ausgaben sind nicht im Bundeshaushalt eingebaut. Sie sind nur mit ihren Überschüssen, soweit sie diese an den Bund abführen müssen (Bundespost) oder mit den Zuschüssen, die sie vom Bund erhalten (Bundesbahn, Lastenausgleichsfonds) im Haushalt zu veranschlagen. Sie erscheinen also nur mit dem „Netto-Ergebnis“, das den Bundeshaushalt unmittelbar berührt, für den Finanzstatus der betreffenden Vermögen aber nicht repräsentativ zu sein braucht. Diese Ausnahmen erscheinen vom Standpunkt der modernen Forderung, welche im Budget ein Steuerungsmittel der Gesamtwirtschaft eines Landes sieht, als bedenklich. Indes muß der formale Umstand, daß eine Finanzmasse nicht in den Haushaltsplan einbezogen ist, nicht dazu führen, daß sie finanzwirtschaftlich ein Eigenleben führt.

cc) Ähnliches gilt für diejenigen Unternehmen der öffentlichen Hand, die in Form einer Kapitalgesellschaft geführt werden. Daß nicht sämtliche Einnahmen und Ausgaben dieser kaufmännisch geführten und bilanzierenden Unternehmen in den Haushalt aufgenommen werden können, bedarf keiner Erörterung. Nur die Gewinne, die sie voraussichtlich ausschütten bzw. die Zuschüsse, die sie benötigen, finden in dem Haushaltsplan als Einnahme oder als Ausgabe Eingang. Freilich ist die Frage offen, ob die Geschäftspolitik der Unternehmen sich gelegentlich nicht zu sehr verselbständigt hat. Die wirtschaftliche Betätigung des Staates bedarf jeweils der Rechtfertigung. Sie ist im allgemeinen nur dort am Platze, wo gewichtige öffentliche Interessen mit diesem Mittel und nicht anders verfolgt werden. Oft führt das in der Geschäftspolitik zu einem Konflikt zwischen dem Dienst am Staat durch Erfüllung des Gründungszwecks oder durch kaufmännischen Erfolg. Oft entgleitet der Betrieb der sicheren Steuerung nach übergeordneten Werten und folgt seinen eigenen Gesetzen. Das zu verhindern geht aber vielleicht über die Aufgabe einer Haushaltsordnung hinaus.

dd) Es gibt auch kaufmännisch eingerichtete Betriebe der öffentlichen Hand, die keine selbständigen Gesellschaften in den Formen des bürgerlichen oder Handelsrechts sind. Es sind die Regiebetriebe. Sie sind Teile der Verwaltung und nehmen oft eine Zwitterstellung zwischen Verwaltungen und Unternehmen ein. In ihnen sind ebenso oft Beamte wie Angestellte und Arbeiter tätig. Diese Betriebe dürfen auch das saldierte Ergebnis ihrer Einnahmen und Ausgaben in den Haushaltsplan einstellen (§ 15 RHO). Wenn im Zusammenhang mit diesen Ausnahmen vom Einheitsplan von einer „Flucht aus dem Haushalt" gesprochen wird (Heinig), die diese Vermögenseinheiten angetreten hätten, so ist das wohl übertrieben.

b) Einnahmen und Ausgaben sind grundsätzlich getrennt voneinander und in voller Höhe im Plan und in der Rechnung auszuweisen.

Der Haushaltsplan zeigt also sowohl die bei einer bestimmten Verwaltungstätigkeit anfallenden Einnahmen (z. B. Gebühren, Vermietung von Dienstgebäuden, Verkauf von Altpapier) wie die verursachten Ausgaben (für die Dienstkräfte, den Sachaufwand und die Zweckausgaben) nach einem bestimmten Schema. Er beschränkt sich nicht auf die Angabe der Netto-Ausgabe; es findet keine Vermischung der Einnahmen und Ausgaben durch Aufrechnung statt (Brutto-Veranschlagung). In dieser Offenlegung aller durch die öffentliche Hand fließenden Beträge kommt „die Verschiedenartigkeit der Betrachtungsweise im privaten und im staatswirtschaftlichen Sektor" deutlich zum Ausdruck[16]. Hier kommt es auf Plan und Planerfüllung, dort auf wirtschaftlichen Erfolg an.

Mit Hilfe der Bruttoveranschlagung wird dem Parlament als dem „Herrn des Haushalts" ein wesentlich umfangreicheres Zahlenmaterial als im Fall der Netto-Veranlagung vorgelegt. Es enthält Gelegenheit, in alle Vorgänge und Maßnahmen einzudringen, welche für die Einnahme- und Ausgabegebarung von Bedeutung sind, weil durch die aufgegliederte Darstellung der finanziell wirksamen Tatbestände ein weites Gebiet der Verwaltungstätigkeit festgehalten, überblickbar und überprüfbar gemacht wird. Es handelt sich bei diesem Prinzip um einen „nicht mehr wegzudenkenden Grundsatz der modernen Haushaltsführung" (Vialon). „Wirkungsvolle Arbeit der Budget-Kontrolle setzt Brutto-Budget voraus[17]." Eine weitere innere Rechtfertigung erhält dieses Vorgehen dadurch, daß die Staatstätigkeit im allgemeinen (mit Ausnahme der Finanzverwaltung) nicht auf die Erzielung von Einnahmen abgestellt ist, sondern politische Zwecke verfolgt. Die Kosten dieser Maßnahmen sollen ganz unabhängig von den oft mehr zufällig dabei anfallenden Einnahmen in ihrem ganzen Umfang aufgezeigt werden (Gegensatz zur privatwirtschaftlichen Finanzgebarung, wo die Mittel zur Erzielung von Gewinnen eingesetzt werden).

Eines besonderen Hinweises bedarf die unbedingte Notwendigkeit der Veranschlagung von Zuschüssen und Zuweisungen, mit denen sich andere Körperschaften an den Kosten bestimmter Verwaltungsaufgaben beteiligen (z. B. Zuschuß des Bundes oder Länder für den Wohnungsbau, Beiträge zu den Steuerverwaltungskosten). Diese Zuschüsse sind entweder nur auf der Einnahmeseite zu verbuchen und vermindern praktisch den Eigenbedarf der Haushaltsträger. Meist erscheinen sie als durchlaufende Posten in Einnahme und Ausgabe (mit dem Vermerk: Ausgaben dürfen nur in Höhe der tatsächlich aufkommenden Einnahmen geleistet werden).

Kein Grundsatz ohne Ausnahme:

aa) Es ist anzuerkennen, daß bei gewissen wirtschaftlichen Unternehmungen die Art des Betriebs die Veranschlagung nach Einnahme- und Ausgabenansätzen des Haushaltsplans nicht zuläßt. Hier ist das

---

[16] *Vialon*, Haushaltsrecht, S. 338.

[17] *Heinig*, Das Budget, S. 298.

voraussichtliche Endergebnis in den Haushalt einzustellen (§ 15 RHO-kaufmännisch eingerichtete Betriebe). Darüber wurde schon gesprochen.

bb) Einnahmen dürfen auf Grund einer besonderen, gemäß § 7 Abs. 2 RHO, im Haushaltsplan zu erteilenden Ermächtigung ausnahmsweise den Ausgabemitteln zugeführt werden. Diese Ermächtigung, die gleichzeitig eine Befreiung von dem Prinzip der Gesamtdeckung bedeutet, wird zweckmäßigerweise in den Fällen erteilt, in denen der Verwaltung ein Anreiz zur Erzielung von Einnahmen geboten werden kann und soll (z. B. bei Staatstheatern oder an staatlichen Kliniken). Sie bedeutet, daß die betreffende Einrichtung für ihre sorgsame Pflege und Ausnutzung der Einnahmemöglichkeiten dadurch belohnt wird, daß ihr auch die erwirtschafteten Einnahmen für ihre Zwecke belassen werden, soweit sie den Haushaltsansatz überschreiten. Da das Vorliegen solcher Mehreinnahmen regelmäßig erst gegen Ende des Haushaltsjahres festgestellt werden kann, müssen sie übertragbar gestaltet werden, d. h. man muß es der Verwaltung, die diese Mehreinnahme erzielt, in aller Regel erlauben, sie im anschließenden Haushaltsjahr zu verwenden. In der Sprache der Haushaltspläne wird das durch eine Formel ausgedrückt, die ein Paradebeispiel schwieriger Amtssprache abgibt: „Überschreitet bei einem Einnahmetitel der Betrag der tatsächlich aufgekommenen Einnahmen den Haushaltsansatz und können auf Grund eines Haushaltsvermerks bei einem übertragbaren Ausgabetitel in Höhe dieser Mehreinnahmen Ausgaben geleistet werden, so dürfen abweichend vom § 73 RHO die Beträge solcher Mehreinnahmen, die zum Schluß des Rechnungsjahres für Zwecke des Ausgabetitels nicht verwendet worden waren, in der Haushaltsrechnung als Ausgaberest und zugleich als Mehrausgabe nachgewiesen werden."

4. Die Gesamtdeckung (Non-Affectation)

Sämtliche Einnahmen eines Haushaltsträgers fließen in eine Kasse. Sie dienen als Deckungsmittel für den gesamten Ausgabebedarf (§ 29 RHO). Es findet keine Zweckbindung statt. Eine Ausnahme von diesem Haushaltsprinzip bilden nach der Struktur unseres Haushaltsrechts generell die Anleihemittel. Sie stehen nur zur Deckung von Ausgaben des außerordentlichen Haushalts zur Verfügung. Sonst kommen Ausnahmen selten vor. Man hat mit der sogenannten „Fondswirtschaft" keine guten Erfahrungen gemacht. In der neuesten Zeit werden wieder Ausnahmen gemacht. Die Kraftfahrzeugsteuer wird für Zwecke des Straßenbaues verwendet. Eine eigenartige Erscheinung ist die Bindung eines Teils der Mineralölsteuer für Zwecke der Kohlenwirtschaft. Wenn dagegen der Lastenausgleich aus den dafür eigens erhobenen Abgaben finanziert wird, so entspricht das einer politischen Konzeption, die sich entgegen Voraussagen bewährt.

5. *Die Spezialität*

Dieser Grundsatz hat ebenfalls in der Reichshaushaltsordnung seinen Niederschlag gefunden und ist in folgendem Zusammenhang zu verstehen: Der Haushaltsplan muß im Interesse seiner Klarheit und Übersichtlichkeit nach einem strengen System von Einnahme- und Ausgabeansätzen gegliedert sein. Die niederste Stufe dieser Gliederung bilden die „Titel". „Die Titel enthalten die eigentliche Entscheidung über die Zulässigkeit von Einnahmen und Ausgaben" (Vialon). Bei der Bewirtschaftung der Haushaltsmittel ist die Verwaltung an Zweck und Ansätze dieser Titel gebunden. Im einzelnen besagt der Grundsatz folgendes:

a) Ausgaben dürfen ausschließlich für die Zwecke und in dem Umfang geleistet werden, in dem Mittel bei den einzelnen Haushaltstiteln vorgesehen sind. In diesem Rahmen sind sie planmäßige Haushaltsausgaben.

b) Für denselben Zweck dürfen nur an einer Haushaltsstelle Mittel vorgesehen werden (§§ 18, 43 RHO). Die Verteilung von Mitteln für den gleichen Zweck auf verschiedene Haushaltsansätze würde überdies dem Prinzip der Haushaltsklarheit zuwiderlaufen. Leider wird gegen diesen Grundsatz gelegentlich verstoßen. Es gilt das ganz besonders auf Sachgebieten, in denen sich mehrere Ressorts gleichzeitig betätigen, sei es weil sie gleichzeitig, manchmal allerdings unter verschiedenen Gesichtspunkten, zuständig sind oder sein möchten. Doppelte Verwaltungsarbeit, unwirtschaftlicher Mitteleinsatz, das Gegeneinander-Ausspielen von Interessenten und Behörden sind im Gefolge. Wenn ausnahmsweise wirklich mehrere Verwaltungen an der gleichen Aufgabe arbeiten — wie etwa an der Erziehung und Berufsausbildung der Jugend das Kultus-, das Arbeits-, Wirtschafts- und Landwirtschaftsministerium — ist eine gründliche Abstimmung unerläßlich. Das gilt um so mehr, als gerade in dem erwähnten Beispiel noch Zuschüsse der Bundesministerien an die Landesministerien gegeben werden. Aus dem Grundsatz der Spezialität lassen sich zwanglos wichtige Begriffe des Haushaltsrechts ableiten.

aa) Planmäßige, außerplanmäßige und überplanmäßige Haushaltsausgaben. Planmäßige Haushaltsausgaben sind die im Haushaltsplan vorgesehenen. Umgekehrt sind demnach Ausgaben für Zwecke, die im Budget nicht vorgesehen sind, außerplanmäßige Ausgaben. Ausgaben, die über die bewilligten Ansätze hinausschießen, sind überplanmäßige Ausgaben. Entsprechend unterscheidet man auf der Einnahmeseite planmäßige, außerplanmäßige und überplanmäßige Einnahmen.

Während jedoch, wie sich versteht, außerplanmäßige und überplanmäßige Einnahmen kein Haushaltsproblem bilden (§§ 73, 74 RHO), müssen Haushaltsüberschreitungen und außerplanmäßige Ausgaben in jedem Fall besonders gerechtfertigt werden. Sie lassen sich häufig nicht vermeiden. Sie sind gefährlich, einmal, weil sie eine Planabweichung darstellen, und zum anderen, weil sie das Haushaltsgleichgewicht stören. Deshalb bedürfen sie nach ausdrücklicher Bestimmung des Art. 112 GG der vorherigen Zustimmung des Finanzministers, welche nur ausnahmsweise im Falle eines „unabweisbaren" Bedürfnisses erteilt werden darf. Häufig wird er zur Wahrung des Haushaltsausgleichs Einsparungen an deren Stelle verlangen. Übersteigen sie den Betrag von 10 000 DM, so sind sie dem Parlament vierteljährlich mitzuteilen. Die Entscheidung über ihre Zulassung trägt der Bundesfinanzminister allein.

Haushaltsüberschreitungen und überplanmäßige Ausgaben können die Haftung des Beamten, der sie veranlaßt, auslösen (§§ 33 Abs. 3, 84 RHO). Diese Bestimmung ist von größter Bedeutung als „Schwert an der Wand", wenn sie auch selten praktische Bedeutung im Einzelfall erlangt.

bb) Deckungsfähige Ausgabetitel. Es darf nicht im Belieben der Verwaltung liegen, Mittel, die für einen Zweck vorgesehen sind, anderen Zwecken zuzuführen. Je enger aber das Netz der Zweckbestimmungen eines Haushaltsplans ist, um so häufiger werden Ausgabeansätze für ähnliche oder verwandte Zwecke nebeneinander im Haushalt vorkommen. In solchen Fällen können gewissermaßen zur Korrektur einer zu weit getriebenen (verwaltungsfremden) Spezialisierung Bewilligungen als deckungsfähig bezeichnet werden. Das bedeutet, daß eine Bewilligung ausnahmsweise auch dazu herangezogen werden darf, den Bedarf einer anderen Zweckbestimmung des Haushaltsplans zu decken. Dies ist bei Bewilligungen üblich, die verwandten Zielen dienen.

Der Grundsatz der Spezialität ist einer der wichtigsten für die Technik des Haushalts. Er bedeutet die Absage an die Globalbewilligung von Haushaltsmitteln für ein Ressort oder auch nur für ein Programm. Die Aufgliederung ermöglicht und erzwingt eine gründlichere Vorplanung, eine genauere Kontrolle der Verausgabung und eine schärfere Rechnungsprüfung. Das sind Vorzüge, die nicht leichtherzig preisgegeben werden dürfen. Zu einer Atomisierung der Bewilligungen darf sie indes nicht führen. Man kann sich zwar mit dem Vermerk der „Deckungsfähigkeit" helfen. Bevor dieser Behelf von der Ausnahme zur Regel wird, sollte man prüfen, ob das Gliederungsschema nicht zu detailliert ist.

Man hat gelegentlich den Vorwurf erhoben, daß die Grundsätze von den Ausnahmen geradezu überdeckt seien. Das ist in dieser scharfen Form wohl kaum richtig. Der Ausgewogenheit von Grundsatz und Ausnahme verdankt die Haushaltsordnung ihre Lebensdauer; nur dank dieser Hilfe war sie beweglich genug, den Wandlungen des Staates standzuhalten, die sich in den 40 Jahren ihrer Geltung ereigneten. Die deutsche Finanzwirtschaft verdankt ihrer Haushaltsordnung — trotz einiger Schwächen — sehr viel.

§ 9. Das Werden des Haushalts

1. Der Budgetkreislauf

Die Aufstellung, Verabschiedung und der Vollzug eines Haushaltsplans sowie die daran anschließende Rechnungslegung und Rechnungsprüfung erstrecken sich über mehrere Jahre. Während ein Haushalt sich im Vollzug befindet, wird der des nächsten Jahres vorbereitet. Über den Haushalt des vergangenen Jahres wird Rechnung gelegt; er wird vielleicht schon der Prüfung unterzogen. Dieser Ablaufrhythmus wird als „Budget-Kreislauf" (Heinig) bezeichnet. Der Kreislauf dauert meist länger als drei Jahre. Das hängt mit der langen Dauer der Rechnungslegung und Rechnungsprüfung zusammen. Je länger die Rechnungsprüfung den Fakten nachhinkt, um so uninteressanter wird sie.

Bei diesem Kreislauf kommen der Reihe nach ins Spiel:

a) Die Exekutive, die den Plan ausarbeitet. Dabei spielt der Finanzminister eine wichtige Rolle, denn er stellt den Entwurf des Plans auf (§ 20 RHO).

b) Die Regierung, die den Entwurf des Haushaltsplans — den Niederschlag ihres Regierungsprogramms — „feststellt" (§ 21 RHO).

c) Die Legislative, die den Plan berät und als Gesetz verabschiedet (Art. 110 Abs. 2 GG).

d) Die Exekutive, die den Haushalt vollzieht (in der Sprache der Haushaltsordnung: Einnahmen und Ausgaben nach dem Haushaltsplan „verwaltet" — § 25 RHO) und schließlich über ihn Rechnung legt (§ 66 ff. RHO).

e) Der Rechnungshof, der, obwohl selbst eine Behörde der Exekutive, jedoch mit richterlicher Unabhängigkeit ausgestattet, die Rechnung prüft.

f) Das Parlament, das auf Grund der Rechnungsprüfung über die Entlastung der Regierung beschließt.

2. *Die Aufstellung des Haushaltsentwurfs*

a) Die Budgetinitiative. Der Entwurf des Haushaltsplans kommt von der Regierung. Während die Entwürfe anderer Gesetze aus der Mitte des Parlaments oder von der Regierung eingebracht werden können, ist im Falle des Haushaltsgesetzes die Regierung verfassungsrechtlich allein dazu bestimmt und faktisch auch nur allein in der Lage, den Entwurf des Haushaltsplans auszuarbeiten und vorzulegen (Art. 111 Abs. 1, Art. 113 GG). Man sagt: die Budgetinitiative liegt bei der Regierung (§ 21 RHO) und spricht vom „Exekutivbudget" im Gegensatz zum „Legislativbudget", das von der Legislative kommt[18]. Federführend für die Aufstellung des Entwurfs des Haushaltsplans ist das Finanzministerium (§ 20 RHO). Diese Federführung bedeutet Einfluß und Verantwortung zugleich.

Mit dem sogenannten Haushaltsausschreiben gibt das Finanzministerium alljährlich im Frühjahr den Anstoß zur Ausarbeitung des Haushalts des nächsten Jahres. Mit diesem Haushaltsausschreiben werden die übrigen Ministerien sowie die obersten Staatsorgane, welche Träger von eigenen Einzelplänen sind, zur Ausarbeitung und Einreichung ihrer Voranschläge aufgefordert und zugleich mit Richtlinien für ihr Vorgehen (Veranschlagungsrichtlinien) versehen.

Daraufhin stellen die einzelnen Verwaltungen mit Hilfe der ihnen nachgeordneten Behörden ihre Voranschläge, das sind die Zusammenstellungen der in ihrem Bereich zu erwartenden Einnahmen und Ausgaben in der Gliederung des Haushaltsschemas, zusammen. Diese Voranschläge werden von jedem Ressort unter eigener Verantwortlichkeit festgestellt und dem Finanzministerium übermittelt.

b) Die Arbeit des Finanzministeriums. Damit beginnt die eigentliche Arbeit des Finanzministeriums am Haushaltsentwurf. Es prüft die Vorlage der einzelnen Ressorts unter eigener Verantwortlichkeit und stellt den Entwurf des Haushaltsplans auf (§ 20 Abs. 1 Satz 1 RHO). Mit diesem Prüfungsrecht erhält das Finanzministerium — aus der Natur der Sache heraus — eine Aufgabe, die es aus der Reihe der Ressorts heraushebt. Das Prüfungsrecht befähigt und verpflichtet das Finanzministerium dazu:

aa) Die Voranschläge der Ministerien auf ihre finanzielle Richtigkeit zu prüfen, ihre Wirtschaftlichkeit und Sparsamkeit zu kontrollieren, einschließlich des Personalbedarfs und organisatorischer Maßnahmen;

---

[18] *Neumark*, Reichshaushaltsplan, S. 58.

bb) sich ein Urteil über die Notwendigkeit der Anforderungen zu bilden, insbesondere auch unter Verwendung von Erfahrungen mit der Finanzgebarung in den vergangenen Jahren, und letztlich

cc) die Voranschläge in Übereinstimmung mit den vorhandenen Mitteln zu bringen, über die allein das Finanzministerium Überblick besitzt, um auf diese Weise den Haushalt auszugleichen.

Denn die Voranschläge, alle zusammenaddiert, werden mit stellarer Regelmäßigkeit die Summe der Deckungsmittel übersteigen. Hier setzt nun allerdings die fast peinliche Frage ein, wie weit im Zuge der nun notwendigen Eindämmung der ausufernden Wünsche seitens des Finanzministeriums die Pläne und Ziele des betreffenden Ressorts beeinflußt, ja sogar durchkreuzt werden können. Rechtlich ist diese Frage offen. Da nämlich nach den Bestimmungen der Haushaltsordnung sowohl der Fachminister den Vorschlag für sein Ressort unter eigener Verantwortung prüft, ist die Partie remis. Hier beginnen Fragen des ministeriellen Arbeitsstils und der Tradition. Zwei grundsätzliche Lösungsmöglichkeiten stehen einander gegenüber. Zwischen beiden schwankt die Praxis. Bei der einen versucht das Finanzministerium möglichst in die Interna der Fachministerien Einblick zu nehmen. Dieses Verfahren kann, geschickt durchgeführt, zu einer gründlichen Kontrolle der Finanzgebarung führen. Es wird sicher dem Finanzministerium den Vorwurf einbringen, es gebärde sich als Überministerium. Die andere Lösung geht dahin, den Fachministerien im Rahmen eines vorgegebenen Haushaltsvolumens möglichst wenig einzureden. Man hat für dieses System das Motto geprägt: „Unkenntnis (der sachlichen Verhältnisse und Bedürfnisse bei anderen Ressorts) schützt vor Bewilligung (durch das Finanzressort)“. Hinter beiden Methoden steht die faktische und rechtliche Notwendigkeit des Haushaltsausgleichs. Die gute Mitte wird zwischen den beiden Systemen liegen. In diesem Zusammenhang darf darauf verwiesen werden, daß andere Länder den „Finanzinspekteur“ kennen, der vom Finanzressort abgestellt wird, zur ständigen Überwachung in ein Fachressort eingesetzt ist. Einen solchen Gast im Hause kennt das deutsche System nicht. Es ist also von Haus aus verhältnismäßig mild.

Der Finanzminister hat das Recht, Anmeldungen für den Haushalt, die er nicht für begründet erachtet, fortzulassen oder zu ändern. Das wird ihm nur bei Angelegenheiten von unerheblicher Bedeutung durchgehen. In Fragen von grundsätzlicher oder sonst erheblicher Bedeutung kann die Entscheidung des Kabinetts eingeholt werden. Ob eine Frage von grundsätzlicher Bedeutung vorliegt, entscheidet praktisch der anrufende Minister, denn der Kabinettschef wird kaum umhin können, die Angelegenheit auf die Tagesordnung zu setzen. Nach der Geschäftsordnung der Bundesregierung hat allerdings eine Besprechung der beiden Minister über den Streitpunkt der Anrufung des Kabinetts vorauszugehen.

Gelingt in dieser Chefbesprechung eine Einigung über den Differenzpunkt nicht, so wird das Kabinett entscheiden. Denn der Entwurf des Haushaltsplans wird endgültig nicht vom Finanzminister, sondern vom Kabinett festgestellt. Das kann auch nicht gut anders sein, da der Haushaltsplan das Regierungsprogramm enthält.

c) Der Finanzminister und das Kabinett. Im Kabinett, das grundsätzlich nach dem Mehrheitsprinzip entscheidet, sieht sich der Finanzminister unter Umständen „unheiligen" Koalitionen seiner Ministerkollegen ausgesetzt, die sich in der Versuchung sehen, wechselseitig für ihre Ausgabenwünsche zu stimmen. Damit wird die prekäre Lage des Finanzministers deutlich. Es ist die Frage aufgeworfen worden, ob angesichts der heutzutage eingerissenen Ausgabefreudigkeit in der Politik einerseits und angesichts seiner gewaltig angewachsenen Verantwortung andererseits, der Finanzminister ohne eine institutionelle Stärkung seiner Stellung im Kabinett durchkommen kann. Die Frage ist in der Tat interessant. Wie sollte eine Stellung ausgestattet werden? Nach dem deutschen Kabinettsystem bestimmt der Regierungschef die „Richtlinien der Politik". Was er zur Richtlinienpolitik erklärt, ist dem Mehrheitsbeschluß des Kabinetts entzogen. Kann man nun dem Finanzminister eine ähnliche Stellung einräumen? Oder würde das das Gefüge sprengen? Würde es nicht die Gefahr heraufbeschwören, daß die Richtlinienpolitik gerade dort durchkreuzt wird, wo der Regierungschef sie sich etwas kosten lassen wollte? Diese Situation hat der große Staatsrechtslehrer Lorenz von Stein in einer klassischen Formulierung gezeichnet, die heute noch voll zutrifft: „Die einzelnen Ministerien sind die lebhaftesten Vertreter der möglichst großen Ausgaben, die sie mit den höchsten Interessen des Staates wohl zu motivieren wissen. Der Finanzminister dagegen ist der Anwalt der in den Einkommenverhältnissen begrenzten Kraft des Staates. Der Finanzminister als Staatsmann ist es, der den Voranschlag entwirft und vertritt."

Nur so kann er dem Schicksal entgehen, als Einzelkämpfer gegen sämtliche Fronten zu stehen, sich zu verschleißen und zum Vollzugsbeamten der politischen Wünsche seiner Ministerkollegen zu werden, ohne auf sie Einfluß zu haben. Damit wächst er über das Format des Fiskal-Fachmanns hinaus; das wiederum gibt ihm die Legitimation, von seinen Kollegen zu fordern, daß sie ebenfalls die Enge ihres Ressorts verlassen und wirklich „die höchsten Interessen des Staates" sehen. So wird er zum Partner des Regierungschefs.

Ganz wehrlos ist der Finanzminister übrigens nicht: Er kann eine zweite Beratung verlangen, wenn er überstimmt wurde. Bei dieser nochmaligen Beratung fällt er nur, wenn der Kabinettchef gegen ihn stimmt. Kabinettchef und Finanzminister Schulter an Schulter halten also jeder Mehrheit der anderen Kabinettsmitglieder stand. Eine stärkere Stellung kann die deutsche Kabinettsverfassung dem Finanzminister kaum einräumen.

Hat sich die Regierung über den vom Finanzminister aufgestellten Entwurf des Haushaltsplans geeinigt, so stellt sie ihn fest und leitet ihn den gesetzgebenden Körperschaften zur Beschlußfassung zu.

3. Die Verabschiedung des Haushaltsplans

Die gesetzgebende Körperschaft stellt den Haushaltsplan durch Gesetz fest (Art. 110 Abs. 2 Satz 2 GG). Er wird dadurch „die für die Wirtschaftsführung maßgebende Zusammenstellung der für ein Rechnungsjahr veranschlagten Haushaltseinnahmen und -ausgaben der gesamten Verwaltung“ (§ 2 Abs. 1 Ziff. 4 RWB). Den Auftakt zu den Beratungen, an deren Ende das Haushaltsgesetz steht, bildet die Haushaltsrede des Finanzministers. In ihr findet er eine einzigartige Gelegenheit — weit über jede Enge eines Ressorts hinaus — seine Auffassung zu den politischen Fragen vorzutragen; zu allem wird er nämlich im Haushalt einen Anknüpfungspunkt finden. Kein anderer Minister besitzt eine ähnliche Möglichkeit. Die Haushaltsrede ist also ein bedeutsames Mittel der politischen Einflußnahme. Sie ist ein großer Tag im parlamentarischen Jahr. Die parlamentarische Beratung, vor allem die Beratung im Haushaltsausschuß, einem der wichtigsten Arbeitsgremien des Parlaments, gibt den Abgeordneten Gelegenheit, die gesamte Tätigkeit der Verwaltung und die Arbeit der Regierung zu beurteilen, durch Lob und Tadel, Anregung und Warnung auf sie Einfluß zu nehmen. Diese Einflußnahme soll allerdings nicht dazu führen, „der Exekutive die Exekutive aus der Hand zu nehmen“. Der Finanzminister, Beamte seines Hauses und der anderen Ministerien sind ständig an diesen Beratungen beteiligt.

Es ist fast nicht denkbar, daß im Laufe der Beratung der Haushalt ein völlig neues Gesicht erhält. Was beraten wird, ist der Vorschlag der Regierung; hinter ihm steht die Mehrheitspartei. Meist sind die neuralgischen Punkte des Haushaltsvorhabens schon mit ihr abgesprochen. Oft haben führende Abgeordnete der Regierungspartei an den Beratungen des Kabinetts teilgenommen. Das schließt naturgemäß Veränderungen in einzelnen Punkten nicht aus. Hier übt nun die Pflicht zum Haushaltsausgleich, gleichermaßen ein Gebot der Verfassung wie der Vernunft, eine heilsame Wirkung aus. Zusätzliche

Ausgaben können nur beschlossen werden, wenn gleichzeitig ein Deckungsvorschlag gemacht werden kann. Die Geschäftsordnung des Bundestags enthält darüber ausdrückliche Verfahrensvorschriften.

Auf diesem Felde läge auch der Anwendungsbereich des Art. 113 GG. Nach ihm bedürfen Beschlüsse des Bundestags, welche die von der Bundesregierung vorgeschlagenen Ausgaben des Haushaltsplans erhöhen, der Zustimmung der Bundesregierung. Sie ist das Paradebeispiel einer gut gemeinten Verfassungsvorschrift, ohne jede praktische Bedeutung. Infolgedessen ist auch die Streitfrage uninteressant, ob Art. 113 GG schon auf das in Entstehung begriffene oder erst auf das fertige Haushaltsgesetz Anwendung finden kann.

Ergeben sich während der Beratung Änderungen in den Voraussetzungen, auf denen der Entwurf beruht, so wird der Ausweg eine „Ergänzungsvorlage" sein. Im Gegensatz zu ihr spricht man von einer „Nachtragsvorlage" dann, wenn die Veränderung eines bereits verabschiedeten Haushalts notwendig wird; sie ist eine Haushaltsnovelle. Verzögert sich die Verabschiedung des Haushaltsplans über den Jahresbeginn, sei es weil die Regierung den Plan zu spät vorgelegt, sei es weil das Parlament ihn zu langsam beraten hat, oder sei es, daß ausnahmsweise eine Einigung nicht zustande kommt, so kommt das Nothaushaltsrecht des Art. 111 GG zum Zug. Er ermächtigt die Bundesregierung in der haushaltslosen Zeit alle Ausgaben zu leisten, die notwendig sind

a) um gesetzlich bestehende Einrichtungen zu erhalten und gesetzlich beschlossene Maßnahmen durchzuführen,

b) um die rechtlich begründeten Verpflichtungen des Bundes zu erfüllen,

c) um Bauten, Beschaffungen und sonstige Leistungen fortzusetzen oder Beihilfen für diese Zwecke weiter zu gewähren, sofern durch den Haushaltsplan eines Vorjahres bereits Beträge bewilligt worden sind.

4. *Der Haushalt — ein staatsleitender Akt*

Wenn man den Haushaltsplan seinem Inhalt nach betrachtet, so kann man nicht zu dem Ergebnis kommen, daß er Gesetzescharakter trägt. Er ist eine Sammlung von Details, die durch ein Konzept verbunden sind, entbehrt aber des generellen Charakters, der ein Gesetz auszeichnet. Weil er indes im gleichen Verfahren zustandekommt wie ein Gesetz, hat er den Rechtscharakter eines formellen Gesetzes. Die bayerische Verfassung (Art. 70 Abs. 2 BV) spricht deswegen zutreffenderweise davon, daß der Staatshaushalt durch ein formelles Gesetz festgestellt werden muß. Die Verfassung der demokratischen Staaten kleidet den Haushalt, wie oben schon ausgeführt, in das Gewand eines Gesetzes, um damit die Zuständigkeit des Parlaments zu begründen.

Wenn man die Auffassung vertritt, daß der Haushaltsplan, nachdem er materiell kein Gesetz ist, nur ein Verwaltungsakt sein kann, dann muß man hier eine Durchbrechung des Prinzips der Gewaltenteilung zugunsten des Parlaments sehen.

Dieser Umstand hebt das Haushaltsgesetz von der übrigen Gesetzgebung ebenso ab, wie seine politische Bedeutung als Regierungsprogramm. Dazu kommen noch die Besonderheiten des Zustandekommens als da sind das Initiativmonopol der Regierung, der Deckungszwang, der die Abänderung des Entwurfs im Parlament erschwert, das „Bepackungsverbot", das die Verquickung haushaltsfremder Dinge mit dem Haushalt verbietet.

Alles zusammengenommen läßt die Verabschiedung des Haushalts als einen „Akt der Staatsgestaltenden Gesetzgebung", als einen „staatsleitenden Akt" erscheinen[19].

§ 10. Vollzug des Plans
— ein Ringen um das Gleichgewicht —

Ein Jahr lang bestimmt der Haushalt die Tätigkeit der Verwaltung. Mit seiner Verabschiedung entsteht für die Exekutive endgültige Klarheit über die Durchführung ihrer Aufgaben im neuen Haushaltsjahr.

1. Der Haushalt bedeutet Vollzugsbindung und Vollzugsermächtigung zugleich. Das will besagen, daß die Exekutive an den Rahmen gebunden ist und keinesfalls für andere als im Haushalt vorgesehene Zwecke Mittel verwenden darf. Zur Durchführung der im Haushalt dotierten Maßnahmen besteht häufig eine Rechtspflicht auf Grund von Gesetzen oder Verträgen.

Hier blieb schon dem Haushalt keine Wahl, als die entsprechenden Mittel vorzusehen und die Exekutive hat sie ebensowenig. Daneben gibt es jedoch eine ganze Reihe von Maßnahmen, deren Durchführung im Ermessen liegt, ohne daß eine Rechtspflicht besteht (z. B. der Bau einer Straße, die Vergabe von Subventionen). In diesem gesetzesfreien Raum kann die Frage auftreten, ob der Haushalt die Verpflichtung bringt, alle Maßnahmen durchzuführen, die dort vorgesehen

---

[19] Johannes *Heckel*, Handbuch des deutschen Staatsrechts.

sind. Selbstverständlich wird die Regierung Wert darauf legen, vorgesehene Maßnahmen durchzuführen. Nach der Natur der Dinge wird sie es nicht darauf anlegen, etwas ungetan zu lassen, was im Haushaltsentwurf vorgesehen war und was das Parlament getan sehen will. Trotzdem ist diese Frage nicht ohne Bedeutung; etwa wenn die vorgesehenen Einnahmen nicht aufkommen, oder wenn die Sache betreffende neue Gesichtspunkte auftauchen. Hier wird deutlich, daß die Bewilligungen des Haushalts nur zur Ausgabe ermächtigen, aber nicht verpflichten. Besonders tritt das zutage, wenn eine Maßnahme billiger als vorgesehen durchgeführt werden kann. Man kann diesen Beweis auch auf dem historischen Wege führen: Wenn das Parlament der Krone Mittel bewilligte, so lag es ihm völlig fern, ihre Verausgabung durch die Krone zu verlangen.

In diesem Zusammenhang ist auch der Vorschrift zu gedenken, daß Ansprüche oder Verbindlichkeiten dritter Personen durch den Haushaltsplan selbst weder begründet noch aufgehoben werden. Es kann also niemand auf Auszahlung im Haushalt bewilligter Beträge vor Gericht klagen.

2. Die Bewirtschaftung der bewilligten Mittel obliegt den Behörden, denen sie zugeteilt sind. Der Vorsteher der Behörde trägt die Verantwortung. Er verfügt über die seiner Behörde zugeteilten Haushaltsmittel und ordnet ihre Verwendung an. Unbeschadet seiner Verantwortlichkeit wird in größeren Behörden ein besonderer Beamter mit der Bewirtschaftung der Haushaltsmittel betraut. „Der Sachbearbeiter des Haushalts“ nimmt eine Schlüsselstellung ein. Er wird bei allen Maßnahmen von geldlicher Tragweite, insbesondere organisatorischer oder verwaltungstechnischer Natur, immer beteiligt. Er übt also als Beamter seiner Behörden eine Art „mitlaufender“ Haushaltskontrolle — eine dornenvolle Tätigkeit, wie man sich denken kann. Ihm obliegt auch die Zusammenstellung des Haushaltsentwurfs seiner Behörde. In den Ministerien sind die Aufgaben des Sachbearbeiters so umfangreich, daß ihm Hilfskräfte beigegeben sind. Es wird hier eine „Haushaltsabteilung“ gebildet.

Die Haushaltskontrolle durch den Sachbearbeiter des Haushalts ist eine deutsche Erfindung. Sie hat sich gut bewährt. Das deutsche Haushaltsrecht kommt deshalb ohne die Inspekteure aus, die in anderen Staaten zur ständigen Überwachung vom Finanzressort oder dem Rechnungshof in die Verwaltungen entsandt werden und dort — als Fremdkörper — ihren Sitz haben.

3. Die Behörden, welche Staatsmittel verwalten, haben zu Beginn des Rechnungsjahres einen Plan aufzustellen, nach dem sie vorgehen

(Bewirtschaftungsplan). Sie führen weiter eine Haushaltsüberwachungsliste. In sie werden die ausbezahlten, aber auch die bereits festgelegten und noch fällig werdenden Beträge aufgenommen. Sie ist ebenso wie der Bewirtschaftungsplan in die Titel und Untertitel eines Haushalts eingeteilt. Die Kassen, die für die Behörden die Ausgaben leisten, arbeiten ebenfalls mit Unterlagen, die nach dem Haushaltsplan gegliedert sind. Die Behörden und die Kassen führen für die Wirtschaftsführung und für die Buchführung übereinstimmende Unterlagen. Von den Kassen werden Zahlungen nur geleistet, wenn sie sich im Rahmen der verfügbaren Mittel halten (§ 76 RHO). Auf diese Weise ist es ziemlich ausgeschlossen, daß eine Behörde, die ihr eingeräumten Bewilligungen überzieht. Durch Übersichten über die verfügten Ausgabemittel und über das voraussichtliche Ergebnis der Wirtschaftsführung wahren die Ministerien ihren Überblick über den Verlauf des Vollzugs.

4. Der Abfluß der Haushaltsmittel muß mit ihrem Zufluß irgendwie in Übereinstimmung gebracht werden. Das geschieht mit Hilfe der sogenannten „Betriebsmittelbewirtschaftung". Der Finanzminister ermächtigt die anderen Minister, „im Rahmen der ihm zur Verfügung stehenden Einnahmen die notwendigen Auszahlungen bis zur Höhe eines bestimmten Gesamtbetrages zu leisten" (§ 26 Abs. 5 RHO). Dabei unterliegt er naturgemäß der Hypothek der gesetzlichen und rechtlichen Verpflichtungen, die eingelöst werden müssen. Nur bei den übrigen Ausgaben kann man manipulieren.

Dieses System ermöglicht dem Finanzminister, den Einklang zwischen Einnahmen und Ausgaben zu wahren. Es gibt ihm ein außerordentlich wichtiges Steuerungsmittel in die Hand. Diese Betriebsmittel können jeweils für einen Monat oder für ein Vierteljahr zugeteilt werden. Sie sind nur hinsichtlich der totalen Ausgabesumme verbindlich, es sei denn, daß etwas anderes ausdrücklich vom Finanzminister angeordnet wurde. Über die zugewiesenen Betriebsmittel hinaus kann eine Verwaltung nicht verfügen. Die Zuteilung von Haushaltsmitteln allein nützt einer Behörde also noch nichts. Erst durch die Betriebsmittelzuweisung wird klar, wie weit Deckung für das Ausgabensoll vorhanden ist.

5. Über die Bedeutung von Haushaltsüberschreitungen, sei es in überplanmäßiger oder außerplanmäßiger Form, wurde schon gesprochen. Dadurch, daß nur der Finanzminister solche Abweichungen vom Plan genehmigen kann, ist weitere Vorsorge für die Einhaltung des Haushaltsgleichgewichts gegeben.

6. Eine weitere bedeutungsvolle Bestimmung liegt in dem Verbot, Ausgaben zu Lasten des außerordentlichen Haushalts zu machen, so

lange die Einnahmen aus Anleihen noch fehlen. Die Haushaltsordnung stellt sich also mit einem Verbot (§ 26 Abs. 5 Satz 2) hinter den Finanzminister und bezweckt damit ein Doppeltes: Der Finanzminister bleibt frei, Anleihen aufzunehmen, wenn er das nach Lage des Kapitalmarkts bzw. der Anleihebedingungen für richtig hält. Er kann durch voreilige Ausgaben und den Zwang, sie zu decken, nicht zur Aufnahme einer Anleihe „um jeden Preis" getrieben werden. Das ist jedenfalls die Rechtslage nach der Haushaltsordnung. In der praktischen Politik hilft das oft wenig.

7. Haushaltsmittel, die in dem Zeitraum, für den sie bewilligt sind, nicht benötigt werden, verfallen. Eine Hortung von Mitteln für später ist nicht möglich (§ 30 RHO). Nur für die ausdrücklich als übertragbar bezeichneten Ausgabemittel gibt es eine Ausnahme. Ihre Verausgabung darf nur mit vorheriger Zustimmung des Finanzministers erfolgen. Auch diese Zustimmung steht im Zeichen des Haushaltsgleichgewichts.

So wird der Vollzug des Haushalts zu einem ständigen Ringen um die Einhaltung des Plans und des Plangleichgewichts.

Um dieses Gleichgewicht auf jeden Preis sicherzustellen, enthalten die Haushaltsgesetze des Bundes und der Länder seit den letzten Jahren häufig eine Ermächtigung an den Finanzminister — mit oder ohne Zuziehung des Haushaltsausschusses —, eine Sperre über einen Teilbetrag der Ausgaben zu verhängen, die nicht auf zwangsläufigen Rechtsgrundlagen beruhen. So wenig angenehm solche Sperren sind und so viel Ärger mit ihrer Durchführung in der Praxis verbunden ist, so können sie doch eine wirksame Hilfe beim Haushaltsvollzug bieten. Neuerdings ist ein neuer Gedanke hinzugetreten: Durch die größere Beweglichkeit, die für den Vollzug dadurch gewonnen werden kann, soll seine Abstimmung auf den Konjunkturverlauf des Jahres möglich werden. Die Auswirkung des Behelfs bleibt abzuwarten.

§ 11. Wirtschaftlichkeit und Sparsamkeit

Für die Ausführung des Haushaltsplans schreibt die RHO mit großem Ernst vor: Die Haushaltsmittel sind wirtschaftlich und sparsam zu verwalten. Wirtschaftlichkeit und Sparsamkeit sind Elemente jeder öffentlichen Finanzwirtschaft. Jedermann kennt aus seiner persönlichen Erfahrung grobe Verstöße gegen diese Gebote und oft wird die Frage gestellt, wie sie immer wieder möglich sein können.

In der Tat kann die Vergeudung öffentlicher Gelder nicht scharf genug angeprangert werden. Aber es ist schwierig, richtig zu disponieren. Nicht nur in der öffentlichen Verwaltung werden in dieser Hinsicht Fehler gemacht. In dem Maße, in dem die Verwaltungstätigkeit wächst und in dem sich die Administration auf neue Felder wagt, wird die Gefahr von Fehlern wachsen. Der erfolgreiche Einsatz von Subventionsmitteln z. B. gehört zu den schwierigsten Aufgaben, die der öffentlichen Hand erwachsen sind. Auch das Beschaffungswesen wirft eine ganze Reihe von Problemen auf. Sehr häufig treten hier Lagen auf, die nur mit Mut und Glück gemeistert werden können. Eine Kritik, die hinterher kommt, ist oft leicht; sie verkennt sehr häufig die Alternative, die seinerzeit bestanden, und arbeitet mit später erworbenem Wissen, oft auch mit halber Information.

Auch auf diesem Felde suchen sich die Sachbearbeiter des Haushalts zu bewähren. Die Finanzministerien versuchen, hier Einfluß zu erhalten. Sie rechtfertigen diesen Versuch mit ihrer breiteren Erfahrungsbasis und dem Überblick, den sie durch die Verwertung und Beobachtungen in anderen Ressorts gewinnen, mit Abstand, den sie von den taktischen Internis haben. Häufig werden auch unbequeme Entscheidungen auf das Finanzministerium abgeschoben in der Erwartung, daß es schon „Nein" sagen und dafür irgendeine Begründung finden wird. Die Haushaltsreferenten der Finanzministerien sind dadurch geradezu global in den Verdacht gekommen, daß sie aus Veranlagung und Charakter zum „Nein" neigen. Dieser Verdacht bewegt sich in der Nähe einer Beobachtung, die Macauly schon vor mehr als 120 Jahren gemacht hat: „Viele glauben, unsere Regierung besitze irgendwo ein unerschöpfliches Lager all dessen, was das Leben möglich oder angenehm macht und weigere sich aus reiner Hartherzigkeit, ihre Vorräte unter die Armen zu verteilen."

Neben der Einhaltung des „Soll" und noch vor ihm steht somit das höchste Gebot der Verwaltungsordnung: Die Sparsamkeit und Wirtschaftlichkeit. Es sind eigentlich selbstverständliche Grundsätze einer öffentlichen Verwaltung; der Ruf, sie im besonderen Maße zu verwirklichen, machte den schönsten Ruhm der klassischen preußischen Verwaltung aus. Es ist die Aufgabe der Rechnungshöfe, über die Verwirklichung dieses Grundsatzes zu wachen. Sie sind, wie noch zu zeigen sein wird, die Hüter der Wirtschaftlichkeit.

Das Gebot der Sparsamkeit und der Wirtschaftlichkeit gilt indes nicht nur für die Verwaltung beim Vollzug des Haushaltsplans. Es sollte auch bei seiner Aufstellung beachtet werden. In ihrer Umsicht hat die Haushaltsordnung auch dieses Anliegen erkannt und bestimmt, daß in den Haushaltsplan nur solche Ausgaben aufgenommen werden dürfen, die für die Aufrechterhaltung der Verwaltung oder zur Erfüllung der Aufgaben und der rechtlichen Verpflichtungen notwendig sind (§ 17 RHO).

Freilich werden in den Haushalt viele Bewilligungen aufgenommen, die weit über die Aufrechterhaltung der Verwaltung hinausreichen. Die Erfüllung der staatlichen Aufgaben bietet einen weiten Rahmen für die Betätigung des politischen Ermessens. Ihm konnte die Haushaltsordnung naturgemäß keine Schranken setzen. Der Versuch des Gesetzgebers, die Politik und ihre Dynamik mit Hilfe einer Haushaltsordnung zu binden, mußte im Ansatz stecken bleiben. So wird die Ausuferung der Staatstätigkeit und die damit verbundene Unsparsamkeit und Unwirtschaftlichkeit zu immer größerer Besorgnis.

In diesem Zusammenhang verdient ein weiteres Problem Erwähnung: Der Perfektionsgrad in Gesetzgebung und Verwaltung. Damit ist der Maßstab gemeint, der an die Erfüllung der Verwaltungsaufgaben gelegt wird. Man möchte heute alles, wenn irgend möglich, bis ins Letzte erfassen, regeln und ordnen. Unsere Verwaltung drängt auf hochgradige Perfektion. Damit ist sehr häufig ein ungeheurer Leerlauf verbunden. Die Perfektion im Erfassen der Tatbestände und die Effektivität im Wirken in der Verwaltung widerstreiten sich oft. Dabei entsteht vielfach ein Aufwand an Personal und Kosten, der in keinem Verhältnis mehr zu dem Erfolg steht. Die Freude an dem perfekten Funktionieren des Verwaltungsapparates — aus der Technik übernommen — nötigt ihm Komplikationen auf, die seinen reibungslosen Ablauf gefährden.

Gerade umgekehrt zum Drang nach Perfektion verläuft der Trend zur Verwaltungsvereinfachung. Hettlage hat durchaus recht wenn er sagt: „Der Ruf unserer Zeit zu sachlichen und gebietlichen Verwaltungsreformen ist gleich null[20]."

Der Ruf nach Verwaltungsvereinfachung, oft und laut erhoben, scheitert in der Praxis bei den kleinsten Ansätzen. Es fehlt an der Kraft, die Widerstände der Beharrung und des häufig kleinlichen Interesses zu überwinden. Auch die „Betriebstechniker" der Verwaltung, in die perfekte Ausstattung ihrer speziellen Arbeitsapparatur verliebt und das große Ganze aus dem Auge verlierend, erweisen sich als starkes Hindernis.

In den Zeiten, in denen die öffentlichen Kassen gefüllt sind, besteht auch kein Zwang zur Bescheidung. Sparsamkeit und Wirtschaftlichheit gedeihen am besten im rauhen Klima der Not. Merkwürdigerweise scheint aus der Lage des Arbeitsmarktes und dem Mangel an Arbeitskräften, über den allenthalben geklagt wird, kein Hemmnis für die

[20] Vortrag über die Sparsamkeit und Wirtschaftlichkeit in der Verwaltung vor der kommunalen Gemeinschaftsstelle für Verwaltungsvereinfachung am 12. Mai 1960.

laufende Vermehrung des Personals im öffentlichen Dienst zu entstehen. Gewisse Dienstleistungen wie die technischen und medizinischen leiden zwar unter starkem Personalmangel; die allgemeine Verwaltung leidet höchstens unter Mangel an qualifizierten Kräften. Man sieht darin unglücklicher Weise kein Hindernis, sie mit neuen Aufgaben und immer schwierigeren Komplikationen einer überzüchteten Gesetzgebung zu überhäufen und zu überfordern. Es könnte die Zeit kommen, wo eine weitere Ausdehnung des öffentlichen Sektors weniger durch Mangel an Geld als an Menschen ihre Grenze findet.

§ 12. Die Finanzkontrolle

1. Kontrolle und Revision

Eine Haushaltskontrolle mit möglichst hohem Wirkungsgrad ist das selbstverständliche Anliegen jeder geordneten Haushaltsführung. Die Verwaltung fremder Mittel bedingt überall und zu allen Zeiten Kontrolle. Wer über fremde Mittel verfügt, erwartet diese Kontrolle; er legt geradezu Wert auf sie, denn nur sie vermittelt ihm die notwendige und erwünschte Entlastung. Kontrolle wird also als selbstverständlich akzeptiert, ja als förderlich empfunden. Nur davor, daß sie kleinlich und unverständig, rechthaberisch und in der Tradition eines Beckmessers verfährt, besteht Befürchtung. Die Kontrolle der staatlichen Finanzwirtschaft — richtig verstanden — erhebt sich über diese Ebene. Der Haushalt als Planungsinstrument, als Ausdruck eines politischen Programms steht im Vordergrund. Es geht also nicht nur um die Feststellung der treuen und biederen Verwaltung der öffentlichen Mittel, sondern fast überwiegend um die Beobachtung des Budgetsablaufs, der Budgeterfüllung, und zwar einer Erfüllung mit dem geringstmöglichen Aufwand.

Zur Verdeutlichung vermag man mit Heinig[21] von vorneherein zwei verschiedene, aber Hand in Hand gehende Tätigkeiten mit verwechselbarer Bezeichnung zu unterscheiden: Nämlich die Kontrolle (im engeren Sinne) und die Revision. Die letztere prüft die Unterlagen, Belege und Bücher, überzeugt sich von der zahlenmäßigen und rechnerischen Richtigkeit. Ihre Grundlage ist die Buchführung. Sie stellt Regelmäßigkeiten und Unregelmäßigkeiten fest. Ihr Blick ist nach rückwärts gerichtet. Die Kontrolle dagegen baut auf den Feststellungen der Revision auf. Sie vergleicht das „Ist" der Rechnung mit dem „Soll" des Haushaltsplans. Sie versucht sich ein Bild davon zu machen, ob und wie weit der politische Auftrag vollzogen wurde. Man

[21] Handbuch der Finanzwissenschaft, 1952, S. 672.

bezeichnet sie insoweit als Verfassungskontrolle oder besser als Kontrolle der Verfassungsmäßigkeit. An ihrem Ende steht die Entlastung der Bundesregierung durch das Parlament. Ihr fügt sich die sogenannte Verwaltungskontrolle an. Sie ist häufig als „Betriebsprüfung" der Verwaltung bezeichnet worden. Sie überwacht, beurteilt und kritisiert das Verwaltungsgeschehen. Sie bewertet die Effektivität und Rationalität der Verwaltung. Insbesondere die Verwaltungskontrolle ist auf die Zukunft ausgerichtet, insofern als sie verbessern möchte. Es versteht sich, daß hier die eigentliche Schwierigkeit und Problematik der Rechnungsprüfung beginnt.

Die Rationalität der politischen Entscheidung vermag sie nicht zu kontrollieren. Hier liegt eine Grenze der Prüfungstätigkeit. Wahrscheinlich verläuft die Grenzlinie nicht völlig auf der Trennungslinie zwischen Exekutive und Legislative. Sie dürfte etwas vorher liegen, denn die echen Regierungsakte entziehen sich kraft ihres politischen Gehalts der Beurteilung durch nichtpolitische Gremien und müssen von ihnen hingenommen werden. Die politischen Entscheidungen von Legislative und Exekutive höchster Ebene sind der Finanzkontrolle vorgegeben. Im übrigen ist die Überwachung unbeschränkt.

2. *Verfassungs- und Verwaltungskontrolle*

Trotz dieser überall gleichen Uraufgaben der Finanzkontrolle ist sie ebenso wie das Budgetwesen im ganzen in überraschender Weise „staatsindividuell" (Heinig). Organisation und Methode sind von Land zu Land sehr verschiedenartig geregelt. Dabei scheinen überall historische Entwicklungslinien in starkem Maße nachzuwirken. Überhaupt gewinnt man bei einem internationalen Vergleich den Eindruck, daß die klassischen Bestandteile der Staatsapparte stärker traditionell bedingt sind und daß hier Unterschiede von Land zu Land viel stärker durchschlagen als bei den modernen Zweigen des Vollzugs sozialer und technischer Aufgaben. Diese Verschiedenheiten drücken sich stark in der Organisation, den Zuständigkeiten und den Arbeitsmethoden der Rechnungshöfe der Länder aus und begründen ihre nationale Eigentümlichkeit.

Wenn die Finanzkontrolle die eigentliche Tätigkeit eines Rechnungshofs, eines Cour des Comptes, eines Exchequer und Audit-Departments, einer General Accounting Office ist, so geht sie doch nirgends voll mit deren Geschäftsbereichen auf. Die Verwaltung hat vielmehr überall eigene, interne Kontrollen erfunden. An die der deutschen Haushaltsordnung ist hier zu erinnern. Die Kontrollen liegen im Aufbau des Kassenwesens, in der Einrichtung der Kassenaufsicht und in dem Institut der Vorprüfung[22]. Sie setzen sich fort mit dem „Sachbearbeiter des Haushalts", jener ausgesprochen deutschen Erfindung, die sich voll bewährt hat und doch so viel milder ist, als das System der Finanzinspektoren, sowie mit den nicht immer bequemen, aber von der Sache her notwendigen Zuständigkeiten und Einwirkungsmöglichkeiten des Finanzministers beim Entwurf und Vollzug des Haushalts, der sogenannten Finanzaufsicht.

In der Tat ist ein ausgeklügeltes Netz von internen Kontrollen gesponnen und der Tätigkeit des Rechnungshofs vorgelagert. Er spielt allerdings als externer Prüfer die Haupt- und Schlußrolle. Die Verwaltung ist selbst ja lebhaft daran interessiert, daß „nichts passiert". Sie möchte von vorneherein der späteren Beanstandung durch den Rechnungshof vorbeugen.

Die Verwaltung, die im Sturme der Zeit steht und sich erprobt, bemüht sich somit die Grundlage für eine harmonische Zusammenarbeit mit dem mehr in der Stille des Büros arbeitenden Rechnungshof zu legen. Die verständnisvolle Zusammenarbeit zwischen Prüfer und Geprüften unter Respektierung der gegenseitigen Arbeitsbedingungen wird den fruchtbarsten Beitrag zur Sicherung der finanzwirtschaftlichen Ordnung leisten können.

Dieses Netz vorgelagerter Kontrollen erleichtert es dem Rechnungshof von seinem Recht auf Beschränkung seiner Tätigkeit Gebrauch zu machen (vgl. §§ 93, 94 RHO). Dem Vorwurf, daß in Deutschland zu viel kontrolliert wird, könnte demnach die Berechtigung entzogen werden.

3. *Der Bundesrechnungshof und sein institutioneller Ort*

Damit ist schon angedeutet, daß sich in der Bundesrepublik ein besonderes System der Haushaltskontrolle ausgebildet hat. Das Grundgesetz schreibt die Rechnungslegung durch den Finanzminister und die Rechnungsprüfung durch einen Rechnungshof vor, „dessen Mitglieder richterliche Unabhängigkeit besitzen" (Art. 114 GG)! Mit dieser Zurückhaltung konnte es das Grundgesetz bewenden lassen. Die in langer geschichtlicher Arbeit entwickelte Leitvorstellung von Rechnungslegung und Rechnungsprüfung erwies sich in der Tat auch so kräftig, daß — ganz als gäbe es hier keine Problematik — der Bundesrechnungshof aus der Asche des Zusammenbruchs entstieg und an das Vorbild seines Vorgängers, des Rechnungshofs des Deutschen Reiches anknüpfte.

---

[22] Vgl. Die Vorprüfungsordnung für die Bundesverwaltung, MinBl. Fin. 1953, S. 114.

Die Rechtsgrundlagen des Bundesrechnungshofs finden sich teilweise in der Reichshaushaltsordnung, teilweise im Gesetz über Errichtung und Aufgaben des Bundesrechnungshofs vom 27. November 1950 (Bundesgesetzblatt I S. 765).

Es ist bezeichnend, daß nicht nur der Bund, sondern auch die Länder in ähnlicher Weise an die alte Tradition anknüpfen. Es besteht eben in Bund und Ländern ein mindestens in den Grundzügen übereinstimmendes Leitbild vom Wesen und Aufgaben, Methoden und Organisation der Rechnungshöfe. Sie unterstreicht wiederum die Stärke des Bandes, das Bund und Länder auf dem Gebiete des Budgetswesens überhaupt verbindet. Demnach haben Bund und Länder Rechnungshöfe, die als selbständige, nur dem Gesetz unterworfene Behörden eingerichtet, mit richterlicher Unabhängigkeit ausgestattet, kollegial organisiert sind und eine gründliche Prüfung des Etat- und Kassenwesens durchführen.

Die Tradition der Rechnungsprüfung ist so alt wie die des Finanzwesens unseres Staates. Sie beginnt im kameralistischen Fürstenstaat. Die preußische Oberrechnungskammer wurde 1714 ins Leben gerufen und eröffnet gewissermaßen die geistige Ahnenreihe des heutigen Bundesrechnungshofs. Es wirkt als Symbol, daß die Bilder ihrer Präsidenten in lückenloser Folge in seinem großen Sitzungssaal hängen.

Es ist nicht verwunderlich, daß die Rechnungskammer und ihre Tätigkeit im vorigen Jahrhundert in das Spannungsfeld zwischen Legislative und Exekutive gerieten. Eine Entwicklung, die derjenigen des Haushaltswesens entsprach, führte dazu, daß sich die organisatorische Besonderheit der Institution herausschälte, die durch ihre Selbständigkeit und Unabhängigkeit von der Exekutive abgesondert ist, aber doch nicht zur Legislative gehört.

Die Unabhängigkeit, die die Rechnungshöfe haben, garantiert dem Parlament eine unbeeinflußte Berichterstattung über den Budgetvollzug. Trotzdem verhinderte die Tradition eine Unterstellung unter das Parlament.

Seine Unabhängigkeit macht den Rechnungshof nach deutscher Auffassung nicht zu einem Gericht, noch gar zu einem Teil der rechtsprechenden Gewalt. Auch von einer vierten Gewalt im Staate zu sprechen, scheint übertrieben. Die Aufgabe des Rechnungshofs liegt nicht, wie die eines Gerichts, in der Streitentscheidung. Seine Erkenntnisse — „Bemerkungen" (§ 107 RHO), Gutachten und Berichte — besitzen nicht die Feststellungswirkung rechtskräftiger Urteile. Die oberste Finanzkontrollbehörde ist kein „oberstes Staatswirtschaftsgericht". Es soll der Exekutive weder die Verantwortung abnehmen, noch ein letztes Urteil über sie fällen. Die Erkenntnisse des Rechnungshofs haben größte Autorität; sie besitzen jedoch grundsätzlich keine Verbindlichkeit im Rechtssinne.

In Deutschland ist es trotz mancher Bemühungen in dieser Richtung und trotz einiger Logik, die dafür spricht, nicht dahin gekommen, daß die Rechnungshöfe der Legislative organisatorisch angeschlossen wurden, wie das in Norwegen, Belgien und in den USA der Fall ist. Sie sind ein Bestandteil der Exekutive geblieben. Die Sonderstellung, die sie genießen, drückt sich in ihrer Unabhängigkeit aus und erschöpft sich in ihr. Der Präsident und die Mitglieder des Bundesrechnungshofs[23] werden vom Bundespräsidenten unter Gegenzeichnung des Bundesfinanzministers ernannt. Sie und die übrigen Prüfungsbeamten stammen aus der Verwaltung.

Eigentlich sollte ein Leben in der Verwaltung Voraussetzung für die Berufung in den Rechnungshof sein, denn nur die gründlichste Kenntnis und die umfassendste Erfahrung in der Verwaltung bieten Gewähr für eine ersprießliche Kritik der Verwaltungsvorgänge. Wahrscheinlich liegt in dieser Verbundenheit mit der Verwaltung der Grund dafür, daß in Deutschland keine weitere Annäherung an das Parlament erfolgte. Dazu besteht weder ein dogmatischer noch ein praktischer Zwang. Man kann nicht unabhängiger als unabhängig sein.

Auch ist dafür gesorgt, daß sich der Rechnungshof gegenüber der Exekutive durchsetzt. Er kann nicht nur von den Behörden jede von ihm für erforderlich erachtete Auskunft verlangen. Mit Ausnahme von den obersten Bundesbehörden sind ihm alle mit der Ausführung des Haushaltsplans betrauten Behörden in allen, ihm nach der Reichshaushaltsordnung zugewiesenen Angelegenheiten untergeordnet. Er kann seinen Verfügungen notfalls durch Strafen die Befolgung sichern (§ 98, 102 RHO). Nichts könnte die besondere Stellung des Rechnungshofs besser unterstreichen.

4. Umfang und Methoden der Rechnungsprüfung

a) Der Bundesrechnungshof „überwacht die gesamte Haushalts- und Geschäftsführung der Bundesorgane und Bundesverwaltungen“[24]. Damit ist ihm ein Generalauftrag erteilt, wie er umfangreicher nicht sein könnte. Dieser Auftrag erstreckt sich auch auf die großen Sondervermögen des Bundes, wie die Bundesbahn, die Bundespost, den Lastenausgleichsfonds und das IRP-Sondervermögen. Er umfaßt weiter die

---

[23] § 11, Gesetz über Errichtung und Aufgaben des Bundesrechnungshofs.

[24] § 4, Abs. 1, Gesetz über Errichtung und Aufgaben des Bundesrechnungshofs.

Haushalts- und Wirtschaftsführung der Träger der Arbeitslosenversicherung und der Arbeitslosenfürsorge sowie diejenige der Träger der Sozialversicherungen. Schließlich unterliegen der Prüfung auch alle juristischen Personen des öffentlichen Rechts, also sämtliche Körperschaften, Anstalten und Stiftungen. Die Finanzkontrolle erfaßt auch die Stellen außerhalb der Bundesverwaltung, die entweder Teile des Bundeshaushaltsplans ausführen oder zur Erfüllung bestimmter Zwecke Bundesmittel erhalten oder verwalten. Das bedeutet, daß sich die Kompetenz des Bundesrechnungshofs auch auf Länder und Gemeinden ausdehnt, soweit sie eben über Bundesmittel verfügen. Sie reicht sogar über den Bereich der öffentlichen Verwaltung hinaus und umfaßt die privaten Träger sozialer, wirtschaftlicher und kultureller Programme. Überall, wo Bundesmittel fließen, sei es für den Bundesjugendplan, sei es für die Forschungsfinanzierung, für Zwecke des „Grünen Plans“ oder der wirtschaftlichen Subventionierung, ist auch ein Prüfungsrecht des Bundesrechnungshofs gegeben. Es versteht sich, daß auch die privatrechtlichen Unternehmungen und Beteiligungen des Bundes seiner Kontrolle unterstehen.

b) Die kameralistische Prüfung des Bundes ist eine nachherige. Grundsätzlich wird nach dem Ablauf des Haushaltsjahres die festgestellte Rechnung geprüft. Das deutet als Regelfall auch das Grundgesetz an, wenn es Rechnungslegung und Rechnungsprüfung in einem Atemzug erwähnt.

Die Rechnungsprüfung erstreckt sich nach § 96 RHO darauf,

aa) ob der Haushaltsplan einschließlich der dazugehörigen Unterlagen eingehalten ist — Kontrolle der Verfassungsmäßigkeit und der budgetären Richtigkeit —

bb) ob die einzelnen Rechnungsbeträge sachlich und rechnerisch in vorschriftsmäßiger Weise begründet und belegt sind — Kontrolle der zahlenmäßigen und rechnerischen Richtigkeit —

cc) ob bei der Gewinnung und Erhebung von Einnahmen sowie bei der Verwendung und Verausgabung von Reichsmitteln, ferner bei der Erwerbung, Benutzung und Veräußerung von Reichseigentum nach den bestehenden Gesetzen und Vorschriften unter Beachtung der maßgebenden Verwaltungsgrundsätze und unter Beobachtung der gebotenen Wirtschaftlichkeit verfahren worden ist — Kontrolle der Vorschriftsmäßigkeit —

dd) ob nicht Einrichtungen unterhalten, Stellen aufrechterhalten oder in sonstiger Weise Reichsmittel verausgabt worden sind, die ohne Gefährdung des Verwaltungszwecks hätten eingeschränkt oder erspart werden können — Kontrolle der Wirtschaftlichkeit und Effektivität —

ee) ob die Festsetzung der Steuermeßbeträge bei den Realsteuern und die Ermittlung ihrer Grundlagen nach den bestehenden Gesetzen und Vorschriften unter Beachtung der maßgebenden Verwaltungsgrundsätze vorgenommen sind — wiederum Kontrolle der Vorschriftsmäßigkeit —.

Es ist nicht zu umgehen, daß die Prüfung im Regelfall hinter den Ereignissen nachhinkt. Um so notwendiger ist es, daß die Rechnungslegung schnell erfolgt und daß die Prüfung ohne Zeitverlust noch in einem Zeitraum vorgenommen wird, in dem ihre Ergebnisse interessant sind.

Die mitschreitende Kontrolle hat den Vorteil, aktueller zu sein. Sie ist auch für die Verwaltung von Vorteil, die häufig trotz nicht voll überschaubarer Tatbestände jetzt und sofort handeln muß; sie kann in schlechtes Licht kommen, wenn sie bei der nachherigen Prüfung auf Grund späteren Wissens kritisiert wird. Diese Überlegung läßt auch die Verwaltung an einer Prüfung in das „lebende Budget" interessiert sein. Sie hat allerdings den Nachteil, daß sie den Hürden der Verwaltung eine weitere hinzufügt und gelegentlich die Entscheidung hemmt und verzögert. Sie darf auch nicht zur Verlagerung der Verantwortung von der Aktions- auf die Kontrollbehörde führen. Bei diesem Für und Wider spricht doch Überwiegendes für die gegenwartsnahe Prüfung, d. h. die Prüfung von Verwaltungsakten, die erst später zu förmlichen Rechnungen erwachsen. Dieser Entwicklung zur gegenwartsnahen, mitschreitenden Kontrolle, die das moderne Prüfungswesen auszeichnet, hat das Gesetz über den Bundesrechnungshof Rechnung getragen. Indem es nämlich schlechthin die Überwachung der Haushalts- und Wirtschaftsführung als Aufgabe des Bundsrechnungshofs bezeichnet, erkennt es an, daß sie unabhängig von dem Abschluß des Rechnungswerkes beginnt.

Nach dieser Auffassung wird vom Bundesrechnungshof in ständiger Praxis verfahren. Freilich stellt die mitschreitende Kontrolle noch die Ausnahme dar. Im Sinne dieser mitschreitenden Kontrolle liegt es auch, daß alle Verfügungen der obersten Bundesbehörden, durch die für die Einnahmen oder Ausgaben eine allgemeine Vorschrift gegeben, geändert oder erläutert wird, dem Rechnungshof ebenso unverzüglich mitgeteilt werden, wie Maßnahmen, durch die organisatorische Änderungen in der Bundesverwaltung ausgelöst werden und die Einnahmen oder Ausgaben des Bundes berührt sind.

Eine Visakontrolle kennt dagegen das deutsche Haushaltsrecht des Bundes und der Länder im Gegensatz zu den Gemeinden nicht. Das sehr detaillierte Veranschlagungswesen und die Einrichtung des Sachbearbeiters des Haushalts haben dem Gesetzgeber eine solche mitlaufende Kontrolle als unnötig erscheinen lassen. In Bayern, das in diesem Punkte eigene Wege geht, spielt sie keine besondere Rolle.

c) Die umfassende Prüfungstätigkeit der Rechnungshöfe findet bei der Vielseitigkeit der heutigen Staatsaufgaben ein Betätigungsfeld, das ungeheure Anforderungen stellt. Die Anforderungen an die Prüfungsorgane sind erträglich, wo sie auf serienmäßigen Verwaltungsablauf angesetzt werden. Sie wachsen in dem Maße, wie die Verwaltung weniger schematisch arbeitet. Die enorm gewachsene Bautätigkeit des Staates, das riesige Beschaffungswesen, insbesondere auf dem Gebiet der Verteidigung mit ihrem Milliardenaufwand, die Finanzierung von Forschungsvorhaben und -Instituten mit ihren Eigenheiten und einem Millionen-Haushalt, die wirtschaftspolitischen Förderungsmaßnahmen im Dienst wirtschaftlicher oder landwirtschaftlicher Strukturpolitik, in die beträchtliche Mittel auch an Einrichtungen außerhalb des Staates fließen, bilden Beispiele für eine Prüfungstätigkeit, deren Schwierigkeit und Problematik auf den ersten Blick einleuchtet. Hier geht es vor allem auch um die Kontrolle der Notwendigkeit und der Wirtschaftlichkeit der getroffenen Einzelmaßnahmen. Neuerdings hat sich dazu noch die Entwicklungshilfe gesellt, für die wohl überhaupt neue Methoden erarbeitet werden müssen, wenn man auf ihre Prüfung nicht von vorneherein verzichtet. Das moderne Staatswesen bringt eine tagtägliche Verwaltungsarbeit mit sich, die sich auf Spezialgebieten vollzieht und nur noch von Experten mit speziellen Kenntnissen und besonderen Erfahrungen überblickt werden kann. Dabei spielt sie sich des öfteren in einem Ermessenspielraum ab, der weit, wenn aber auch nicht so weit ist, wie Außenstehende oder Interessenten oft anzunehmen geneigt sind. Gerade aber die Tatsache, daß sich die Verwaltung im Kraftfeld der Interessenten bewegen muß, unterstreicht die Notwendigkeit der Kontrolle vom Grundsätzlichen her.

Sie muß sich allerdings bewußt werden, daß im Ermessensraum die Beurteilung der gleichen Sache durch verschiedene Personen zu verschiedenen Urteilen führen kann, die mit gutem Recht nebeneinander bestehen. Die Prüfungstätigkeit setzt also wie überall, so gerade hier, Takt und Toleranz voraus, wenn sie nicht im fruchtlosen Papierkrieg untergehen soll.

Ein Sonderthema der Rechnungskontrolle bildet die fiskalische Betätigung des Staates durch jene Einrichtungen, die man häufig als Hilfsfisci bezeichnet und die an Bedeutung und Zahl ständig zunehmen. Ihr Kennzeichen ist eigentlich, daß sie durch die Aussonderung aus der normalen Verwaltung auf das freie Feld wirtschaftlicher Betätigung geführt werden sollten. Darin ist eingeschlossen, daß sie auch aus dem Budget verschwinden oder nur mehr durch das dünne Band ihres Nettoergebnisses mit dem Haushalt verbunden bleiben. Es versteht sich, daß auch sie der Kontrolle der Rechnungsprüfung unterliegen, wenngleich diese keine kameralistische Prüfung mehr sein kann. Hier ist der Sondervermögen des Bundes zu gedenken. Hierzu gehören auch die zahlreichen Unternehmungen der öffentlichen Hand. Hier erwiesen sich neue Prüfungsmethoden als notwendig, die in der Tat auch entwickelt wurden. Es gilt dabei nicht so sehr die Zahl der benutzten Auto und der gefahrenen Kilometer festzustellen, noch die Gehälter der Geschäftsführer zu vergleichen, als den Status der Unternehmen zu erarbeiten und sich ein Bild von ihrer Geschäftsgebarung zu machen. Dabei taucht z. B. die Frage auf:

Ist die Geschäftspolitik eines Großunternehmens der öffentlichen Hand richtig? Auch hier dürften Grenzen der Prüfungstätigkeit liegen, die man aus praktischen Gründen anerkennen und nicht aus dogmatischen Überlegungen beklagen sollte. Es lag nahe, für derartige Prüfungen ein eigenes Organ zu entwickeln, das auf Grund besonderer Richtlinien seine Prüfung vornimmt: die deutsche Revisions- und Treuhand AG., Treuarbeit, deren Anteile völlig in der Hand des Bundes liegen und deren Aufsichtsratsvorsitzender der Präsident des Bundsrechnungshofs ist. Es scheint, daß eine gückliche Lösung den Gegebenheiten gerecht wird.

Übrigens dürfte das Kernproblem der wirtschaftlichen Betätigung des Staates weniger in der Prüfung liegen als in der Ausrichtung der Geschäftspolitik. Diese muß aber von der Exekutive aus erfolgen, die die Gesellschafterrechte wahrnimmt und deren Beauftragte in den Aufsichtsgremien tätig sind. Viele Gesellschaften neigen dazu, sich zu verselbständigen und mehr dem Gesetz des Tages zu folgen als der Aufgabe, derentwegen sie ins Leben gerufen wurden.

5. Der Beauftragte für die Wirtschaftlichkeit der Bundesverwaltung

Die kollegiale Finanzkontrolle mit der laufenden und der nachgehenden Prüfung findet eine eigentümliche Ergänzung dadurch, daß der Präsident des obersten Rechnungshofs die früheren Aufgaben eines „Reichssparkommissars" übernommen hat. Er ist der Bundesbeauftragte für die Wirtschaftlichkeit in der Verwaltung. Er hat die Bundesregierung in allen Fragen der Vereinfachung und Verbilligung der Verwaltung zu beraten. Ferner hat sich der Präsident des Rechnungshofs auf Ansuchen der Bundesminister oder des Bundestags über Fragen gutachtlich zu äußern, deren Beantwortung für die Bewirtschaftung der Haushaltsmittel von Bedeutung ist (§ 101 RHO). Für diese Gutachtertätigkeit stehen ihm naturgemäß die Kenntnisse und Erfahrungen seines Hauses zur Verfügung.

6. Die Entlastung

Die Bundesregierung wird vom Bundestag und Bundesrat aus ihrer politischen Verantwortung für den Haushaltsvollzug durch den Entlastungsbeschluß entlassen. Die Grundlage dieses Entlastungsbeschlusses ist der Bericht des Bundesrechnungshofs, der sich über die Ordnungsmäßigkeit, Rechtmäßigkeit und Wirtschaftlichkeit der Haushaltsgebarung ausspricht. Der Entlastung gehen eingehende Beratungen in den Rechnungsprüfungs- und Haushaltsausschüssen des Bundestags voraus. Diese Beratungen, an denen Vertreter des Parlaments, der Regierung und nicht zuletzt des Bundesrechnungshofs beteiligt sind, geben wichtige Aufschlüsse über die Vollzugsarbeit der Regierung und Hinweise für die Aufstellung der künftigen Haushaltspläne. Damit schließt sich der Ring. Der Weg von der Aufstellung des Haushaltsentwurfs bis zur Entlastung der Regierung ist Schritt für Schritt methodisch zurückgelegt. Der Budgetkreislauf ist an seinem Endpunkt angelangt; inzwischen ist aber schon ein neuer Haushalt im Vollzug oder vielleicht sogar schon vollzogen und der eines kommenden Jahres in Vorbereitung.

Dritter Abschnitt

Die finanzpolitische Sicherung des föderativen Aufbaus

§ 1. Vom Begriff des Finanzausgleichs

1. Der moderne Staat hat einen ungeheuren Finanzbedarf — das ist ein Tatbestand, der nicht oft genug in Erinnerung gebracht werden kann. Dieser Finanzbedarf scheint in einem stetigen Wachstum begriffen zu sein. Um ihn zu befriedigen, muß die Finanzkraft der Volkswirtschaft auf das Äußerste ausgeschöpft werden. Das ist schwierig genug, wenn nur eine einzige politische Instanz von dieser Finanzkraft zehrt. Mit Hilfe der Finanzhoheit würde es ihr möglich sein, ihren Finanzbedarf planvoll und rationell zu decken. In einem Staatswesen, das wie die Bundesrepublik gegliedert ist, tritt nun eine Schwierigkeit auf. Wir haben nicht nur eine politische Körperschaft, die von der Finanzkraft der Volkswirtschaft lebt. Bund, Länder und Gemeinden haben alle politische Aufgaben, die sie mit finanziellen Mitteln erfüllen müssen. Sie alle zehren an der einen Finanzkraft. Offenbar muß der Zugang zu ihr organisiert und rationiert werden.

2. Dieses Problem ist keine Besonderheit der Bundesrepublik, die sich in 11 Länder (Berlin eingeschlossen) gliedert[1]. Es tritt vielmehr auch in vielen anderen Staaten auf, so daß auch unter diesem Gesichtspunkt eine gründliche Darstellung gerechtfertigt ist. Ein Blick über die Grenzen zeigt, daß es einen „Finanzausgleich" gibt

in Österreich zwischen Bund, Bundesländern und Gemeinden,

in der Schweiz zwischen Bund, Kantonen und Gemeinden,

in Italien zwischen Staat, Regionen und Gemeinden.

Es gibt ihn in Frankreich, in England — hier zwischen Staat und Gemeinden, aber auch zwischen ihm und Schottland und Irland — und in den USA. Freilich tritt er überall unter verschiedenen Namen auf

---

[1] Die Länder der Bundesrepublik sind: Baden-Württemberg, Bayern, Berlin (das finanzwirtschaftlich als Land behandelt wird), Bremen, Hamburg, Hessen, Niedersachsen, Nordrhein-Westfalen, Rheinland-Pfalz, Saarland, Schleswig-Holstein. Die Bundesrepublik zählt 55 Millionen Einwohner und umfaßt eine Fläche von 248 434 qkm.

und ist von verschiedenem Gewicht. Man spricht in den USA von „intergovernmental fiscal relations“ und bezeichnet damit die finanziellen Beziehungen zwischen der Union, den Staaten und den Gemeinden. Man hat auch das Wort „multilevel finance“ dafür erfunden. In Frankreich spricht man von „partage des competences“, also von einer Teilung der finanziellen Befugnisse oder auch — mit romanischer Nüchternheit — vom „compromis fiscal“. Danach würde man also unter „Finanzausgleich“ die finanziellen Auseinandersetzungen der verschiedenen Regierungsebenen eines pluralistischen Staatswesens zu verstehen haben. Auch die Entstehungsgeschichte des Begriffs weist in die gleiche Richtung. In der kaiserlich-königlichen Monarchie Österreich-Ungarn findet sich das Wort „Ausgleich“ als Bezeichnung für die offenbar sehr schwierige Regelung der finanziellen Verhältnisse der beiden Reichsteile Österreich und Ungarn. Danach trugen 63,6 vH von den gemeinsamen Ausgaben das Kaiserreich Österreich und 36,4 vH das Königreich Ungarn. Dieser Ausgleich ist in einem Konkordat aus dem Jahre 1867 festgelegt worden.

In der Schweiz ist das Wort „Finanzausgleich“ wahrscheinlich zuerst verwendet worden, und zwar spätestens in den 90er Jahren des vorigen Jahrhunderts. Das Finanzverhältnis zwischen Eidgenossenschaft und Kantonen bietet ein unübersehbares Feld des Studiums über die mit dem Finanzausgleich verbundenen Probleme — nirgends hat sich eine so vielseitige Literatur darüber entwickelt wie in der Schweiz. Im Deutschland der zwanziger Jahre beginnt sich das Wort erst langsam einzubürgern. Vorher spielte der Finanzausgleich als politische Aufgabe und als Problem einer politischen Auseinandersetzung keine Rolle, wenngleich es ihn der Sache nach gab: Schon die Bismarcksche Verfassung enthält Bestimmungen über eine Teilung der Finanzgewalt zwischen dem Reich und den Bundesstaaten. Aber erst mit der enormen finanziellen Beanspruchung des Reichs nach dem ersten Weltkrieg wurde die Sache von größter Bedeutung. Sie fand erstmals eine umfassende, heute noch grundlegende wissenschaftliche Bearbeitung durch den späteren Reichsstaatssekretär Popitz. Popitz beschäftigte sich im besonderen mit dem Finanzbedarf der Gemeinden und ihrer Versorgung mit den erforderlichen Mitteln. Man hat ihn als den Vater des deutschen Finanzausgleichs bezeichnet.

§ 2. Der Entstehungsgrund des Finanzausgleichs

1. Der Finanzausgleich stellt sich als Aufgabe und Problem nur in einem gegliederten Staatswesen, dort aber auch immer. In einem föderativen Staatswesen steigert er sich regelmäßig sogar zu einem politischen Finanzproblem von größter Schwierigkeit. Im Einheitsstaat fehlen ihm die Existenzvoraussetzungen. Verfassungsstruktur und Finanzausgleich stehen in einem bestimmten Zusammenhang.

2. Um das klar zu machen, vergegenwärtigen wir uns die Situation an drei Staatsmodellen, die die Staatsrechtslehre entwickelt hat.

a) Ein Staat ist entweder unitarisch oder föderativ. In dem ersten Modell — im unitarischen Staat — kann eine völlige Einheit der Staatsgewalt bestehen. Alle Regierungsfunktionen sind an einer Stelle vereint und werden von einer Zentralgewalt ausgeübt. Auch die Finanzgewalt ist in der gleichen Hand. Es kann also keine Teilung der Finanzgewalt und keine „intergovernmental fiscal relations" geben. Solche Staatswesen sind selten und nur auf kleinstem Raum denkbar. Ihr Prototyp sind die Stadtstaaten.

b) Das zweite Modell ist ebenfalls ein unitarischer Staat. Diesmal sollen jedoch nicht alle politischen Befugnisse in einer Hand monopolisiert sein; vielmehr sollen durch die Gesetzgebung staatliche Befugnisse an andere Träger zur Ausübung unter zentralstaatlicher Aufsicht abgegeben werden. Solche dezentralisierte unitarische Staaten gibt es häufig. Im Regelfall sind sie zweistufig organisiert. Auf der Oberstufe ist der Staat für die nationalen Aufgaben, die großen politischen Anliegen, auf der Unterstufe sind die Gemeinden für die lokalen Aufgaben, für die Anliegen der örtlichen Gemeinschaft zuständig.

Beide üben staatliche Befugnisse aus, beide widmen sich öffentlichen Aufgaben. In ihren jeweiligen Bereichen entscheiden sie selbständig.

Die Gemeinden, wenngleich unter staatlicher Aufsicht, besitzen eine enger oder weiter gesteckte Selbstverwaltung. Sie genießen Autonomie. Sie benötigen für die Erfüllung ihrer Aufgaben nach eigener Entscheidung finanzielle Mittel. Der Finanzausgleich regelt die Frage, ob und in welchem Umfang die Gemeinden etwa eigene Steuerquellen nach eigenem Ermessen ausschöpfen sollen, ob ihnen das Aufkommen bestimmter Staatssteuern ganz oder teilweise zufließt oder ob sie auf staatliche Zuweisungen und Dotationen angewiesen sind. Man spricht vom kommunalen Finanzausgleich. Er ist im Prinzip zweistufig.

In der Praxis ist der Finanzausgleich auch im unitarischen Staatswesen häufig nicht zwei-, sondern mehrstufig. In das Modell schieben sich zwischen Staat und Gemeinden oft noch Zwischenstufen, wie Provinzen oder Regionen, ein, die ebenfalls eigene Aufgaben in eigener Verantwortung erfüllen. Zwischen ihnen und dem Staat entstehen dann in der Regel wieder Finanzbeziehungen, die von oben nach unten, auch von unten nach oben verlaufen und oft ein recht unübersichtliches Muster von Kreuz- und Querverbindungen geben.

c) Das dritte Modell zeichnet sich durch besondere Kompliziertheit aus. Es ist das föderative Modell. Es handelt sich um ein Staatswesen, das sich aus mehreren Staatswesen gebildet hat, die sich dem wirklichen historischen Vorgang nach durch Verträge (foedus) zu einem neuen Staatsverband zusammengefunden haben. Von diesem ursprünglichen Entstehungsbild hat sich der heutige Begriff des Bundesstaats längst gelöst. Der Föderalismus hat sich gegenüber seiner ursprünglichen Wortbedeutung verselbständigt und bezeichnet — geradezu in Umdrehung des ursprünglichen Sich-Zusammenfindens — heute „alle Arten der Ausgliederung (!) in der Verfassungssphäre eines Staates" (Forsthoff). Scheuner[2] formuliert: „Das Wesen des Bundesstaats wird eine an dem sachlichen Gehalt orientierte Auffassung in der Errichtung eines komplexen Staatsgefüges erblicken, das zwei selbständige Ebenen politischer Entscheidung kennt und in dem neben dem die Gesamtheit verkörpernden Bundesstaat Zentren umfassender (staatlicher) Zuständigkeit bestehen bleiben. Die Einzelgestaltung kann vielfache Modulationen aufweisen." In der Tat ist von den Novemberverträgen der deutschen Monarchen des Jahres 1871 bis zur föderativen Bundesverfassung des Grundgesetzes von 1949 ein weiter Weg zurückgelegt worden. Gestalt und Wesen der Bundesglieder haben entscheidende Wandlungen durchgemacht.

Der überkommenen Verfassungsideologie nach üben die Gliedstaaten — Länder — eigene, nicht vom Zentralstaat übertragene Staatsgewalt aus. Sie beanspruchen von Haus aus neben dem Gesamtstaat auch eigene Finanzgewalt. Außerdem stehen ihnen meist umfangreiche Aufgaben zu und sie binden dementsprechend auch größere Finanzmassen. Der Finanzausgleich umschließt also meist eine Teilung der Finanzgewalt — hat also Verfassungscharakter — und er wird wegen der Konkurrenz der vielen um die eine Finanzkraft regelmäßig recht schwierig. Den Gipfel der Komplikation erreicht er aber deshalb, weil ja die Gliedstaaten in der Regel in sich wieder untergegliedert sind und in sich einen kommunalen Finanzausgleich entwickeln. Der Finanzausgleich im föderativen Staatswesen ist also mindestens dreistufig. Daneben können noch Finanzausgleiche der Gliedstaaten untereinander auftreten.

---

[2] Struktur und Aufgabe des Bundesstaats in der Gegenwart, DÖV 1962, S. 611.

3. Das vorausgeschickt, gelingt es, den eigentlichen Entstehungsgrund des Finanzausgleichs zu erklären. Die in einem mehrgliedrigen pluralistischen Staatswesen tätigen politischen Willensträger haben eigene Aufgaben und benötigen zur Entfaltung ihres politischen Wirkens entsprechender Finanzmittel, über die sie selbständig verfügen. Die einfachste Lösung, nämlich daß jeder Teil die Mittel, deren er zu bedürfen glaubt, selbst beschafft, läge zwar durchaus im Sinne der auf Selbständigkeit bedachten Partner selbst und auch in dem der parlamentarisch-demokratischen Idee, weil für sie die Aufgaben-Verantwortung und Finanz-Verantwortung untrennbar Hand in Hand gehen. Für diese Auffassung ist charakteristisch die preußische Städteordnung des Freiherrn vom Stein vom Jahre 1807: die Stadtverordneten sorgen für die Beschaffung der Deckungsmittel selbst. Indes konnte sich diese These schon bei den damaligen, noch einfacheren Verhältnissen nicht entfalten. Sie blieb ein Stück politischer Romantik. So wäre es im modernen Staatswesen offensichtlich unmöglich, wenn jeder Träger öffentlicher Aufgaben auf eigene Faust seine Finanzmittel beschaffen wollte. Der moderne Staat unserer Tage beansprucht bis zu etwa 40 vH des Sozialprodukts für seine Zwecke und beansprucht die Finanzkraft der Volkswirtschaft bis zum „breaking point" — von den extremen finanziellen Anspannungen einer sich zuspitzenden politischen Situation gar nicht zu reden. Es versteht sich, daß ein solcher Finanzbedarf zu einer planmäßigen und rationellen Ausschöpfung der Finanzkraft zwingt. Finanzieller Pluralismus, wenn gar er zum Finanzegoismus der Partner ausarten könnte, muß das Gedeihen der Volkswirtschaft ernstlich gefährden. Und damit entsteht die Konfliktsituation, der der Finanzausgleich entspricht. Es sind im Verfassungsleben des nichtunitarischen Staatswesens zwei Tendenzen am Werk, die sich widerstreiten: die eine geht dahin, die Staatsgewalt — aus wohlüberlegten Gründen — im Sinne einer Dezentralisierung oder Föderalisierung auf verschiedene politische Willensträger zur selbständigen Entscheidung zu verteilen. Gegen sie wirkt die andere, die auf eine planmäßige und geordnete Erfassung der Finanzkraft der Volkswirtschaft als ein Gebot einer modernen Finanzwirtschaft drängt. Die Steuerpolitik verlangt in einem einheitlichen Lebens- und Wirtschaftsgebiet nach weitgehend zentraler Planung und Lenkung. Das muß nicht unbedingt gleichbedeutend sein mit einer hundertprozentigen Zentralisierung der finanziellen Kompetenzen. Aber es ist deutlich zu machen, daß die Selbstverwaltung der Gemeinden und die Eigenständigkeit der Länder nicht unbesehen auf das finanzwirtschaftliche Feld erstreckt werden können.

4. Zwischen diesen beiden widerstreitenden Tendenzen vermitteln Finanzverfassung und Finanzausgleich. Ihre Aufgabe ist es, das de-

zentrale und das föderative Prinzip des Staatsaufbaues mit der notwendigen Planmäßigkeit des Finanzsystems, insbesondere der Besteuerung, zu einer praktikablen Synthese zu bringen. Die erstere — die Finanzverfassung — regelt die Ausübung der Finanzgewalt sowohl auf der Einnahme- wie auf der Ausgabeseite, mindestens aber auf der ersteren. Sie bestimmt das Verfahren des Finanzausgleichs. Dessen Ziel ist es schließlich, den mit der selbständigen Ausübung von Staatsgewalt betrauten Partnern eines gegliederten Staatswesens aus der als Einheit gedachten Finanzkraft der Volkswirtschaft planmäßig und wirtschaftlich die Mittel zu erschließen, deren sie jeweils zur selbstverantwortlichen Erfüllung ihrer Aufgaben bedürfen. Dieses Ziel ist naturgemäß um so schwieriger zu erreichen, je mehr Ebenen ein Staatswesen aufweist, je zahlreicher und unter sich verschiedenartiger die Partner sind, und je weitreichender die Kompetenzen, die sie in Anspruch nehmen. Die Schwierigkeit wächst in dem Maße, in dem die Partner größere Finanzmassen binden oder zu binden versuchen und in dem sie bei der Verteilung der Finanzmassen mitbestimmen.

5. Es ist offensichtlich, daß die Gestaltung des Finanzausgleichs wesentlich mit darüber entscheidet, ob die vom Verfassungsgesetzgeber gedachte Verfassungsstruktur in der politischen Wirklichkeit vollzogen und durchgehalten wird. Das politische Leben der Partner, die nicht ihren Aufgaben entsprechend mit den ihnen zustehenden Mitteln versorgt werden, muß naturgemäß verkümmern. Sie werden finanziell ausgehungert. Die verfassungsmäßig vorgesehene Aufgabenverteilung auf verschiedene politische Ebenen bleibt dann entweder von vornherein unverwirklicht oder sie verflüchtigt sich. Die Aufgaben gleiten in die Hand anderer, finanziell besser ausgestatteter Glieder des staatlichen Gefüges. Der Verdrängungsvorgang, der sich abspielen kann, hat seine Ursache nicht im Mangel an politischer Vitalität oder administrativer Kraft, sondern häufig nur im Mangel an Finanzmitteln. Wo die „Anziehungskraft des größeren Haushalts" (Popitz) am Werk ist, kann das bedeuten, daß die verfassungsrechtliche Aufgabenverteilung gefährdet ist und die Finanzmacht das verfassungsmäßige Gefüge der Kompetenzen umbaut. Der Finanzausgleich ist in der Tat zweifellos ein Instrument für die Weiterentwicklung eines Staatswesens nach beiden Seiten, sowohl nach einer stärkeren Zentralisierung, was die Regel, wie nach einer stärkeren Föderalisierung, was wohl die Ausnahme darstellt. Gerloff[3] will es sogar als historisches Gesetz ansehen, daß die Aufgaben des Bundesstaates schneller zu wachsen pflegen. Wie dem auch sei: Es spitzt sich die finanzielle Auseinandersetzung im Bun-

[3] Die Finanzgewalt im Bundesstaat, 1948.

desstaat leicht zu und sie kann hohe Temperaturen erreichen. Das alles macht die politische Bedeutung des Finanzausgleichs aus. Er steht gewissermaßen ständig auf der Tagesordnung und stellt sich im Bundesstaat als Aufgabe wieder von neuem. Der Finanzausgleich ist die „Gretchenfrage" des Bundesstaates (Hettlage).

Aus dieser Betrachtungsweise ergibt sich auch die Beantwortung der Streitfrage, ob die Aufgabenverteilung unter den Partnern in die Probleme des Finanzausgleichs eingereiht werden kann oder nicht[4]. Sowohl die Aufgabenteilung wie die Teilung der finanziellen Befugnisse bilden Verfassungsfragen. Die Gestaltung des Finanzausgleichs setzt die Aufgabenverteilung voraus und beruht auf ihr. Sie beeinflußt allerdings de facto die Möglichkeiten und den Grad der Aufgabenerfüllung. Diese Wechselwirkung ist geradezu der „Witz" des Finanzausgleichs.

6. Vom Finanzausgleich zwischen den Gebietskörperschaften eines Staates im definierten Sinne muß ein anderes Problem unterschieden werden, das sich sowohl im gegliederten wie im streng unitarischen Staatswesen meist gleichmäßig stellt. Es ergibt sich aus den Wohlstandsunterschieden innerhalb eines Staatsgebietes, aus dem fast regelmäßig anzutreffenden Gefälle zwischen den urbanisierten und meist zugleich industrialisierten Landschaften, die wohlhabend sind und ein hohes Steueraufkommen aufweisen, und jenen dünn besiedelten oder agrarischen, bei denen das alles nicht der Fall ist. Es versteht sich, daß die wohlhabenden Gebiete auf den Kopf des Einwohners gerechnet mehr zur Finanzierung der Gesamtlasten beitragen; in aller Regel werden sie stärker mithelfen, die öffentlichen Dienste wie etwa das Schulwesen oder die Verkehrsleistungen zu finanzieren. Dadurch entsteht eine Ausgleichswirkung, die die Wohlstandsunterschiede in aller Regel mildert. Das ist in einer Stadt so, wo die Abgaben der Villenviertel z. B. die Schulen und Kindergärten der Elendsquartiere finanzieren helfen. Es ist in einem Großstaat im größeren Maßstab nicht anders.

Wo diese Unterschiede sehr beträchtlich sind, stellt sich allerdings die politische Grundentscheidung, ob die Bemühungen insbesondere der Wirtschaftspolitik einer Regierung sich auf die Fortentwicklung der fortgeschrittenen Landesteile beschränken und die anderen „links" liegen gelassen werden sollen oder ob nicht vielmehr die zurückgebliebenen Landstriche mit aller Kraft den vorangegangenen nachgeführt werden sollen. Im Normalfall ergibt sich aus der Sorge für das größt-

---

[4] Vgl. Max *Weber*, Der Finanzausgleich im Bundesstaat, Finanzarchiv, Bd. 21, S. 71.

mögliche Gedeihen und die größtmögliche Wohlfahrt des Ganzen — wenigstens in den Ländern, die bereits einen gewissen Entwicklungsstand erreicht haben — die zuletzt erwähnte politische Alternative. Sie gipfelt regelmäßig in Entwicklungsplänen, die von der Zentralregierung allein oder mit Hilfe der regional zuständigen politischen Körperschaften aufgestellt und durchgefürht werden. Der damit einsetzende Strom von Entwicklungsgeldern fügt sich dem Finanzausgleich hinzu und kann ihn zeitweise sogar überlagern. Wo Zentralregierung und Regionalregierung zusammenarbeiten, entwickelt sich ein Feld gemeinschaftlicher Aufgabenerfüllung.

In den sogenannten Entwicklungsländern können diese Entwicklungspläne so sehr in den Mittelpunkt des Geschehens treten, daß der Finanzausgleich vergleichsweise uninteressant wird. Hier werden an Brennpunkten zentralgesteuerte und zentral finanzierte Pläne in die Tat umgesetzt, die finanziell und administrativ alles andere überragen. Häufig stammt der Großteil der Finanzmittel gar nicht aus dem heimischen Steueraufkommen, dem eigentlichen Spielraum des Finanzausgleichs, sondern aus Kreditmitteln des In- und Auslandes.

Wenngleich es sich hier, wie gesagt, nicht um Finanzausgleich handelt, so kann er doch nicht unbeeinflußt bleiben. Der Extremfall dieser alles überlagernden Entwicklungspolitik zeigt, daß auch der Finanzausgleich in dem Maße nach unitarischen Lösungen drängt, in dem die Zentralregierungen sich der wirtschaftlichen Intervention befleißigen und einer Politik des Wirtschaftswachstums widmen. Für die Zukunft der Finanzausgleichs-Gestaltungen wird das sicher von Bedeutung sein[5].

§ 3. Die Gestaltung des Finanzausgleichs und ihre politische Bedeutung

1. Die Teilhabe an der Finanzkraft des Volkes ist für die politischen Körperschaften mehr als eine Prestigefrage; sie ist schlechterdings eine Existenzfrage. Ihr politisches Eigenleben müßte naturgemäß verkümmern, sofern sie nicht ihren Aufgaben entsprechend mit den ihnen zustehenden Mitteln versorgt werden. Indes erschöpft sich erfahrungsgemäß das Bemühen der Partner am Finanzausgleich nicht darin, an der Finanzmasse ausreichend beteiligt zu werden. Eine ausreichende Beteiligung würde sie zwar instandsetzen, ihren Aufgaben nachzukommen. Ihre Finanzverantwortung würde sich im wesentlichen darauf

---

[5] Vgl. *Robson*, Patterns of Federal Finance, Finanzarchiv, Bd. 21, S. 415.

beschränken, die ihnen zufließenden Einnahmen wirtschaftlich und sachgerecht für ihre Aufgaben einzusetzen. Ihre Finanzverantwortung wäre im wesentlichen nur Ausgabeverantwortung.

Der Ehrgeiz der Partner geht im allgemeinen darüber hinaus. Sie streben eine „runde" Finanzverantwortung an, die auch die Einnahmeverantwortung erfaßt, mit anderen Worten: Angestrebt ist nicht nur ein Anteil an der Finanzmasse, sondern auch eine Einwirkungsmöglichkeit auf die Einnahmenseite, also die Beteiligung an der Finanzgewalt. Der direkte und, wenn möglich, unbehinderte Zugang zu den Finanzquellen, insbesondere zu den Steuerquellen, erscheint als höchstes Ziel. Unter der Fahne der Selbstverwaltung oder Autonomie wird er von den Gemeinden, als Ausdruck und Bestätigung der Staatlichkeit von den Ländern beansprucht. Und der Zentralstaat fordert ihn unter dem Moto seiner politischen Verantwortung für das Ganze.

Im Laufe der Zeit haben Tradition und Scharfsinn eine ganze Skala von Möglichkeiten einer Teilhabe an der Finanzkraft entwickelt, die von der ungeteilten Ausübung der Finanzgewalt durch den Gesamtstaat bis zur zweckgebundenen Finanzzuweisung reichen. Es sind für den Finanzausgleich zwei extreme Lösungen denkbar:

a) Jeder Partner beansprucht für sein Gebiet die volle Finanzgewalt. Er könnte dann mit mehr oder weniger Rücksicht auf den anderen auf eigene Faust sich die Mittel holen, die er zu brauchen vermeint. Das Nebeneinander der Finanzgewalten würde zu einer rücksichtslosen Ausschöpfung der Steuerquellen führen. Der Leidtragende eines derartigen Systems wäre zunächst der Steuerzahler und die Wirtschaft. Es bedarf keines Beweises, daß ein solches System sich seinen eigenen Untergang bereiten würde.

b) Ein Partner, etwa der Zentralstaat, beansprucht die Finanzgewalt für sich allein und verweist die anderen Glieder auf Dotationen aus seiner Finanzmasse. Der einzige Träger der Finanzgewalt würde bestimmen, was für seine Partner von der gemeinsamen Finanzmasse abfallen soll.
   Es ist offensichtlich, wer hier der alleinige Herr des Finanzausgleichs wäre. Der Harmonie mit einem föderativen System würde eine derartige Methode des Finanzausgleichs entbehren.

Aus diesen Ausführungen wird klar, daß ein föderativer Finanzausgleich auf eine Lösung zwischen den beiden Extremen zusteuern muß. Er wird deshalb fast immer Kompromißcharakter tragen. Der Finanzausgleich wird — häufig auch seiner Qualität nach — eine „mittlere" Lösung sein, sowohl vom Standpunkt der Finanzpolitik aus, die nach Zentralisierung, wie vom Standpunkt des Föderalismus aus, der nach Dezentralisierung strebt. Soviel wird man allerdings sagen können, daß der bundesstaatliche Finanzausgleich nach einer mehr oder weniger ausgewogenen Beteiligung an der Finanzgewalt suchen, also einer Teilung der Finanzgewalt zuneigen wird. Der kommunale Finanzausgleich wird dagegen seinen Schwerpunkt mehr oder weniger bei einer Beteiligung an der Finanzmasse und bei Zuweisungen haben.

2. Die Problematik des Finanzausgleichs hat Popitz[6] in klassischer Weise umrissen. Er charakterisiert zunächst das Verhältnis zwischen Staat und Gemeinden folgendermaßen:

„Der Kampf (d. h. der Kampf um Finanzbefugnisse) ist ungleich. Die souveräne Finanzgewalt des Staates steht gegen die von diesem Staat abgeleitete Finanzgewalt der Gemeinde. Praktisch zeigt sich das darin, daß der Ausgleich durch Gesetze des Staates erfolgt, also durch Willensbildung des einen der beiden Konkurrenten, ohne unmittelbare Mitwirkung des anderen. Trotz dieses Übergewichts des Staats wird die Frage des Finanzausgleichs auch im Einheitsstaat eine besonders wichtige Rolle spielen, denn sie hängt mit der grundsätzlichen Organisation des Staates eng zusammen. Hält der Staat die Gemeinde in starker finanzieller Abhängigkeit, beläßt er ihnen wenig Bewegungsfreiheit in der Ausgestaltung ihrer Aufgaben, so wird dieser stets das Gepräge eines zentralisierten Gebildes tragen. Gibt er dagegen seinen Gemeinden viele Aufgaben frei, stattet er sie mit entwicklungsfähigen Besteuerungsrechten aus, dotiert er sie freigebig, so wird die Voraussetzung zur Bildung einer starken Selbstverwaltung gegeben sein. Auf diese Weise steht die Regelung des Finanzausgleichs im Einheitsstaat im Zusammenhang mit der staatsrechtlichen und politischen Gestaltung von Staat und Volk."

Im Bundesstaat erfährt die Bedeutung des Finanzausgleichs eine gewaltige Steigerung. „Bei der Regelung des Finanzausgleichs im Bundesstaat werden alle Gegensätze lebendig, die sich in jedem Bundesstaat zwischen den Anhängern eines starken Zentralstaates und den Anhängern einer besonderen Schonung und Stärkung der Gliedstaaten naturnotwendig ergeben. Naturnotwendig, denn wenn sie nicht bestünden, würde der betreffende Staat kein Bundesstaat sein, sondern die Gliedstaaten wären entweder in einem Einheitsstaat aufgegangen oder sie stünden völlig selbständig nebeneinander. Nirgends aber, höchstens noch in Etikette- oder Prestigefragen, werden die Gegensätze so fühlbar aufeinanderstoßen als da, wo es sich um den nervus rerum handelt. Hier steht die Regelung in ausschlaggebendem Zusammenhang mit der staatsrechtlichen Gestaltung des Staatsgefüges und ist geradezu be-

[6] Handbuch der Finanzwissenschaften, 1926.

herrschend für die innerpolitischen Verhältnisse. Nicht ganz richtig drückt man das freilich dahin aus, daß im Bundesstaat der Finanzausgleich geregelt sei, um auf kaltem Wege, d. h. durch immer stärkere Schwächung der finanziellen Befugnisse der Gliedstaaten, das föderative Element ganz auszuschalten und dem Unitarismus zur Selbständigkeit zu verhelfen."

3. Die jeweilige Regelung beruht auf einem doppelten Unterbau. Der Finanzausgleich setzt einerseits ein Steuersystem oder doch die Vorstellung eines solchen voraus, mit dem die Finanzquellen der Volkswirtschaft für den Staatsbedarf erschlossen werden. Daß dieses System möglichst rationell sein soll, liegt auf der Hand. Außerdem setzt er die Aufgabenverteilung zwischen den Partnern voraus. Denn Aufgaben bedeuten Ausgaben. Erst auf Grund der Lastenverteilung läßt sich beurteilen, welchem Partner Deckungsmittel zugeführt werden müssen. Steuersystem und Aufgabenverteilung sind die beiden Säulen, auf denen der Finanzausgleich ruht.

§ 4. Die Entwicklung in Deutschland

Die Verfassung des Deutschen Reiches vom 16. April 1871 erhielt ihr Gepräge durch die vorangegangene staatsrechtliche Entwicklung in Deutschland. Sie sicherte den Bundesstaaten eine staatsrechtlich und finanzwirtschaftlich starke Stellung im Sinne eines echten Föderativsystems.

Grundsätzlich behielten die Fürstenstaaten auch nach der Reichsgründung die Fülle der staatlichen Befugnisse. Sie traten nur einige Funktionen an das Reich ab. Es gab damals auf dem Gebiet der Finanzen eine Verteilung der Steuerquellen, bei der das Reich schlecht weg kam. Das Reich erhielt die ausschließliche Gesetzgebung über das Zollwesen, über die Besteuerung von Salz, Tabak, Branntwein und Zucker (also Zölle und Verbrauchssteuern). Die Besteuerung des Biers wurde ebenfalls Gesetzgebungsangelegenheit des Reichs, mit Ausnahme jedoch für die Länder Bayern, Württemberg und Baden. Der Ertrag der Zölle und der Verbrauchsabgaben (mit Ausnahme der den drei Ländern zufließenden Biersteuer) floß in die Reichskasse. Es waren also die ergiebigen und entwicklungsfähigen Steuern, insbesondere die direkten Steuern den Ländern vorbehalten, während das Reich auf die Zölle und indirekten Steuern beschränkt war. Alle Steuern wurden von den Finanzbehörden der Länder verwaltet. Die Bundesstaaten hatten bei der Teilung der Finanzhoheit den Löwenanteil behalten. Ihre Stellung unterstreicht folgendes:

Die Einkünfte des Reichs reichten nicht aus. Von vorneherein wurde festgelegt, daß der durch die Reichssteuern und sonstigen Reichseinnahmen nicht gedeckte Finanzbedarf des Reichs von den Ländern durch Matrikularbeiträge aufgebracht werden sollte. Dieses System war bereits in der Verfassung des Norddeutschen Bundes vorgezeichnet gewesen. Die Matrikularbeiträge wurden Jahr für Jahr durch den Reichshaushaltsplan, also im Wege der Gesetzgebung, bewilligt und nach der Bevölkerungszahl auf die einzelnen Länder umgelegt. Diese Beträge waren in den verschiedenen Jahren verschieden hoch. Sie schwankten zwischen 40 Pfennig und 80 Pfennig je Kopf der Bevölkerung. Ihre politische Bedeutung bestand darin, daß mit ihnen die Haushaltswirtschaft des Reichs abhängig von den Ländern wurde, denn die Länder mußten die Beiträge im Gesetzgebungswege alljährlich bewilligen. Bismarck meinte in einer Rede vom 26. 3. 1886, es sei nicht „nützlich, wenn das Reich auf die Unterstützung der Einzelstaaten, auf deren Matrikularbeiträge angewiesen ist". Man habe den geringschätzigen Ausdruck gebraucht: „Die Einzelstaaten sollen nicht Kostgänger beim Reich sein", und er bitte umgekehrt, das Reich aus der Kostgängerschaft der Länder zu befreien. Das Wort von der „Kostgängerschaft" klingt bis heute noch nach!

Als die Einnahmen des Reichs mit der Schutzzollpolitik und einem neuen Tabaksteuergesetz zunahmen, wollte Bismarck die Matrikularbeiträge abschaffen und das Steuersystem des Reichs durch einige Verbesserungen von der Kuratel der Länder unabhängig machen. Die Länder zogen, um auf die Mitsprache nicht zu verzichten, es vor, zu zahlen! Man kam auf eine ebenso sonderbare wie folgenschwere Idee: Das Reich mußte denjenigen Teil des Aufkommens der Zölle und der Tabaksteuer, der den Betrag von 130 Mill. RM überstieg, an die Länder überweisen. Dadurch wurde wieder — den Bemühungen des großen Kanzlers zum Trotz — künstlich ein Fehlbetrag im Reichshaushalt geschaffen, der von den Ländern aufgefüllt werden mußte. Die Matrikularbeiträge und damit das Mitspracherecht der Länder zum Reichshaushalt waren gerettet. Die Idee stammt von dem bayerischen Abgeordneten Freiherrn von Franckenstein und ist als Franckensteinsche Klausel bekannt. Das Reich blieb auf die Länder angewiesen, zum Groll des alten Kanzlers. Er ließ seinem Unmut vollen Lauf, wenn er von dem unwürdigen Zustand sprach, daß das Reich „vor den Türen der Länder betteln müsse".

In der Tat besteht heute Einigkeit darüber, daß der Finanzausgleich zwischen Reich und Bundesstaaten nicht sachgerecht war und zu einer bedenklichen Verschuldung des Reichs führte. Seine Schuldverpflichtungen wuchsen auf die für die damalige Zeit beachtliche Höhe von

5 Mrd. RM. Dabei mußte es dauernd Überweisungen an die Länder durchführen. Mangels eines ausreichenden Steuersystems war das Reich bei der Kriegsfinanzierung auf die Kriegsanleihen angewiesen. Es zog verschuldet, unfähig, die Finanzkraft des deutschen Volkes zu erfassen und auszuschöpfen, in den ersten Weltkrieg. So war es um das „Deutsche Reich" bestellt, von dem damals viele mit dem Dichter glaubten, es sei „nach außen stark und schwertgewaltig, nach innen reich und vielgestaltig".

Es ist nach diesen Erfahrungen und nach dem Zusammenbruch von 1918 kein Wunder, daß die Weimarer Verfassung ganz andere Wege ging. Die Weimarer Verfassung vom 11. August 1919 beanspruchte für das Reich von vorherein „die Gesetzgebung über die Abgaben und sonstigen Einnahmen, soweit sie ganz oder teilweise für seine Zwecke in Anspruch genommen werden" (Art. 8). Das Reich wurde außerdem ermächtigt, „Grundsätze über die Zulässigkeit der Erhebungsart von Landesabgaben aufzustellen, soweit sie erforderlich sind, um Schädigungen der Einnahmen des Reichs usw. auszuschließen" (Art. 11). In der Konkurrenz um die Finanzquellen sicherte sich das Reich demnach die Vorhand.

Es war unter dem Eindruck der Katastrophe des verlorenen Weltkrieges und unter dem Zwang der durch den Versailler Vertrag auferlegten Reparationen und der für die damaligen Verhältnisse unerhörten inneren sozialen Last, daß der Weg zu der Erzbergerschen Finanzreform führte. Erzberger, der den Posten des Reichsfinanzministers übernommen hatte, vertrat die Auffassung: „Der große Steuersouverän der Zukunft kann nur das einige deutsche Reich sein. Das Reich braucht nicht nur Geld, sondern ein neues System der Steuerordnung. Ein volldurchdachtes Steuersystem muß an die Stelle der bisherigen Zufälligkeit und Unzulänglichkeiten treten." Durch das Gesetz vom 10. 9. 1919 wurde die Reichsverwaltung geschaffen. „Die Einführung der reichseigenen Steuerverwaltung wird", so sagte der aus Süddeutschland stammende Erzberger, „den großen Schritt zum Aufbau des deutschen Nationaleinheitsstaates darstellen", denn „ohne eine reichseigene Steuerverwaltung ist es der Reichsfinanzverwaltung nicht möglich, die Finanzen überhaupt in Ordnung zu bringen".

Damit war die Grundlage für die Entstehung eines umfassenden Reichsfinanzsystems geschaffen und zugleich die finanzielle Stellung des Reichs gegenüber den Ländern eindeutig normiert. Die Länder hatten die Ertragshoheit über die ihnen bisher überlassenen Steuern zum größten Teil verloren, so daß ihnen nur einige kleinere Steuern sowie die Realsteuern verblieben, die sie mit den Gemeinden teilen mußten. Die Steuern reichten zur Finanzierung der Länderaufgaben nicht aus. Sie waren auf Überweisungen aus den Reichssteuereinnahmen angewiesen.

Der Finanzausgleich hatte eine Drehung um 180 Grad erfahren. An die Stelle der früheren Matrikularbeiträge der Bundesstaaten an das Reich treten nun Steuerüberweisungen des Reichs an die Länder. Die Länder nahmen nun das von Bismarck geprägte Wort auf und bezeichneten sich selbst mit tiefer Verbitterung als „Kostgänger des Reichs". Man sieht daraus, daß der Finanzausgleich und seine Gestaltung nicht bloß eine rein finanzwirtschaftliche Bedeutung hat. Er ist nicht nur ein Gezeter um Mark und Pfennige. Er hat eine psychologische Bedeutung, die im politischen Raum eine durchaus reale Größe besitzt. Man betritt mit ihm das Reich der Imponderabilien.

Die Länder wurden in der Folge immer kürzer gehalten. Die Beteiligung der Länder an dem Ertrag der Reichssteuern wurde von Jahr zu Jahr neu festgelegt, und zwar in Form prozentualer Anteile an dem Ertrag. Die Jahre 1919 bis 1933 erlebten nicht weniger als 15 verschiedene Finanzausgleichsgesetze. Es wurde damals auch der Grundsatz des Finanzausgleichs entwickelt, daß das Reich den Ländern oder Gemeinden nur insoweit neue, kostenverursachende Aufgaben übertragen durfte, als es ihnen gleichzeitig die erforderlichen Einnahmen zugestand. Der Finanzausgleich mußte so gestaltet sein, daß jedes Land seinen notwendigsten Finanzbedarf decken konnte. Der Unterschied im Aufkommen der Einkommen- und Körperschaftssteuer in den einzelnen Ländern war so groß, daß auf einen Ausgleich zugunsten der steuerschwachen Länder nicht verzichtet werden konnte. Es entstand damit ein neues Problem des Finanzausgleichs. Es wurde dadurch gelöst, daß die steuerschwachen Länder, in denen das Einkommen- und Körperschaftssteueraufkommen um mehr als 20 vH unter dem Bundesdurchschnitt zurückblieb, sogenannte Ergänzungsanteile vom Reich zugewiesen erhielten, durch welche der Landesanteil auf 80 vH des Reichsdurchschnitts aufgefüllt wurde. Der Länderanteil an der Umsatzsteuer wurde zu einem Drittel nach dem örtlichen Umsatzsteueraufkommen und zu zwei Drittel nach der Einwohnerzahl verteilt. Diese Entwicklung fand im Jahre 1941 ihren Abschluß: die Länder erhielten nach dem individuellen Finanzbedarf bemessene Zuweisungen, die nicht mehr an das Aufkommen bestimmter Steuern gebunden waren. Was Finanzbedarf war, bestimmte das Reich. Damit war eine für die Dauer gedachte Finanzausgleichsregelung geschaffen, die indes diesen Namen nicht mehr verdiente. Die Vorlage der Bundesregierung zur Finanzreform[7] sagt mit Recht: „Eine Dauerlösung wurde nur da-

[7] Bundestagsdrucksache 480/1954.

durch geschaffen, daß der bundesstaatliche Charakter des Reichs beseitigt war."

Der Finanzausgleich hatte in 70 Jahren die Traumstraße des Finanzausgleichs von einem Pol zum anderen durchlaufen. Die Rollen hatten sich vertauscht: aus den Herren des Finanzausgleichs waren seine Bettler geworden.

Aus der Finanzausgleichsgeschichte hatten die Väter des Grundgesetzes ihre Lehre gezogen. Die Finanzen entscheiden zwar nicht über die Verfassungsstruktur eines Staatswesens und die Erhaltung seines föderativen Charakters allein, aber ohne entsprechende Beteiligung an der Finanzgewalt läßt sich der einmal gewählte föderative Charakter — jedenfalls in Deutschland — nicht durchhalten. Deshalb hat man die Teilung der Finanzhoheit und die Grundlagen des Finanzausgleichs in der Verfassung festgelegt, und zwar sehr zum Leidwesen weiter gegen die Bundesstaatlichkeit eingestellter Kreise. Sie drängen auf eine „Finanzreform", unter der sie eine Verstärkung der finanzhoheitlichen Befugnisse des Bundes und eines entsprechenden Abbaus derjenigen der Länder verstehen.

§ 5. Die Teilung der Finanzgewalt und der Finanzausgleich zwischen Bund, Ländern und Gemeinden

Die Neuordnung des Finanzausgleichs im Grundgesetz beruht auf den Erfahrungen der vorhergehenden Zeit. Es galt, den Ländern eine gute Ausgangsposition in den zu erwartenden Auseinandersetzungen zu sichern. Um die Regelung des Grundgesetzes darlegen zu können, erscheint es zweckmäßig, aus dem umfassenden Begriff der Finanzgewalt und der aus ihr fließenden finanziellen Befugnisse die Steuerhoheit herauszuschälen und diese wiederum für den Zweck unserer Darstellung aufzugliedern:

a) Die Besteuerungshoheit, d. h. die Befugnis, Steuergesetze zu erlassen.

b) Die Ertragshoheit, d. h. die Befugnis, das Aufkommen von Steuern zu vereinnahmen.

c) Die Verwaltungshoheit, d. h. die Befugnis, im Vollzug der Steuergesetze Steuern zu verwalten, also festzusetzen und zu erheben.

Der lebendige Begriff der Steuerhoheit ist damit in Elemente zerlegt, die allein weder leben noch sterben können. Indes überwinden wir unsere Bedenken im Interesse einer plastischen Darstellung. Zum Begriff der Finanzgewalt gehören neben der Steuerhoheit noch etwa die Haushaltshoheit, die Anleihehoheit und die Gebührenhoheit.

Die einzelnen Befugnisse der Steuerhoheit sind zwischen Bund und Ländern in folgender Weise geteilt:

1. Besteuerungshoheit

a) Der Bund besitzt die ausschließliche Gesetzgebung über Zölle und Monopole (Art. 105 GG). Nach der Rechtslage in der Verfassung des Bismarckschen Reiches ist das nicht überraschend. Der Einheit des Zoll- und Handelsgebiets (Art. 73 Ziff. 5 GG) entspricht notwendigerweise auch die ausschließliche Gesetzgebung auf diesem Gebiete.

b) Der Bund besitzt weiter die konkurrierende Gesetzgebung über Verbrauchssteuern und Verkehrssteuern, über die Steuern von Einkommen, Vermögen, von Erbschaften und Schenkungen und über die Realsteuern.

Konkurrierende Gesetzgebung bedeutet, daß Bund und Länder von Haus aus in gleicher Weise die Befugnis zur Gesetzgebung besitzen. Macht der Bund aber von seinem Gesetzgebungsrecht Gebrauch — und dazu ist er befugt, wenn er die Steuern ganz oder zum Teil für sich in Anspruch nimmt oder die Wahrung der Rechts- oder Wirtschaftseinheit es erfordert — so „belegt" er das Gebiet für sich. Da Bundesrecht Landesrecht bricht, kommt die Gesetzgebung der Länder nicht mehr zum Zuge. Eine Überprüfung der Steuergesetzgebung führt zu dem Ergebnis, daß der Bund in vollem Umfang von seiner Gesetzgebungsbefugnis Gebrauch gemacht hat. Die Gesetzgebungshoheit auf dem Gebiete der Steuern liegt demnach praktisch allein beim Bund, obwohl es dem Namen nach eine „konkurrierende" Zuständigkeit ist.

c) Einige Einschränkungen, die sich aus dem Wortlaut des Art. 105 GG ergeben, erweisen sich bei näherer Untersuchung als so unwesentlicher Natur, daß sie den Umfang und die Fülle der Bundeskompetenzen eher unterstreichen als beeinträchtigen. Dies gilt sowohl für den Vorbehalt der Steuern „mit örtlich bedingtem Wirkungskreis", die nicht der konkurrierenden Gesetzgebung des Bundes unterliegen, sondern der der Länder überlassen blieben. Diese Steuern sind finanz- und wirtschaftspolitisch von geringem Interesse. Von der Gesetzgebung über die Realsteuern ist ausgenommen die Festsetzung der Hebesätze. Sie ist der Entscheidung der Gemeinden überlassen, denen sie zufließen. Auch damit hat sich die Gesetzgebungshoheit des Bundes keines Instruments von Bedeutung entäußert.

d) Von großer Bedeutung erscheint es dagegen, daß die Bundesgesetze über Steuern, deren Aufkommen den Ländern oder den Gemeinden ganz oder zum Teil zufließt, der Zustimmung des Bundesrats bedürfen (Art. 105 Abs. 3 GG). Soweit also Steuern allein dem Bund zufließen, ist der Bundestag das allein zuständige Gesetzgebungsorgan. Der Bundesrat ist auf die Anrufung des Vermittlungsausschusses und das Einspruchsverfahren beschränkt (Art. 77 GG).

Anders bei Steuern, an deren Ertrag Länder und Gemeinden beteiligt sind. Hier kommt nur mit Zustimmung des Bundesrats ein Gesetz zustande (Art. 78 GG). Der Zweck dieser Bestimmung ist offenbar: Der Bundesrat kann die Einnahmen der Länder verteidigen und eine Beeinträchtigung der Länderfinanzen durch „einseitige" Bundesgesetze verhindern. Diese Bestimmung ist von großer Bedeutung, weil sie die Länder über den Bundesrat an der Steuerhoheit beteiligt.

Übrigens hat sich in der Praxis diese Bestimmung nicht als Hindernis für Steuersenkungen erwiesen. Auch im Bundesrat sitzen, ebenso wie im Bundestag, Politiker, die das Odium, eine Steuersenkung verhindert zu haben, nicht auf sich nehmen möchten.

Die Besteuerungshoheit liegt demnach geschlossen beim Bund. Das ist eine Tatsache, die schlechterdings nicht überschätzt werden kann. Sie wahrt ein wesentliches Gebot der modernen Finanzwirtschaft: das Gebot der Einheitlichkeit des Steuerrechts in einem einheitlichen Wirtschaftsgebiet. Die Tradition der Finanzreform Erzbergers wird insoweit weitergeführt. Der Bund besitzt also nach den Bestimmungen der Finanzverfassung das machtvolle Instrument der Einnahmebeschaffung, der Finanz-, Wirtschafts- und Sozialpolitik, das kein moderner Staat entbehren kann. Als Herr der Steuerpolitik verfügt er gleichzeitig über ein wichtiges Werkzeug im Dienste der Konjunkturpolitik.

Mit dem Vorbehalt der Mitwirkung des Bundesrats, der ein Organ der Bundesgesetzgebung ist, in dem aber immerhin Sonderinteressen der Länder zur Geltung gebracht werden können, ist die Feststellung erlaubt: das Föderativsystem stört die Einheitlichkeit der Steuerpolitik nicht, wenn es — wie wir ehrlicherweise hinzusetzen müssen — seine Beweglichkeit auch nicht fördert.

Natürlich reißt umgekehrt der Ausfall einer derartig wichtigen Zuständigkeit bei den Ländern eine tiefe Lücke in den Kreis ihrer Kompetenzen. Das wird von vielen Föderalisten als schmerzliche Wunde empfunden. Dabei geht es nicht ausschließlich um ein finanzpolitisches Anliegen. Worauf es ankommt ist mehr: So wie die Dinge liegen, erschöpft sich die Finanzverantwortung der Länder in der Einteilung und Verausgabung der anfallenden Mittel. Die Haushaltshoheit müßte aber eigentlich auch gepaart sein mit der Verantwortung für die Aufbringung. Denn Einnahmen- und Ausgabenverantwortung gehören in der parlamentarischen Demokratie zusammen.

Der Staatscharakter der Länder würde an ausgeprägterem Umriß gewinnen, wenn sie die benötigten Mittel wenigstens teilweise mit

Hilfe einer eigenen Steuergesetzgebung beschaffen könnten. Nach dem Ausgeführten stößt sich die Verwirklichung dieses Gedankens mit den finanzwirtschaftlichen Tatsachen. Aber auch ohne Steuergesetzgebung ist der Rahmen der Finanzverantwortung noch weit gespannt.

2. *Die Ertragshoheit*

a) Der Bund besitzt die Ertragshoheit über folgende Steuern:

Die Zölle,

die Verbrauchssteuern mit Ausnahme der Bier- und Kraftfahrzeugsteuer, die den Ländern zufließen,

die Umsatzsteuer,

die Beförderungssteuer,

die einmaligen Vermögensabgaben,

die zur Durchführung des Lastenausgleichs erhobenen Lastenausgleichsausgaben,

die Abgabe „Notopfer Berlin", die inzwischen abgeschafft ist,

die Ergänzungsabgabe zur Einkommen- und Körperschaftssteuer, die bisher noch nicht eingeführt ist.

Diese Bukett von Steuern soll nach den Schätzungen des Bundesfinanzministeriums im Jahre 1964 ungefähr 37,8 Mrd. DM erbringen, davon die Umsatzsteuer allein mit 19,2 Mrd. DM mehr als die Hälfte.

b) Die Länder vereinnahmen

die Vermögenssteuer,

die Erbschaftssteuer,

die Kraftfahrzeugsteuer,

die Verkehrssteuer, soweit sie nicht dem Bund zufließt,

die Biersteuer,

die Abgaben von Spielbanken und

die Steuern mit örtlich bedingtem Wirkungskreis.

Sie vereinnahmen diese Steuern, soweit sie in ihrem Gebiet aufkommen. Insgesamt sind im Jahre 1963 ungefähr 6,2 Mrd. DM zu erwarten. Die Schätzungen für 1964 sind zur Zeit der Abfassung dieser Arbeit noch nicht bekannt.

c) Die Einkommen- und Körperschaftsteuer — neben der Umsatzsteuer die stärkste Säule unseres Steuersystems — erbringt sie doch voraussichtlich im Jahre 1964 39,2 Milliarden DM — ist in dieser Aufzählung nicht enthalten. Sie wird zwischen Bund und Ländern bisher geteilt im Verhältnis 35 : 65. Eine Neuverteilung, bei der der Bund vom Jahre 1964 ab 39 vH erhält, wurde kürzlich beschlossen.

Tabelle 7: **Steuereinnahmen des Bundes, der Länder und Gemeinden**

	1955	1957	1959	1961	1962[a])	1963[a])
			(Mrd. DM)			
Bundessteuern[b])	26,35	29,30	33,98	43,52	47,53	49,85
Ländersteuern	10,37	13,96	16,59	24,53	28,19	30,40
Gemeindesteuern	5,56	7,01	8,67	10,47	11,20	11,80
insgesamt	42,31	50,27	59,26	78,52	86,92	92,05

a) Schätzung für das Jahr 1963; vorläufiges Ergebnis für das Jahr 1962.
b) einschließlich Sonderabgaben.
Quelle: Finanzbericht 1963, Seite 40.

d) Den Gemeinden steht das Aufkommen der Realsteuern zu. Das sind die Grundsteuern und Gewerbesteuern.

Ihr Ertrag liegt unter 12 Milliarden DM. Die Finanzmasse der Gemeinden wird aufgefüllt durch die Länder. Sie sind durch das Grundgesetz verpflichtet, von ihrem Anteil an der Einkommen- und Körperschaftssteuer der Gemeinden einen Hundertsatz zuzuwenden, dessen Höhe ihnen überlassen bleibt (§ 9 Ziff. 5 dieses Abschnitts).

Im Ergebnis waren in den letzten Jahren — ohne Berücksichtigung des kommunalen Finanzausgleichs —

der Bund mit rund	55 vH,
die Länder mit reichlich	32 vH,
die Gemeinden mit fast	13 vH

an der bundesstaatlichen Finanzmasse beteiligt. Der Anteil der Länder hatte im Lauf der letzten Jahre ständig leicht zugenommen, weil die Einkommensteuer dank des Progressionstarifs mehr als proportional an der Steigerung der Einkommen im Zeichen der Hochkonjunktur teilnahm.

Es ist interessant, die Verteilung des Steueraufkommens in der Schweiz mit diesem Bild zu vergleichen. Dort entfielen im Jahre 1960

auf den Bund	49,6 vH,
auf die Kantone	27,2 vH,
auf die Gemeinden	23,6 vH.

Danach scheinen in der Schweiz vor allem die Gemeinden weit besser wegzukommen. Bei dem Vergleich ist aber zu berücksichtigen, daß in Deutschland der Anteil der Gemeinden an der Finanzmasse von den Ländern aufgestockt wird (vgl. § 9 Ziff. 5 dieses Abschnittes).

Dem entspricht in etwa die Verteilung der Ausgaben auf die drei Ebenen: Der Bund trägt etwa die Hälfte der bundesstaatlichen Gesamtausgaben. Daß sein Anteil nicht entsprechend seinem höheren

Steueranteil größer ist, hängt damit zusammen, daß die Länder und die Gemeinden ihre Haushalte nicht in gleichem Maße mit Steuern finanzieren wie der Bund. Gebühren, Erwerbseinnahmen und Anleihen schlagen bei ihnen wesentlich stärker zu Buch[8].

Zur Gestaltung der Ertragshoheit sind einige Bemerkungen zu machen:

Tabelle 8: **Entwicklung der eigenfinanzierten Ausgaben[a)] und der Eigeneinnahmen[b)] der öffentlichen Haushalte 1959, 1961 und 1962**
(Milliarden DM[c)])

Verwaltungsebene	1958[d)]	1959[d)]	1961[e)]	1962[e)]
Bund				
Eigenfinanzierte Ausgaben[f)]	33,45	37,44	43,42	[g)] 48,7
Eigeneinnahmen	30,88	34,44	[h)] 43,36	[g)] 47,0
darunter: Steuern	28,96	32,56	41,68	45,4
Kreditmarktmittel- und Rücklagenbedarf	— 2,57	— 3,00	— 0,07	— 1,8
Anteil in vH der eigenfinanzierten Ausgaben				
Eigeneinnahmen	92,3	92,0	99,8	96,5
Steuern	86,6	87,0	96,0	93,2
Lastenausgleichsfonds				
Eigenfinanzierte Ausgaben	3,15	3,38	2,70	2,9
Eigeneinnahmen	2,73	2,92	2,55	2,6
darunter: Steuern	2,21	2,23	2,05	2,1
Kreditmarktmittel- und Rücklagenbedarf	— 0,41	— 0,56	— 0,15	— 0,4
Anteil in vH der eigenfinanzierten Ausgaben				
Eigeneinnahmen	86,7	83,5	94,1	96,6
Steuern	70,2	66,0	74,9	69,0
Länder (einschließlich Stadtstaaten)				
Eigenfinanzierte Ausgaben	21,00	21,66	29,3	[i)] 33,9
Eigeneinnahmen	19,75	22,04	30,3	34,3
darunter: Steuern	15,91	18,16	25,7	29,4
Kreditmarktmittel- und Rücklagenbedarf	— 1,25	+ 0,38	+ 1,1	+ 0,4
Anteil in vH der eigenfinanzierten Ausgaben				
Eigeneinnahmen	94,0	101,8	103,7	101,3
Steuern	75,8	83,9	81,9	86,8

[8] Vgl. auch die Schaubilder der Haushalte des Bundes, des Landes Bayern und der Stadt München.

Verwaltungsebene	1958[d)]	1959[d)]	1961[e)]	1962[e)]
Gemeinden (GV)				
Eigenfinanzierte Ausgaben	12,88	13,98	16,8	17,1
Eigeneinnahmen	11,60	12,83	15,1	16,0
darunter: Steuern	6,78	7,68	9,3	10,0
Kreditmarktmittel- und Rücklagenbedarf	— 1,28	— 1,15	— 1,7	— 1,1
Anteil in vH der eigenfinanzierten Ausgaben				
Eigeneinnahmen	90,1	91,8	89,9	93,6
Steuern	52,6	54,9	55,4	58,5
Gesamthaushalt				
Eigenfinanzierte Ausgaben[f)]	70,48	76,47	92,2	102,6
Eigeneinnahmen	64,96	72,13	91,3	99,8
darunter: Steuern	53,86	60,64	78,7	86,9
Kreditmarktmittel- und Rücklagenbedarf	— 5,52	— 4,34	— 0,8	— 2,8
Anteil in vH der eigenfinanzierten Ausgaben				
Eigeneinnahmen	92,2	94,3	99,0	97,3
Steuern	76,4	79,3	85,4	84,7

a) Gesamtausgaben ohne Zuführung an Rücklagen (nach der Abgrenzung der Finanzstatistik ohne Abwicklung der Vorjahre) nach Absetzung der Lastenbeteiligung anderer Gebietskörperschaften (allgemeine und spezielle Zuweisungen. Darlehen und Darlehensrückflüsse). — b) Einnahmen ohne Schuldenaufnahme von Kreditmarktmitteln und Entnahme aus Rücklagen nach Absetzung der Lastenbeteiligung anderer Gebietskörperschaften. — c) Abweichungen in den Summen durch Runden der Zahlen. — d) Ergebnisse der Finanzstatistik. — e) Schätzung nach Teilergebnissen. — f) Ohne Kapitaleinzahlungen an internationale Organisationen sowe 1961 ohne als Darlehen für Entwicklungshilfe an die Kreditanstalt für Wiederaufbau weitergeleitete Anleihe bei der deutschen Wirtschaft und ohne Abführung des Erlöses aus der Teilprivatisierung der Volkswagenwerk AG. — g) Nach Absetzung des Länderbeitrages zum Bundeshaushalt. — h) Ohne Erlös aus der Teilprivatisierung der Volkswagenwerk AG. — i) Einschließlich Beitrag der Länder zum Bundeshaushalt.

Quelle: Finanzbericht 1963, S. 35.

a) Von der Methode des Finanzausgleichs her gesehen, kann man sagen, daß das Grundgesetz die Steuererträge grundsätzlich nach dem Trennsystem verteilt. Das bedeutet, daß jedem Partner der Ertrag einer oder mehrerer Steuern voll zugewiesen wird. Nur hinsichtlich der Einkommen- und Körperschaftssteuer besteht ein Verbundsystem. Diese Steuer läßt sich infolgedessen als gemeinsame Steuer verzeichnen, wenngleich das Grundgesetz diesen Ausdruck vermeidet. Der Steuerverbund bei der Einkommen- und Körperschaftssteuer ermöglicht eigentlich erst das Trennsystem: Die Einkommen- und Körperschaftsteuer ist so groß, daß alle voraussichtlichen Bedarfsänderungen durch eine Variation der Beteiligungsquoten berücksichtigt werden können. Die Einkommen- und Körperschaftssteuer ist aber nicht nur eine gemeinsame Steuer von Bund und Ländern, sie ist auch im Verhältnis zwischen Ländern und Gemeinden eine Verbundsteuer.

b) Für die Zuweisung der Steuern an Bund, Länder oder Gemeinden waren teilweise historische, weniger steuersystematische Gründe maßgebend. Im allgemeinen scheint es föderatives Brauchtum zu sein, dem Gesamtstaat die Zölle und die indirekten Steuern zuzuweisen und den Gliedern die Einkommen- und Vermögensteuern vorzubehalten. Im steigenden Maße führt jedoch der wachsende Finanzbedarf des Gesamtstaats zu der Notwendigkeit, auch auf die direkten Steuern zurückzugreifen. Das hat übrigens auch seine innere Rechtfertigung. Die Einkommensteuer zieht den Steuerpflichtigen nach dem Grad seiner steuerlichen Leistungsfähigkeit heran und es ist sachgerecht, daß er auch nach diesem Maßstab zu den gewaltigen Leistungen des Zentralstaats beisteuert.

Daß die Biersteuer, obwohl Verbrauchsteuer, nicht dem Bund, sondern den Ländern zufließt, hängt mit ihrer Bedeutung für die bayerischen Finanzen zusammen und setzt eine Tradition der Bismarckschen Verfassung fort. Ein altes Privileg hat sich hier über Katastrophen hinweg erhalten können.

c) Die Erhebung der Einkommen- und Körperschaftssteuer zur Verbundsteuer und die Verankerung eines Mindestbundesanteils im Grundgesetz ist das eigentliche Ergebnis der Finanzreform des Jahres 1955. Von den Vätern des Grundgesetzes war sie ursprünglich den Ländern zugesprochen worden. Da der Bund jedoch ohne einen Anteil an dieser Steuer nicht auskommen konnte, nahm die Verfassung mit der linken Hand, was sie mit der rechten gegeben hatte: sie bestimmte nämlich, daß der Bund zur Deckung seiner anderweitig nicht gedeckten Ausgaben einen Teil dieser Steuern durch ein Bundesgesetz in Anspruch nehmen konnte, das der Zustimmung des Bundesrats bedurfte. Mit dieser Bestimmung war ein Zankapfel zwischen Bund und Länder geworfen, der alljährlich zur erbittersten Auseinandersetzung über die Höhe des sogenannten Bundesanteils führte und das föderative Verhältnis zu vergiften drohte. Die Aufteilung nach festen Quoten, nämlich 35 : 65, beseitigte jede Andeutung einer Kostengängerschaft des Bundes bei den Ländern. Das Anteilverhältnis kann durch ein einfaches Bundesgesetz, das jedoch der Zustimmung des Bundesrats bedarf, unter bestimmten Voraussetzungen verändert werden. Das ist nach langer Auseinandersetzung für das Jahr 1964 vorgesehen. Der Bund erhält nunmehr 39 vH.

d) Die Einkommen- und Körperschaftssteuer ist eine gemeinsame Steuer von Bund und Ländern. Jede Erhöhung dieser Steuer kommt sowohl dem Bund wie auch den Ländern anteilmäßig zugute. Sollte also der Bund einer Steigerung seiner Einnahmen bedürfen, so würde sich ergeben, daß bei einer Steigerung der Einkommensteuer der kleinere Betrag in die Bundeskasse und der größere in die Länderkassen fließen würde. Das könnte unter Umständen zu einer unrationellen Überforderung des Steuerzahlers führen; würde dagegen eine Ergänzungsabgabe, also ein Bundeszuschlag zur Einkommen- und Körperschaftssteuer erhoben, so würde davon jede Mark in die Kasse des Bundesfinanzministers fließen. Deshalb hat man im Zuge der erwähnten Finanzreform diese Abgabe gewissermaßen auf Vorrat im Katalog der Bundessteuern vorgesehen. Außerdem gibt diese Ergänzungsabgabe ein ausgezeichnetes politisches Druckmittel ab. Mit der Drohung einer zusätzlichen Steuerbelastung könnte der Bund alle Steuerzahler zu seinen Verbündeten gegen die Länder machen und sie zur Abgabe von Steueranteilen an den Bund zwingen, die vorher in ihre Kassen geflossen waren. Falls der Bund also höhere Einnahmen benötigt, kann er sie also entweder durch eine Erhöhung seiner eigenen Steuern (ohne Zustimmung des Bundesrats), durch die Erhöhung des Bundesanteils (mit Zustimmung des Bundesrats), oder schließlich durch Einführung der Ergänzungsabgabe, die es bis jetzt nicht gibt, (ohne Zustimmung des Bundesrats) erreichen. Verglichen mit den Ländern, die zu einer Erhöhung der ihnen zufließenden Steuern immer nur mit Hilfe der Bundesgesetzgebung kommen können, ist er bei weitem überlegen.

e) Das Trennsystem hat zur Folge, daß Bund, Länder und Gemeinden selbständig nebeneinander Steuergläubiger sind. Die Steuer fließt aus der Tasche des Steuerpflichtigen unmittelbar in die zuständige Kasse, ohne daß der andere Partner dazwischengeschaltet ist.

Träger von Ertragshoheit zu sein, schmeichelt nicht nur dem Prestigebedürfnis, es vermittelt zugleich das Gefühl der ungehemmten Verfügung über bestimmte Steuerquellen. Freilich ist es aber gerade die Steuergläubigerschaft, die Änderungen an einzelnen Steuern durch den Steuergesetzgeber erschwert. Das Trennsystem wirkt sich auf dem Weg zu einem rationelleren und moderneren Steuersystem eher als Bremse, denn als Antrieb aus. In dieser Beziehung ist das Verbundsystem überlegen, weil es bei Änderungen der Steuergesetzgebung das Schielen nach dem Finanzausgleichsergebnis überflüssig macht. Es hat noch einen anderen Vorteil, der sehr wesentlich ist: ein konjunkturbedingtes Anschwellen oder Schrumpfen des Steueraufkommens werden beim Verbundsystem alle Partner im Verhältnis ihrer Beteiligung verspüren; anders als beim Trennsystem, bei dem sich im Falle einer Krise die Anfälligkeit von Steuern verheerend auswirken kann, wenn ein Haushalt gerade auf ihnen beruht. Die Zukunft wird also dem Verbundsystem gehören.

3. *Verwaltungshoheit*

Die Finanzverwaltung (Art. 108 GG) ist ein äußerst wichtiges politisches Instrument. Deshalb war ihre Regelung schon im parlamentarischen Rat äußerst umstritten. Das Ergebnis ist ein pragmatischer Kompromiß, der gut funktioniert und mit dem man sich auf beiden Seiten abzufinden beginnt. Der Grundsatz ist erkennbar, daß jeder Partner seine Steuern selbst verwaltet. Um eine zweigleisige Finanzverwaltung — wie es sie in den USA gibt — zu vermeiden, läßt man die Verbrauchsteuern, auch soweit sie den Ländern zufließen, durch Bundesfinanzbehörden verwalten. Umgekehrt verwalten die Länder nicht nur den ihnen zufließenden Teil der Einkommen- und Körperschaftsteuer, sondern auch den Bundesanteil, letzteren im Auftrage des Bundes. Die Umsatzsteuer wird ebenfalls von Landesfinanzbehörden für den Bund verwaltet und zwar auf dem Wege oder besser gesagt: dem Auswege der Amtshilfe. Mit dem Prinzip der Landesfinanzverwaltung ist auch auf dem Gebiet des Finanzwesens dem Grundsatz entsprochen, daß Länder Bundesgesetze als eigene Angelegenheit ausführen (§ 83 GG). Das bedeutet aber nicht, daß in den Ländern jeweils verschiedene, nach Lust und Laune konstruierte Verwaltungs-Apparate entstanden wären. Durch Bundesgesetz ist der gleichmäßige Aufbau der Finanzbehörden der Länder, ein übereinstimmendes Verwaltungsverfahren und, sogar bis in Einzelheiten hinein, die einheitliche Ausbildung und der Werdegang der Beamten geregelt. Das führt zu einer im ganzen Bundesgebiet übereinstimmenden Organisation der Finanzverwaltung. Sie ist zweistufig: Finanzämter, Oberfinanzdirektionen. Die Oberfinanzdirektion ist teilweise eine Bundes-, teilweise eine Landesfinanzbehörde. Ihr Präsident wird von Bund und Land gemeinsam ernannt. Er untersteht sowohl dem Bundes- wie dem Landesfinanzminister und zwar je nachdem er für den Bund oder für das Land tätig wird. Die Erfahrungen mit diesem unorthodoxen System sind ausgezeichnet.

Wenn es auch keine einheitliche Reichsteuerverwaltung mehr gibt, so hat sich die Tradition der Finanzreform Erzbergers in dieser Organisation der Finanzbehörden durchgesetzt. Wenn die Länder so zäh um ihre Finanzverwaltung kämpften, so war auch das ein Ergebnis ihrer Erfahrung aus der Weimarer Zeit. Dazu sagt Otmar Bühler[9]: „Daß die Länder diesen gewaltigen Behördenapparat 1919 dem Reich überließen, bedeutete, wie sich langsam erst in den folgenden Jahren herausstellte, von allen Schritten zum Unitarismus den folgenschwersten. Denn damit war nicht nur unmittelbar das Machtmittel für den einschneidend-

---

[9] *Bühler*, im „Handbuch der Staatswissenschaften", 1926.

sten und umfangreichsten Eingriff des Staates in die Sphäre des Bürgers dem Reich überlassen, sondern auch die Schaffung des Typs einer eigenen Reichsverwaltung durch alle Instanzen ermöglicht, die zur Nachfolge auf anderen Gebieten (Arbeitsverwaltung, Wasserstraßenverwaltung) anreizte. Es war der Weg einer Aushöhlung der Landesverwaltung beschritten, der sich als der bedeutsamste erwies." Hier liegt die Erklärung dafür, warum zwischen Unitaristen und Föderalisten die Finanzverwaltung so umkämpft war. Für die Betrachtung des Fernerstehenden entbehrt es sicherlich nicht des Reizes, daß in der Politik die Herrschaft über eine Verwaltung so begehrt ist, die selbst so unbeliebt ist.

Das also ist die Methode, nach der das Grundgesetz Finanzgewalt zwischen Bund und Ländern verteilt. Man wird sich das Urteil erlauben dürfen, daß es sich im großen ganzen um ein System handelt, das ausgewogen ist und jedem Partner einen Zipfel oder mehr vom Hermelin der „Steuerhoheit" gibt. Es ermöglicht die notwendige Einheit der Steuerpolitik, die in der Hand des Bundes liegt. In diesem außerordentlich wichtigen Punkt ist die Bundesrepublik sogar anderen Föderativstaaten wie der Schweiz und den Vereinigten Staaten von Nordamerika voraus, in denen es noch nicht zu dieser Vorrangstellung des Gesamtstaates gekommen ist. Weiter garantiert diese Verteilung der Finanzgewalt eine wohlgeordnete Steuerverwaltung, die auf Grund von Bundesgesetzen von den Ländern in Übereinstimmung geführt wird, die aber andererseits doch in der Hauptsache Landesverwaltung ist. Das System ermöglicht dabei — und das ist der Angelpunkt — eine Verteilung der Finanzmasse zwischen Bund und Ländern auf einer Basis, die man als „Parität" bezeichnen kann, insofern als die Beteiligung der beiden Partner Bund und Länder am Steuerertrag durch das Grundgesetz festgelegt ist und nur mit Zustimmung des Bundesrats — fälschlich oft „Länderorgan" benannt — verändert werden kann. Mit dieser „Parität" steht und fällt der Föderativ-Charakter des Finanzausgleichsystems. Was kritisiert werden kann ist allerdings, daß das „Trennsystem" Fortschritten in der Steuergesetzgebung nicht unbedingt förderlich ist, weil die Steuergesetzgebung nicht ohne einen Seitenblick auf den Finanzausgleich betrieben werden kann. Offen ist außerdem die Frage, wie sich Konjunktur und Krise auswirken werden. Es ist möglich, daß sie sich vorwiegend in den Länder- und Gemeindefinanzen niederschlagen, weil die wahrscheinlich konjunktur- und krisenempfindlichsten Steuern, nämlich die Einkommen- und Körperschaftssteuer mit ihrem Löwenanteil den Ländern und die Gewerbesteuer den Gemeinden zufließen und das Rückgrat ihrer Haushalte bilden. Die Zukunft wird also wohl bei einem stärkeren Steuerverbund liegen, der Risiko und Chancen auf alle Partner gleichmäßiger verteilt und die Steuerpolitik von der Rücksichtnahme auf den Finanzausgleich befreit. Hier liegt ein Ansatzpunkt für eine spätere Finanzreform.

Wir hatten vom Finanzausgleich verlangt, daß er den mit der selbständigen Ausübung von Staatsgewalt betrauten Partnern aus der Finanzkraft der Volkswirtschaft planmäßig und rationell die notwendigen Mittel erschließt. Es läßt sich nunmehr feststellen, daß das Erfordernis der Planmäßigkeit gewahrt ist. Ob der Finanzausgleich auch rationell ist, das ist nunmehr zu prüfen. Das Kriterium der „Wirtschaftlichkeit" würde gewahrt sein, wenn die gesamtstaatliche Finanzmasse so sachgerecht auf die Partner verteilt ist oder wenigstens verteilt werden kann, daß der Steuerzahler nirgends überfordert werden muß und die Finanzdecke für keinen Partner zu kurz wird.

§ 6. Die Revisionsklausel und ihre Problematik

1. Im Grundgesetz ist festgelegt, wem welche Steuern ganz oder wem welche Anteile zufließen. Die Verteilung darf nicht starr sein, weil das Aufkommen der Steuern einerseits, der Haushaltsbedarf der Partner des Finanzausgleichs andererseits, sich auf längere Sicht verändern können und werden. Damit die Teilung der Finanzmasse nicht nur planvoll, sondern auch wirtschaftlich wirkt, muß die Möglichkeit bestehen, die Verteilung der Finanzmasse veränderten Verhältnissen anzupassen. Das ist der Zweck der Revisionsklausel (Art. 106 Abs. 4 GG). Für den Fall, daß die Finanzdecke wegen Rückgangs der Einnahmen oder Steigen des Bedarfs da oder dort zu knapp wird, ermöglicht sie ihre Anpassung an den Einzelbedarf der Partner, ohne daß gleich an der Steuerschraube gedreht werden müßte. Sie kommt zum Zuge, wenn sich das Verhältnis zwischen den Einnahmen und Ausgaben des Bundes einerseits oder der Gesamtheit der Länder andererseits, unterschiedlich entwickelt und dadurch ein erheblicher Fehlbedarf bei dem einen oder anderen Partner entsteht. In diesem Falle hat der Partner, bei dem es besser steht, eine Ausgleichspflicht. Die Bluttransfusion erfolgt durch eine Veränderung der Beteiligungsquote an der Einkommen- und Körperschaftssteuer mit Hilfe eines Bundesgesetzes, das der Zustimmung des Bundesrats bedarf. Dieses Bundesgesetz ist dann jeweils zwei Jahre in Kraft, bis es wieder geändert werden kann.

2. Das Wachsen des Finanzbedarfs scheint zu den unbewältigten Problemen des modernen Staatswesens zu gehören. Die Frage, die eine solche Gestaltung des Finanzausgleichs aufwirft — bei der also der-

jenige, dem es besser geht, dem aushelfen muß, dem es schlechter geht —, geht dahin, ob sie nicht die Ausgabefreudigkeit eher noch anregt als bremst. Muß sie nicht in die Versuchung führen, das Defizit herbeizuwünschen und durch eine muntere Ausgabenwirtschaft herbeizuführen? Die Verfassungsgeber haben sich mit dieser Befürchtung getragen und einige Grundsätze aufgezählt, nach denen die Veränderung des Beteiligungsverhältnisses zu messen ist. Der Ausgangspunkt ist, daß im Zeitpunkt der Finanzreform von 1955 das Verhältnis der Einnahmen und Ausgaben bei jedem Partner als ausgeglichen angenommen wird und daß jeder Partner das gleiche Anrecht auf Beteiligung an der gemeinsamen Einkommen- und Körperschaftssteuer hat. Danach gilt:

a) Jeder Teil trägt gesondert die Ausgaben, die sich aus der Wahrnehmung seiner Aufgaben ergeben. Das ist theoretisch selbstverständlich; in der Praxis ist es aber nicht so ganz klar, welche Aufgaben auf die Bundes- und welche auf die Länderseite fallen. Die Aufgabenabgrenzung ist immer schon einer der schwachen Punkte des deutschen Föderativsystems.

b) Es besteht nur Anspruch auf Deckung der notwendigen Ausgaben. Aber hier ergibt sich ein Fragezeichen. Was ist für einen Staat „notwendig" und wer entscheidet das? Wer entscheidet im Streitfall, wieviel ein Staatswesen für die soziale Sicherheit oder für die Förderung der Wissenschaft ausgeben soll, von der Verteidigung gar nicht zu reden!

c) Die Deckungsbedürfnisse des Bundes und der Länder sind aufeinander abzustimmen. Auch diese Stimme hört man wohl, ohne daß sich der Glaube daran einstellen könnte.

Der Katalog der frommen Wünsche ist gut gemeint. Er ist die Fundgrube für ein ganzes Arsenal von Argumenten, die im Streit um den Finanzausgleich gut klingen, aber keine festen Entscheidungskriterien bieten. Einen Rechtsanspruch auf Ausgleich, der etwa beim Bundesgerichtshof einklagbar wäre, geben sie nicht. Die Bestimmungen sind nicht justiziabel und — das wird man gerechtigkeitshalber hinzufügen dürfen — sie können es auch nicht sein. So bleibt als Ergebnis, daß diese Art des Finanzausgleichs an Disziplin, Vernunft und Rücksichtnahme auf den anderen sehr hohe Anforderungen stellt. Ein Rechenexempel, bei dem jeder seine Einnahmen und Ausgaben gegenüberstellt und das Saldo vergleicht, ist er — entgegen dem ersten Anschein — mitnichten.

3. Die Verteilung der Finanzmasse ist letztlich vielmehr eine politische Entscheidung. Sie liegt — wie gesagt — in der Hand des Bundestags und des Bundesrats. In beiden Bundesorganen sind vertreten

Männer, die den gleichen Parteien angehören. Man wird getrost voraussagen dürfen, daß die Verteilung der Finanzmasse jeweils so erfolgen wird, daß sie die Finanzierung des Regierungsprogramms der Mehrheitspartei des Bundestags ermöglicht. Eine Prognose, die noch der weiteren Bestätigung harrt, des Nachdenkens wert ist, falls sie sich bestätigen sollte.

Daraus erhellt zugleich, welche Bedeutung der politischen Übereinstimmung von Bundestag und Bundesrat zukommt. Würde die Bundesratsmehrheit von Vertretern anderer Parteien gestellt, als der des Bundestags, so könnte er — mit der echten Begründung oder auch nur mit dem Vorwand entgegenstehender Länderfinanzinteressen — die Bundesfinanzpolitik und über sie die Bundespolitik mattsetzen.

4. Verfassungsrechtlich gesehen besteht zwischen Bund und Ländern — vertreten durch den Bundesrat — „Parität". Jeder hat den gleichen Anspruch auf Deckung seines notwendigen Bedarfs; eine Priorität der Bundes- vor den Landesaufgaben oder umgekehrt gibt es von der Verfassung her gesehen nicht. Bei der Verteilung der Finanzmasse, die über die Beteiligung an der Einkommen- und Körperschaftssteuer erfolgt, sprechen Bundestag und Bundesrat mit gleichem Gewicht mit. Nur bei Übereinstimmung von beiden kann eine Neufestsetzung der Anteile erfolgen. In der Praxis allerdings hat wohl der Bund den Vorrang. Für ihn treten die Bundesparteien ein, für ihn treten die Presse und die öffentliche Meinung ein. Bei ihm liegen die politischen Entscheidungen mit der ganzen Wucht ihrer Aktualität. Auch die Uneinigkeit der Länder untereinander — eine historische Erscheinung in Deutschland — streitet gegen sie. Darüber kann leicht übersehen werden, daß sie die Grundlast der tagtäglichen Verwaltungsarbeit tragen und finanzieren müssen.

§ 7. Der horizontale Finanzausgleich

Der horizontale Finanzausgleich ist die eigenartigste und neuartigste Erscheinung der Bundesfinanzverfassung. Seine Grundlage findet er in Art. 107 Abs. 2 GG, der einen angemessenen finanziellen Ausgleich zwischen leistungsfähigen und leistungsschwachen Ländern fordert. Dieser besteht darin, daß die ersteren an die letzteren alljährlich Leistungen abführen, die nach einer sehr schwierigen Formel bemessen werden und sich in den letzten Jahren auf rund 1500 Millionen DM belaufen. „Horizontal" heißt dieser Finanzausgleich deshalb, weil er die Länder als Partner auf der gleichen Organisationsebene verbindet; im Gegensatz zu dem „vertikalen", der sich zwischen dem Bund und den Ländern bzw. den Ländern und den Gemeinden, also zwischen Partnern verschiedener Stufen abspielt.

a) Ausgangspunkt dieser Leistungen ist die Erscheinung, daß die Länder jeweils das Landesaufkommen der ihnen zufließenden Steuern vereinnahmen. Dieses ist jedoch, auf den Kopf des Einwohners umgerechnet, sehr unterschiedlich. Es hängt das mit der Wirtschaftskraft der Länder zusammen, die sehr verschieden ist. So belief sich das Aufkommen der Einkommen- und Körperschaftssteuer im Jahre 1962 bei einem Bundesdurchschnitt von rund 593 DM

in Schleswig-Holstein	auf 379,— DM
in Rheinland-Pfalz	auf 408,— DM
in Bayern	auf 490,— DM
in Nordrhein-Westfalen	auf 668,— DM
und in Hamburg gar auf	1189,— DM[10].

Diese Unterschiede ergeben sich aus dem Stand der wirtschaftlichen, besonders der industriellen Entwicklung. In den Ballungsgebieten der Industrie und des Handels ist das Aufkommen der Steuern sehr hoch, in den agrarisch strukturierten Gebieten fällt es stark ab. Die „reichen" Länder könnten also mehr ausgeben und ihre Bürger verwöhnen, während sich die Bürger der „armen" Länder mit schlechteren öffentlichen Diensten, also z. B. mit schlechteren Straßen, Schulen usw. abfinden müßten, sofern es den horizontalen Finanzausgleich nicht gäbe. Dieses Gefälle der Leistungen wäre in einem wirtschaftlich, kulturell und sozial einheitlichen Staatskörper schwer erträglich, zumal es keine vorübergehende Erscheinung darstellen würde. Die Armut hat es meist an sich, daß sie chronisch bleibt.

Der horizontale Finanzausgleich ist die Methode, die diese Unterschiede der Steuerkraft überwindet und den schlecht weggekommenen Ländern ermöglicht, die Landesentwicklung zu betreiben. Diese Entwicklungspolitik ist eine Hauptaufgabe der Länder. Das gilt sowohl für die Pflege von Kunst und Wissenschaft, wie insbesondere für die des wirtschaftlichen Gedeihens. Die Verbesserung der Infrastruktur ist eine der schönsten, modernsten, aber auch schwierigsten Aufgaben der Landesverwaltung. Es gilt, den Boden des Wirtschaftswachstums durch zahlreiche, mühevolle und überlegte Einzelarbeit aufzubereiten und zu verbessern. Die Aufbautätigkeit, die die Länder nach dem Kriege auf diesem Gebiet entwickelt haben, ist bedeutungsvoll und segensreich. Sie hat das Gesicht der Landschaft verändern geholfen. Die Ge-

---

[10] Bayern in Zahlen, Monatsschrift des Bayerischen Städtischen Landesamts, 1963, Heft 4.

schichte dieser inneren Entwicklungspolitik ist noch nicht geschrieben. Sie wäre ein ruhmreiches Blatt in der Nachkriegsgeschichte des deutschen Föderalismus und auf der Aktivseite des föderativen Systems. Die Mittel dazu flossen größtenteils aus dem horizontalen Finanzausgleich. Er hat die Wirtschaftsstruktur der Empfänger-Länder gekräftigt und damit wesentlich zum Wirtschaftsaufstieg der Bundesrepublik nach dem Kriege beigetragen. Seine Aufgabe ist noch nicht beendet.

Natürlich ist diese Entwicklungspolitik nicht ein Vorbehaltsgut der Länder gewesen. Aus dem Bundeshaushalt wurden einzelne Vorhaben entschieden unterstützt. Die Bildung und der Einsatz der „zentral gesteuerten Bundesfonds" haben häufig zu einem geballten und gezielten Einsatz von Bundes- und Landesmitteln an einer Stelle geführt. Das erwies sich als wirkungsvoll, wenngleich die Methode vom föderativen Standpunkt aus manchen Ansatzpunkt der Kritik bildete.

b) Die Technik des horizontalen Finanzausgleichs besteht darin, die Wellenberge des hohen Steueranfalls in einzelnen Ländern abzukappen und die Wellentäler des geringen Aufkommens in anderen aufzufüllen. Anstelle einer sehr ungleichmäßigen Berg- und Talkurve entsteht eine gleichmäßigere, abgeflachte, denn an eine völlige Nivellierung auf der Mittelinie des durchschnittlichen Aufkommens an Landessteuern je Kopf der Bevölkerung kann im Föderativstaat nicht gedacht werden. Die Täler werden bis zu 85 oder 87 vH des Bundesdurchschnitts aufgefüllt.

c) Der Finanzausgleich dient einmal den Bürgern der Länder, die schlecht weggekommen sind. Er führt dazu, daß ihnen gleiche oder doch fast gleiche Staatsdienste zur Verfügung gestellt werden, wie den anderen Ländern. Er ermöglicht, wie gesagt, vor allem die Landesentwicklung. Im Idealziel wird er sich selbst aufheben, denn bei einem Erfolg dieser Entwicklungspolitik wird die Finanzkraft der Zuschußländer nach oben entwickelt.

Gleichermaßen dient er dem Steuerzahler. Ohne den Finanzausgleich wären ein oder zwei Länder überhaupt nicht lebensfähig. Aber auch in einigen anderen Ländern müßte die Steuerschraube stark angezogen werden, um den Finanzbedarf zu decken. Im Ergebnis müßte also das Steueraufkommen nach den Bedürfnissen der ärmeren Länder eingestellt werden, mit dem Erfolg, daß die finanzkräftigeren Länder eine Schwemme in ihren Kassen erfahren würden. Der horizontale Finanzausgleich sorgt für eine wirtschaftliche Verteilung der den Ländern insgesamt zufließenden Finanzmasse. Damit erfüllt er eine der Bedingungen, die wir an den Finanzausgleich gestellt haben.

Weiter schützt der horizontale Finanzausgleich die ärmeren Länder vor der Notwendigkeit, von Dotationen des Bundes zu leben, die ihre Unabhängigkeit untergraben könnten.

Im Verhältnis der Länder zueinander hat das System allerdings gewaltige Schwierigkeiten, denn Geben ist nicht immer seeliger denn das Nehmen. Bei der Anlage des ganzen Systems der Teilung der Finanzgewalt und des Finanzausgleichs ist der Länderfinanzausgleich im Interesse einer rationalen Verteilung des Steueraufkommens aber nicht zu entbehren.

§ 8. Die Haushaltstrennung zwischen Bund und Ländern

Der Wunsch des Verfassungsgesetzgebers, die Teilhabe an der Finanzgewalt zwischen Bund und Ländern deutlich abzugrenzen, gipfelt in der Haushaltstrennung von Bund und Ländern. Jedes hat volle Budgetgewalt: „Bund und Länder sind in ihrer Haushaltswirtschaft selbständig und voneinander unabhängig!“ (Art. 109 GG). Die Vorschrift ergibt sich folgerichtig aus dem föderativen Aufbau der Bundesrepublik. Indem sie das Prinzip der Selbständigkeit der Haushaltswirtschaft aufstellt und die Eigenverantwortung der beiden Finanzausgleichspartner bestätigt, stellt sie gleichzeitig das Gebot der Nichteinmischung auf. Es gibt keine Finanzkuratel des Bundes über die Länder. Auch insofern ist sie, wie so vieles im Grundgesetz, das Ergebnis der Jahre nach 1933 und der traurigen Erfahrung, die damals die Länderherrlichkeit machen mußte. In dieser Negativwirkung erschöpft sich aber auch die Bedeutung dieser Bestimmung.

1. Was die Einnahmeseite anbetrifft, so verwalten Bund und Länder die ihnen auf Grund des Finanzausgleichs zufließenden Mittel selbständig. Sie entscheiden, für welche Zwecke sie ihre Haushaltsmittel im Rahmen ihrer Zuständigkeiten ausgeben.

Die Höhe der Mittel selbst können sie nur nach Maßgabe der Bestimmungen über die Teilung der Finanzgewalt beeinflussen, soweit es sich um das Steueraufkommen handelt. In der Verwaltung ihres Vermögens sind beide Partner frei. Nicht ganz frei sind Bund und Länder bei der Begebung von Anleihen. Hier sollen sie sich der guten Dienste der Bundesbank bedienen, bei denen sie auch ihre freien Kassenmittel anlegen müssen.

2. Was die Ausgabeseite anbetrifft, so hätte die strikte Haushaltstrennung von Bund und Ländern eine ebenso strikte Aufgabenabgrenzung zur Voraussetzung. Hier fehlt es aber bedauerlicherweise. Wie der Finanzausgleich, beruht auch die Trennung der Haushaltswirt-

schaft gedanklich auf dem Unterbau einer trennscharfen Aufgabenverteilung. Zweifellos ist dieser Unterbau weithin solid und die Aufgabenabgrenzung zwischen Bund und Ländern einigermaßen klar (vgl. auch IV. Abschnitt § 7). Es gibt aber einen Grenzstreifen von beträchtlicher Breite, in dem die Finanzierungszuständigkeit unklar und ohne durchgehende Linie ist. Folgendes ist gemeint:

a) Nach dem Grundgesetz liegt die Aufgabe des Verwaltungshandelns zweifellos bei den Ländern. Es hat die Exekutive bei ihnen konzentriert und aus der Universalität ihrer Zuständigkeit nur wenige, wenn auch bedeutungsvolle Bereiche wie etwa den der auswärtigen Beziehungen, der Verteidigung und einige andere mehr herausgesplittert. Die Länder vollziehen die eigenen und in aller Regel auch die Bundesgesetze. Die Länder sind deshalb die Träger eines gewaltigen Verwaltungsapparats. Sie sind die Herren der Verwaltung. Es versteht sich, daß sie für die Kosten dieses Apparats genau so aufkommen wie der Bund für die Kosten des eigenen. Umfangreich und bedeutungsvoll ist auch die Landesgesetzgebung. Da der Bund jedoch der Träger der im Wohlfahrtsstaat so wichtigen wirtschafts- und sozialpolitischen Programme geworden ist, überragt seine Gesetzgebung die der Länder häufig an politischer Aktualität und an finanziellem Gewicht. Es ist — cum grano salis — der Herr der Gesetzgebung. Seine Verwaltung ist jedoch verhältnismäßig klein. Hier taucht nun eine bedeutungsvolle Frage auf: wer trägt die Vollzugskosten der Gesetzesausführung? Es ist selbstverständlich, daß jeder Teil die Vollzugskosten trägt, soweit er mit seiner eigenen Verwaltung seine eigenen Gesetze vollzieht. Ebenso wie die Länder, so trägt also auch der Bund die Kosten des Vollzugs derjenigen Gesetze, die er selbst durchführt. Bei den Ländern stellt sich indessen die Frage, ob sie auch die Lasten tragen, die mit der Durchführung der Bundesgesetze verbunden sind. Für einen Teil dieser Gesetze, nämlich für den großen Block der Kriegsfolgelasten und der Verteidigungsaufwendungen, ist das geklärt (Art. 120 GG). Das Grundgesetz verpflichtet den Bund zur Lastentragung und verteilt dadurch die Lasten im Sinn eines Lastenausgleichs auf die breitesten Schultern. Für alle anderen Gesetze ist diese Frage verfassungsrechtlich offen. Das gehört zu den merkwürdigsten Sachverhalten des Verfassungsrechts. Es gibt hierüber zwei Rechtsmeinungen: Nach der einen sind es die Länder, die die Mittel bereitstellen müssen, weil ihnen nach dem Grundgesetz der Vollzug der Bundesgesetzgebung obliegt. Mit der Vollzugsverantwortung gehe die Finanzverantwortung Hand in Hand. Nach der anderen Auffassung muß der Bund für diese Kosten aufkommen, weil seine Gesetzgebung die Kosten verursacht. Für beide Meinungen bestehen zweifellos gute Argumente. Der Wortlaut der Finanzausgleichsbestimmungen im Grundgesetz spricht eher für das Zusammentreffen von organisatorischer, administrativer und finanzieller Verantwortung, d. h. für die Kostentragung durch das Vollzugsorgan und nicht durch den Gesetzgeber. Ob das ein verfassungspolitisch guter Grundsatz wäre, mag dahingestellt bleiben. Die Verfassungswirklichkeit befolgt ihn nicht.

In der Praxis hat man sich im allgemeinen dadurch geholfen, daß Bund und Länder die Mittel gemeinsam bereitstellen. Das gilt für den „Grünen Plan" zugunsten der Landwirtschaft ebenso wie für den öffentlichen Wohnungsbau, die Wiedergutmachtung und anderes. So erklärt das Wohnungsbaugesetz den Wohnungsbau ausdrücklich zu einer gemeinsamen Aufgabe von Bund und Ländern und Gemeinden. In anderen Fällen gab es Streit, der bald zugunsten des einen, bald zugunsten des anderen ausging. Das Prinzip der Haushaltstrennung ruht demnach in weiten Bereichen.

b) Es gibt zahlreiche politische Bundesprogramme, die ohne eine eigentliche gesetzliche Grundlage laufen. Dazu gehören z. B. die Förderung der Wissenschaften, der Bundesjugendplan, regionale Entwicklungsprogramme und anderes mehr. Auch hier hat sich ein weites Gebiet der gemeinschaftlichen Erfüllung und Finanzierung von Aufgaben entwickelt. Die Zusammenarbeit hat große Leistungen erzielt, auf die Bund, Länder und Gemeinden mit Stolz blicken können. Diese Gemeinschaftsarbeit abzubauen, weil sie in die Theorie des Finanzausgleichs nicht recht paßt — und nach Morgenstern: „nicht sein kann, was nicht sein darf" — wäre weithin unerwünscht und dürfte auch politisch schwerfallen. Andererseits sind die verfassungsrechtlichen Bedenken des „Fernsehurteils" und Stimmen, die nach den Rechtsgrundlagen vieler Subventionen und damit verbundener, am goldenen Zügel lenkender Verwaltung fragen, nicht zu überhören.

Neben diesen in Gesetzen niedergelegten und den ohne gesetzliche Grundlage laufenden Gemeinschaftsaufgaben hat sich — gewissermaßen als eine dritte Schicht — die Bundesbeteiligung an zahllosen beliebigen Landesaufgaben ohne Regel und System, ohne Stil und Linie entwickelt. Sie belastet die Bundesministerien weit über die klassische Ministerialaufgabe der Mitarbeit an der Gesetzgebung hinaus und macht sie zu emsigen Trägern der Verwaltung des Einzelfalls, wobei die Frage nach der gesetzlichen Grundlage dieses „Detailgeschäfts" gar nicht weiter verfolgt werden soll. Die Dotationspraxis mag im Einzelfall angenehm und gefällig sein, in ihrer Summe ist sie teuer und garantiert nicht immer eine wirtschaftliche Anlage des Aufwands. Es könnte ein Anliegen einer Finanzreform sein, auf diesen Gebieten Klarheit herzustellen und für Ordnung zu sorgen. Ohne

Zweifel würde z. B. schon die Beseitigung der zahlreichen Einzeldotationen eine wohltuende Schonung der Bundesfinanzen und zugleich eine fühlbare Entlastung der Bundesverwaltung zur Folge haben. Die herkömmliche Abgrenzungsregel der deutschen Föderativverfassungen seit Bismarck, nach der grundsätzlich die Länder für alles zuständig sind (Universalität der Zuständigkeit) und der Bund nur für das, was ihm ausdrücklich in der Verfassung zugestanden ist (Enumerationsprinzip), scheint nur noch Erinnerungswert zu haben. Sie ist im „Leistungsstaat" überholt. Es ist doch heute so, daß Bund, Länder und Gemeinden für jedes Heimatmuseum und Dichterdenkmal gemeinsam zuständig sind, wenn sie nur wollen, und es meist gemeinsam mit einem privaten Fördererverein finanzieren, der seinerseits wieder in der Hauptsache von allen drei finanziert wird, wobei häufig noch die Mittel aus den Fonds verschiedener Ministerien fließen. Auch dieser Zusammenhang macht wieder deutlich, wieweit Finanzausgleichsfragen auf der Aufgabenteilung beruhen und mit der Verfassungsstruktur zu tun haben.

c) Die gemeinsame Finanzierung sollte zur schlagkräftigen Sicherung eines zügigen Vollzugs den großen politischen Programmen des Bundes vorbehalten bleiben. Eine schärfere Abgrenzung von Bundes- und Landeszuständigkeiten würde den Bundeshaushalt wohltätig erleichtern. Die Frage der Vollzugskosten der Bundesgesetze bedürfte der Klärung. Ein Verstoß in dieser Richtung ist schon 1952 von der Studienkommission zur Neuordnung des bundesstaatlichen Finanzausgleichs gemacht worden. Danach sollten die Vollzugskosten von den Ländern getragen werden, sofern der Bundesrat zustimmte, sonst vom Bund als dem Veranlasser der Kosten. Der damalige Vorschlag könnte bei einer Finanzreform vielleicht wieder aufgenommen und entsprechend der Entwicklung der Verhältnisse und dem gewonnenen Erfahrungsmaterial abgewandelt werden. Bei gutem Willen wäre es in der Tat möglich, für beide Partner und deren Verwaltungen segensreich, wenn der Zug zur Aufgabenvermengung abgestoppt und die „Anziehungskraft des größeren Haushalts" (vgl. § 2 Ziff. 5 dieses Abschnitts) abgebremst würde. Das Programm der „Aufgaben- und Haushaltsautarkie" des Art. 109 GG hat — unbeschadet des folgenden — einen guten Sinn.

3. Was nun die Notwendigkeit anbetrifft, eine gemeinsame Haushaltspolitik von Bund, Ländern und Gemeinden unter Berücksichtigung ihrer wirtschafts- und konjunkturpolitischen Auswirkungen zu betreiben, so fragt es sich allerdings, ob der Grundsatz der Haushaltstrennung durchgehalten werden kann. Es liegt auf der Hand, daß hier zwei widerstreitenden Tendenzen in Konflikt geraten: Autonomie und

Ökonomie, um es ganz klar zu sagen — beides bedeutende Werte ganz verschiedener Ebenen —. Eine vorsichtige Abwägung ist notwendig. Diese Abwägung sollte, ohne mit Schlagworten zu arbeiten, gründlich überlegen, welche Möglichkeiten der wirtschafts- und konjunkturpolitischen Einflußnahme in den Länderhaushalten überhaupt stecken. Möglicherweise sind bei Struktur der Länderaufgaben ihre Haushalte so sehr Grundaufgaben der laufenden Verwaltung, so sehr den ständigen „Generalunkosten" des Staatsapparats gewidmet, daß ihr konjunkturpolitischer Spielraum überschätzt wird, vom Bausektor, der bei Ländern und Gemeinden wegen ihrer Aufgaben besonders groß ist, vielleicht abgesehen. Bei dem größeren Haushalt des Bundes mit seinen großen wirtschaftlichen und sozialen Programmen dürften auch die größeren Möglichkeiten liegen, sofern die politischen Gegenkräfte sich überwinden lassen. Heute berechtigt nichts dazu, die Frage mit Sicherheit zu bejahen, ob die Haushaltspolitik bei einem der beiden großen Partner ihre konjunkturpolitische Bewährungsprobe bereits bestanden hat. Man kann den Anschein nicht von der Hand weisen, daß bei beiden die gleichen Tendenzen „der offenen Hand" herrschen, und die Wirksamkeit von Ausgabebremsen noch nicht unter Beweis gestellt sind. Wenn einer dem anderen vorwirft, daß er sich konjunkturpolitisch falsch oder wenigstens nicht konjunkturgerecht verhalte, so übersieht er den Balken im eigenen Auge.

Das sagt nichts gegen Versuche, ja gegen die Notwendigkeit, die Haushaltspolitik von Bund und Ländern auf freiwilliger Basis aufeinander abzustimmen. Die Schweiz, die die Selbständigkeit der Kantone sehr hoch zu halten weiß, hat in einer Novelle zur Bundesverfassung den Art. 31 gebracht, der eine beispielhafte Lösung des Konflikts zwischen den sich widerstreitenden Prinzipien darstellt. Er lautet:

„Der Bund trifft in Verbindung mit den Kantonen Wirtschaftsmaßnahmen zur Verhütung von Wirtschaftskrisen und nötigenfalls zur Bekämpfung eingetretener Arbeitslosigkeit. Er erläßt Vorschriften über die Arbeitsbeschaffung."

Auch in der Bundesrepublik sind Bemühungen im Gange, zu einer Abstimmung zwischen Bund und Ländern zu gelangen. Zu einer verfassungsmäßigen Festlegung des Prinzips einer koordinierten Haushaltspolitik sind sie noch nicht gediehen; die Hindernisse liegen nach dem Gesagten auf der Hand. Wieder erweist es sich, ein wie schwieriges System das Föderative ist.

§ 9. Der kommunale Finanzausgleich

1. Träger der Daseinsvorsorge

Die Rolle der Gemeinden im politischen Leben der Bundesrepublik kann nicht hoch genug eingeschätzt werden. Dem Bürger stehen sie am nächsten; mit seiner Gemeinde, dem Bürgermeister und der Gemeindeverwaltung lebt er in ständiger Berührung. Es ist kein Zufall, daß nach der Katastrophe von 1945 das öffentliche Leben bei den Gemeinden einsetzte und von dort aus aufbaute. Sie hatten sich als widerstandsfähiger und vitaler erwiesen als der Staat. Man hat damals oft den Aufbau der Demokratie von unten nach oben beschworen. Die Gemeinde ist die Urzelle der staatlichen Organisation. Sie betrachten sich mit Stolz als ursprüngliche Gebietskörperschaften. Trier, so sagen sie, ist „älter" als der Bund und die Länder. Die Gemeinde ist heute wie immer der Träger der „täglichen Daseinsvorsorge". Das zeichnet sie besonders aus. Die Sorge und die Tätigkeit der Gemeinde begleiten den Bürger von der Wiege zum Grab. Er bewegt sich auf der örtlichen Straße, benutzt die städtischen Verkehrsmittel, trinkt Wasser aus der Wasserleitung, bezieht das Gas aus dem städtischen Gas- und den Strom aus dem gemeindlichen Elektrizitätswerk. Im Krankheitsfalle umsorgt ihn das städtische Krankenhaus; seine letzte Ruhe findet er auf dem Gemeindefriedhof. Die Stadtpolizei, das Schulhaus, die Feuerwehr, sind gemeindliche oder doch vorwiegend gemeindliche Einrichtungen. Insbesondere mit Straßen und Verkehrsmitteln, Gas, Wasser, Kanalisation legt die Gemeinde die Grundlage für jede wirtschaftliche Betätigung. Sie stellt die große Masse des „Sozialkapitals" zur Verfügung, auf dem das Arbeitsleben des Bürgers — oft allzu selbstverständlich — aufbaut. Die Verfassung der Gemeinde, ihr Verhältnis zum Bürger einer- und zum Staat andererseits, die Sicherung ihrer Funktionsfähigkeit — administrativ und finanziell — sind Grundanliegen der staatlichen Ordnung. Das Netz der Gemeinden wird ergänzt durch das der Gemeindeverbände — der Landkreise, die von den kleineren Gemeinden gebildet werden.

2. Historische Wurzeln

Die Tätigkeit der Gemeinden hat weit zurückreichende historische Wurzeln. Die „Gemeindefreiheit" hatte immer einen guten Klang. Sie erweckt Bilder aus der großen Vergangenheit der deutschen Gemeinden, Erinnerungen an die Städteherrlichkeit der deutschen Reichsstädte wie Augsburg, Nürnberg, Köln mit ihrer gewaltigen wirtschaftlichen, kulturellen Bedeutung, und an die weltweite Ausstrahlung der Hansestädte. Freilich ist vieles davon vergangen, aber

„Ging es leuchtend nieder,
leuchtet es noch lang zurück!"

Es waren die erstarkenden Fürstenstaaten, die in einem langen Prozeß die Eigenständigkeit und Besonderheit eingeebnet und die Mediatisierung der „Reichsunmittelbaren" durchgesetzt haben. Auch andere Umstände spielten eine Rolle wie die Industrialisierung, die Verlagerung der Verkehrswege u. ä. mehr. Niemals konnte naturgemäß die Bedeutung und Stärke der vielen kleineren Gemeinden, der Landgemeinden insbesondere, so Großartiges sie im einzelnen geleistet haben, an die Leuchtkraft der großen Städte herankommen. Im Laufe der Jahre wurden den Gemeinden eine Reihe von Aufgaben abgenommen, um sie auf stärkere Schultern mit größerer administrativer und finanzieller Kraft zu übertragen. Immer mehr nahm sich der Staat des Schulwesens und der Polizei an und selbst das Fürsorgewesen, das früher eine ausgesprochen kommunale Angelegenheit war, ist im Wohlfahrtsstaat mehr oder weniger auf den Zentralstaat übergegangen.

In der Tat passen viele soziale Anliegen des Wohlfahrts- und Sozialstaats weithin nicht mehr auf die Gemeindeebene. Sie müssen vielmehr aus Gerechtigkeitsgründen einheitlich geregelt und aus finanziellen Gründen einheitlich finanziert werden. Gerade hierin zeigt sich der Wandel vom klassischen Staatswesen zum Wohlfahrtsstaat am allerdeutlichsten. Die Selbstverwaltung wird im Massenstaat in die Verteidigung gedrängt.

Daneben läuft noch eine andere Entwicklungslinie: Die Gemeinden — rund 24 000 in der Bundesrepublik — leben nicht mehr beziehungslos wie Inseln in einer idyllischen Landschaft nebeneinander. Die Massierung der Bevölkerung in Industriestädten und die immer enger werdende Besiedlung schaffen ein dichtes Netz von nachbarschaftlichen Verflechtungen und Abhängigkeiten. Die natürlichsten und unentbehrlichsten Güter — Wasser, Luft und Boden werden immer knapper — müssen verwaltet, bewirtschaftet und rationiert werden. Abgesehen von den riesigen Kosten entsteht dadurch in immer stärkerem Maße ein Zwang zur Planung, die größere Räume umgreift und weit in die Zukunft voraussieht. Das trifft nicht nur im Ausstrahlungsraum der Großstädte zu. „Der Industrialisierungsprozeß des 19. und 20. Jahrhunderts hat mit der Absaugung wirtschaftlicher Kapazität aus bestimmten Bezirken und deren Anhäufung in anderen neuen Raumeinheiten entstehen lassen, welche die Geschlossenheiten alter Gemeinden durchbrechen und ein Geflecht von neuen ungewohnten Beziehungen zwischen den Gemeinden entstehen lassen. Dieser Neugliederung unserer Wirtschaftsräume steht aber immer noch unverändert die alte Verwaltungsgliederung gegenüber. Soziale Wirklichkeit und Verwaltungsordnung haben sich merklich auseinandergelebt[11]." Daran ist sicher sehr viel Wahres. Bei genauerem Zusehen ist man überrascht, nicht nur wie sehr auch in kleinen Gemeinden die Probleme über den Schatten des Kirchturms hinauswuchsen, sondern wie weit man sich dort dessen bewußt wurde — wenn man es auch in der Öffentlichkeit nicht zuzugeben wagt. Ähnlich wie in der großen Politik die Landesgrenzen als Trennungslinien immer mehr verwischt werden, so wachsen auch die Aufgaben über die Gemeindegemarkung hinaus. Es ist keine pietätlose Frage mehr, ob ein Mosaik von 24 000 Gemeinden, von denen 17 000 weniger als 1000 Einwohner und die große Mehrzahl sogar weniger als 300 Bürger zählt, nicht antiquiert ist! In Bayern, dem flächenmäßig größten Land der Bundesrepublik, liegen die Dinge so: Von den 7116 Gemeinden zählen nur rund 1500 mehr als 1000 und nur 23 mehr als 10 000 Einwohner. Häufig wird die Sorge geäußert, ob die administrative Kraft dieser vielen kleinen Gemeinden den Anforderungen der Zeit noch gerecht werden kann bei aller Bemühung und bei stolzen Erfolgen tüchtiger Bürgermeister im einzelnen. Deshalb bräuchte der Landkreis noch nicht zur Großgemeinde ausgebaut werden, wie gelegentlich vorgeschlagen wurde. Aber von den Möglichkeiten der übergemeindlichen Zusammenarbeit wird mehr und mehr Gebrauch gemacht werden müssen und die koordinierende Tätigkeit des Staates — unter behutsamer Rücksicht auf die Selbstverwaltung — wächst in ihrer Bedeutung.

3. *Die Selbstverwaltung*

Die Selbstverwaltung ist ihrer traditionellen Würde und ihrer politischen Würde entsprechend rechtlich stark abgesichert. Das Grundgesetz verlangt, daß die verfassungsmäßige Ordnung in den Ländern „den Gemeinden das Recht gewährleistet, alle Angelegenheiten der örtlichen Gemeinschaft im Rahmen der Gesetze in eigener Verantwortlichkeit zu regeln" (Art. 28 Abs. 2 GG). Die Gemeindeordnung des Freistaats Bayern sichert daher den Gemeinden „in ihrem Gebiet die Erfüllung aller öffentlichen Aufgaben zu". Ausnahmen bedürfen eines Gesetzes. Das Recht zur Erfüllung aller öffentlichen Aufgaben innerhalb ihrer Gemarkung bestimmt geradezu den Charakter der Gemeinden. Sie werden, wie bereits angedeutet, im allgemeinen definiert als „ursprüngliche Gebietskörperschaften mit dem Recht, die örtlichen

---

[11] *Becker-Marx*, Die Region, Deutsche Öffentliche Verwaltung, 1963, S. 328.

Angelegenheiten der Selbstverwaltung im Rahmen der Gesetze zu ordnen und zu verwalten".

Nach der bayerischen Verfassung, die die ureigentlichen Aufgaben der Gemeinden liebevoll aufzählt (Art. 83), fallen in den eigenen Wirkungskreis insbesondere „die Verwaltung des Gemeindevermögens und der Gemeindebetriebe, der örtliche Verkehr nebst Straßen- und Wegebau, die Versorgung der Bevölkerung mit Wasser, Licht, Gas und elektrischer Kraft, Einrichtungen zur Sicherung der Ernährung, Ortsplanung, Wohnungsbau und Wohnungsaufsicht, örtliche Polizei, Feuerschutz, örtliche Kulturpflege, Volks- und Berufsschulwesen und Erwachsenenbildung, Vormundschaftswesen und Wohlfahrtspflege, örtliches Gesundheitswesen, Ehe- und Mütterberatung sowie Säuglingspflege, Körperertüchtigung der Jugend, öffentliche Bäder, Erhaltung ortsgeschichtlicher Denkmäler und Bauten". Zu dem eigenen Wirkungskreis der Gemeinden tritt noch der übertragene. Die Gemeinden sind verpflichtet, ihnen durch Gesetz übertragene Aufgaben namens des Staates zu erfüllen[12]. Handeln die Gemeinden im eigenen Wirkungskreis nach eigenem Ermessen, so können für die Erledigung übertragener Angelegenheiten Weisungen von den zuständigen Staatsbehörden erteilt werden. Aufgaben- und Verantwortungsbereich der Gemeinden sind also sehr umfangreich. Den Vätern des Grundgesetzes und der Landesverfassungen schwebte deutlich ein kraftvolles Gemeindeleben und eine blühende gemeindliche Selbstverwaltung vor.

Was nun den Ordnungsrahmen anbetrifft, in dem sich die Wirtschaftsgebarung der Gemeinden abspielt, so haben die Länder im Anschluß an die von ihnen geschaffenen Gemeinde- und Kreisordnungen das Haushalts- und Wirtschaftsrecht neu geordnet. Die Einheitlichkeit des Haushaltsrechts ist dabei im ganzen Bundesgebiet bewahrt geblieben. Die neuen Gemeindeordnungen übernahmen nämlich die insoweit vorbildlichen Bestimmungen der Deutschen Gemeindeordnung, teilweise sogar wörtlich. Zumeist beließen sie es bei den überkommenen Bestimmungen über die Aufstellung und Ausführung des Haushaltsplanes der Gemeinden, über ihr Kassen- und Rechnungswesen, über ihre Rücklagen und über die Führung ihrer Eigenbetriebe[13].

4. Die finanzielle Sicherung

Ihren Aufgabenkreis können die Gemeinden nur dann ausfüllen, wenn sie finanziell entsprechend ausgestattet sind. Die praktische Betätigung der gemeindlichen Selbstverwaltung bedarf außer ihrer recht-

---

[12] Vgl. Art. 8 und 58 Bayerische Gemeindeordnung.

[13] Vgl. M. *Helmert*, Haushalts-, Kassen- und Rechnungswesen, Berlin 1961, S. 26 ff.

lichen Abschirmung noch der finanziellen Sicherung. Vom bundesstaatlichen Finanzausgleich muß verlangt werden, daß er auch den Kommunen die Mittel erschließt, die sie zur Erfüllung ihrer Aufgaben benötigen. Nach dem Grundgesetz ist es so, daß ihnen von Verfassungs wegen gewisse Finanzmittel garantiert und im übrigen die Länder verpflichtet sind, den Kommunen die erforderlichen Mittel zu erschließen.

Nach allem, was bisher ausgeführt wurde, ist der Idealfall kaum zu verwirklichen. Er wäre gegeben, wenn die Kommunen sich im Rahmen ihrer Selbstverwaltung die benötigten Mittel selbständig besorgen könnten. Dieses Idealbild hat die preußische Städteordnung des Freiherrn vom Stein vor mehr als 150 Jahren geprägt. Danach sollten die Stadtverordneten für die Beschaffung der Finanzierungsmittel selbst sorgen. Es scheint, daß es sich damals schon nicht verwirklichen ließ. Heute haben sich die Dinge von der Idealvorstellung mehr denn je entfernt. Falls man unter Finanzautonomie in der Hauptsache das Recht auf gemeindliche Steuerhoheit verstehen wollte, müßte sie notwendigerweise Wunschtraum bleiben. Finanziell in die Waagschale fallende Besteuerungsrechte der Gemeinden könnten das Prinzip eines einheitlichen Steuersystems und der zentralen Steuerpolitik in einem geschlossenen Wirtschaftsgebiet sprengen. Die Ausschöpfung starker Steuerquellen nach örtlichen Bedürfnissen könnte nicht rationell sein. Aus diesem Grunde verlief auch die historische Entwicklung von den Gemeindesteuern, die zuerst den Schwerpunkt des Steuersystems bildeten, zu den Staatssteuern und schließlich zum Reichs- bzw. Bundessteuersystem. Das ist allerdings in einem enormen Ausmaß der Fall gewesen. Es gibt ein Bild von dem Grad der Zentralisierung des Steuerwesens, wenn man am Beispiel der Stadt München feststellt, daß in ihrem Weichbild im Jahre 1962 3 Mrd. DM Steuern aufgebracht wurden, aber nur 380 Mill. DM davon in die Kasse der Stadt flossen. Was München darüber hinaus an Steuergeldern bezieht, erhält es in Form von Zuweisungen vom Land[14]. Es sind keine Einnahmen aus eigenem Recht. Aber trotzdem bleibt für die Betätigung der Selbstverwaltung, hier der Finanzverwaltung der Gemeinden, noch ein weites Feld. Das gilt vor allem auf der Einnahmeseite für die Pflege der umfangreichen Einnahmen nichtsteuerlichen Charakters sowie auf der Ausgabenseite für den Einsatz und die Verplanung der Mittel im Gemeindehaushalt. Übrigens bietet sich in der Festsetzung der Hebesätze bei den Realsteuern ein, wenn auch bescheidenes, Ventil für die Regulierung des jeweiligen Finanzbedarfs.

---

[14] Vgl. Schaubild: Ordentlicher Haushaltsplan der Stadt München.

5. *Die Finanzierung der Gemeinden*

Wie finanzieren sich also die Gemeinden? Die Gliederung der laufenden Einnahmen sämtlicher Gemeinden der Bundesrepublik ergab für das Jahr 1961 folgendes Bild:

Steuern	45 vH
Erwerbseinnahmen	5 vH
sonstige Einnahmen	25 vH
Finanzzuweisungen	25 vH

Tabelle 9: **Zusammensetzung des Gemeindesteueraufkommens im Jahre 1962**

Grundsteuer	16,5 %
Gewerbesteuer	78,2 %
Kleine Gemeindesteuern	5,3 %

Quelle: **Bulletin der Bundesregierung 1963, S. 835.**

Die Eigeneinnahmen der Gemeinden beliefen sich also auf 75 vH der Gesamteinnahmen. Nur mit einem Viertel ihrer Einnahmen waren sie „Kostgänger" der Länder.

a) Die Grundlage des Gemeindehaushalts sind demnach die Steuern, wenngleich sie bei weitem nicht den gleichen Anteil an den Gesamteinnahmen stellen wie beim Bund und bei den Ländern. Die Masse der Steuereinnahmen kommt aus den „sogenannten Realsteuern", nämlich der Grundsteuer (für land- und forstwirtschaftliches Vermögen bzw. für Grundstücke) und der Gewerbesteuer. Beide gehören zu den ältesten Steuern des Steuersystems. Das örtliche Aufkommen dieser beiden Steuern ist den Gemeinden vom Grundgesetz garantiert. Von ihnen überwiegt heute bei weitem die Gewerbesteuer. Sie stellt etwa 80 vH der Gemeindesteuereinnahmen. Es hängt das damit zusammen, daß die Grundsteuer auf den Einheitswerten der Grundstücke als Besteuerungsgrundlage beruht und daß diese längst durch die Preisentwicklung überholt sind. Starke politische Interessen und Kräfte stehen der Wiederbelebung der Grundsteuer im Wege. Was bleibt, ist also in der Hauptsache die Gewerbesteuer. Angesichts der starken Abhängigkeit der Gemeindefinanzen von ihr erhebt sich die Doppelfrage, ob einmal das gemeindliche Steuersystem gegen etwaige Krisen ausreichend gesichert und ob zum anderen die Gemeindelasten gleichmäßig auf die Gemeindebürger verteilt sind? Liegen sie nicht mit ihrer ganzen Wucht auf den gewerblichen Unternehmen, die die Gewerbesteuer tragen?

Tabelle 10: **Voraussichtliche Verteilung des Steueraufkommens 1962**
(unter Berücksichtigung des kommunalen Finanzausgleichs)

	Milliarden DM	
Steueraufkommen des Bundes	45,43	
Aufkommen an Lastenausgleichsabgaben	2,10	
Länderbeitrag[a])	1,05	
Steuern für Bundeszwecke	48,58	= rund 56 %
Steueraufkommen der Länder	28,19	
abzüglich Länderbeitrag[a])	1,05	
abzüglich Überweisungen an die Gemeinden	4,50	
Steuern für Länderzwecke	22,64	= rund 26 %
Steueraufkommen der Gemeinden	11,20	
Überweisungen von den Ländern	4,50	
	15,70	= rund 18 %
Steuern insgesamt	86,92	100 %

a) Der Länderbeitrag an den Bund bedeutet eine Ausnahmeerscheinung des Jahres 1962; es handelt sich um einen Vorschuß auf die nachträgliche Erhöhung des Bundesanteils um etwa 3 vH.

Hier liegt in der Tat eine Problematik, die mit der folgenden Andeutung bei weitem nicht erschöpft ist. Würde man unterstellen, daß die Gewerbebetriebe aus den Einnahmen ihrer Kunden, Abnehmer und Käufer gespeist werden und daß aus deren Einnahmen die Einkünfte fließen, mit denen die Gewerbesteuer bezahlt wird, so ließen sich beide Fragen bejahen. Die Gewerbesteuer wäre dann nicht mehr und nicht weniger volkswirtschaftlichen Veränderungen unterworfen wie die anderen Steuern, die auf Einnahmen oder Umsatz beruhen. An der Finanzierung der Gewerbesteuer wären dann mittelbar alle Bezieher von Einkünften beteiligt. Diese Feststellung ist zweifellos manchen Einwendungen ausgesetzt. Sie dürfte indes doch für sich einen Richtigkeitsgrad beanspruchen, der der „Kritik der praktischen Vernunft" standhält.

b) Neben den Realsteuern vereinnahmen die Gemeinden eine Reihe von örtlichen Abgaben nach den Gemeindeabgabengesetzen, nämlich die Feuerschutzabgabe, Fremdenverkehrs- und Kurförderungsabgabe, Jagdsteuer, Schankerlaubnissteuer und die Hundeabgabe. Außerdem gibt es eine Reihe von örtlichen Verbrauchssteuern wie die Getränkesteuer, die Speiseeissteuer und die Vergnügungssteuer. Diese Steuern sind keineswegs zu verachten. Einige von ihnen stellen allein, sie alle zusammen namhafte Beträge dar. Sie sind in der großen Steuerpolitik nicht wichtig, im Einzelhaushalt aber hilfreiche Stützen.

c) Das Grundgesetz verpflichtet die Länder, die Steuereinnahmen der Gemeinden aufzustocken durch einen Hundertsatz der Einkommen- und Körperschaftssteuer (Landesanteil), dessen Höhe jedes Land selbst bestimmt. In Bayern sind das derzeit z. B. 10,5 vH, eine Erhöhung auf 12,5 vH ist geplant. Demnach fließt ein nicht unbeträchtlicher Teil des Ländersteueraufkommens — die Einkommen- und Körperschaftssteuer ist ja das Rückgrat der Länderfinanzen — an die Gemeinden.

Neben der Einkommen- und Körperschaftssteuer haben einzelne Länder noch andere Steuern, so z. B. die Kraftfahrzeugsteuer, zur Verbundsteuer gemacht und sie ganz oder teilweise an die Gemeinden abgegeben. Dazu kommen noch sonstige Zuweisungen für bestimmte Zwecke, deren Höhe sich nicht automatisch nach dem Ertrag bestimmter Steuern errechnet. Es handelt sich hier insbesondere um Zuschüsse für die Erfüllung gewisser Aufgaben, an denen Länder und Gemeinden gleichermaßen interessiert sind.

d) Mit diesen zusätzlichen Zuweisungen wenden die Länder insgesamt den Gemeinden etwa 18 vH ihrer Steuereinnahmen zu. Das Bild der Beteiligung von Bund, Ländern und Gemeinden an der bundesstaatlichen Finanzmasse, wie es oben im § 8 bezeichnet wurde, verschiebt sich also im Endergebnis. Danach sind im Jahre 1962 an der gesamten Finanzmasse beteiligt

der Bund mit rund 56 vH,

die Länder mit etwa 26 vH und

die Gemeinden mit gut 18 vH.

Das verändert das Bild des Finanzausgleichs. Allerdings sagen die Zahlen nichts Endgültiges darüber aus, ob der kommunale Anteil an der Bundesfinanzmasse insgesamt ausreichend und ob er auf die einzelnen Gemeinden angemessen verteilt ist.

6. Die Verteilung der kommunalen Finanzmasse

Die Aufstockung der den Gemeinden nach dem Grundgesetz zufließenden Finanzmasse ist eine Aufgabe der Länder. Ihre Erfüllung hängt nicht allein von ihrem guten Willen ab, — für den sorgen die Bürgermeister und Landräte, die sehr häufig als Abgeordnete im Landtag sind — sondern auch von ihren finanziellen Möglichkeiten. Mit der Bereitstellung der kommunalen Finanzmasse allein ist allerdings nicht gedient. Es kommt sehr wesentlich darauf an, den einzelnen Gemeinden einen ausreichenden Anteil an der kommunalen Finanzmasse zu erschließen. Hierin liegt eines der Hauptprobleme des kommunalen Finanzausgleichs.

Wie bereits ausgeführt, ist nach der Schrumpfung der Grundsteuer die Gewerbesteuer die wichtigste eigene Einnahmequelle der Gemeinden. Sie fließt sehr verschieden stark je nach der wirtschaftlichen Struktur der betreffenden Gemeinde. In ländlichen Gemeinden ist ihr Aufkommen verschwindend klein, zumal hohe Freibeträge den kleinen und mittleren Gewerbebetrieb schonen; in Industriegemeinden ist es unter Umständen sehr hoch. Die Finanzkraft der Gemeinden klafft weit auseinander. Es gibt z. B. in Bayern solche, bei denen bei gleichen Hebesätzen pro Kopf der Bevölkerung mehr als 300 DM, bei anderen weniger als 50 DM aufkommen.

In dieser Situation können sich die armen Gemeinden sehr wenig selbst helfen; auch hohe Hebesätze wirken dort nicht, wo keine Gewerbebetriebe sitzen. Das erste Anliegen des kommunalen Finanzausgleichs muß es also sein, jede Gemeinde, deren eigene Finanzkraft dazu nicht ausreicht, auf ein finanzielles Mittelniveau anzuheben. Diesem Zweck dienen die sogenannten Schlüsselzuweisungen. Sie orientieren sich an der Finanzkraft oder vielmehr an der Finanzschwäche der Gemeinde sowie an besonderen Belastungselementen, wie der Einwohnerzahl — mit der Zahl der Einwohner wachsen die Kosten überproportional —, der Kinderzahl, der Lage in einem Grenz- oder Notstandsgebiet und dergleichen. Die Zuweisung aus der Schlüsselmasse ist um so höher, je geringer die Finanzkraft und je größer die außerordentlichen Belastungselemente dieser betreffenden Gemeinde sind. Die Zuweisungen bringen den Gemeinden allgemeine Deckungsmittel, über deren Verwendung im Haushalt sie selbst bestimmen. Schlüsselzuweisungen erhalten 92 vH der bayerischen Gemeinden; nur 8 vH der bayerischen Gemeinden erreichen die finanzielle Mindestausstattung aus eigener Kraft.

Zu diesen Schlüsselzuweisungen treten Zuweisungen, die den Gemeinden bei gewissen typischen Verwaltungskosten, wie Polizei, Straße, Schule, Gesundheitswesen helfen sollen. Auch diese Zuweisungen fließen nach gewissen Richtzahlen. Ihre Aufgabe ist es, die Durchführung der wichtigsten Dienste zu sichern und die Grundlast der gemeindlichen Aufgaben finanzieren zu helfen.

Für Aufgaben, die die Gemeinden im Staatsauftrag in übertragenem Wirkungskreis erledigen, wird ferner eine Pauschalabgeltung vom Staat entrichtet. Endlich gibt es noch Bedarfszuweisungen für besondere Vorhaben, die den Gemeinden im Falle besonderer Notstände oder zur Finanzierung solcher größeren Vorhaben im Bedarfsfalle vom Staate gewährt werden, die die Finanzierungskraft der einzelnen Gemeinden übersteigen.

Das System dieser Zuweisungen ist außerordentlich kompliziert. In jedem Land sind verschiedene Methoden erfunden worden, deren Erfindungsreichtum die Problematik dieses Aufgabengebiets unterstreicht. Ein völlig befriedigender Ausgleich zwischen steuerschwachen und steuerstarken Gemeinden wird bei ihrer großen Zahl und bei der Verschiedenartigkeit ihrer Bedingungen kaum zu schaffen sein. Infolgedessen zeichnet sich der Finanzausgleich durch dauernde Versuche aus. Er ist immer in Bewegung. Jedes Jahr paßt ein neues Finanzausgleichsgesetz die Regelung den neuen Verhältnissen an.

7. *Leistungen der Gemeinden an die Länder*

Der kommunale Finanzausgleich verläuft immer mehr auf der Einbahnstraße vom Land zu den Gemeinden. Dem war nicht immer so. Es gab früher einen beträchtlichen Rückfluß, der im Laufe der Entwicklung immer stärker geschwunden ist. Die Erklärung liegt darin, daß auch im Verhältnis von Staat und Gemeinde das Gesetz von der Anziehungskraft des größeren Haushalts wirkt und Gemeindeaufgaben auf die stärkeren Schultern übergingen. Ein typisches Beispiel ist die Übernahme der Lehrerbesoldung im Zuge der Verbeamtung der Lehrer, ein anderes ist der Zug zur Übernahme der Polizei von der Gemeinde auf den Staat. Die Gemeinden beteiligten sich an dem neuen staatlichen Aufwand in Form von Umlagen, im Falle der Lehrerbesoldung in Form von Schulstellenbeiträgen. Wo derartige Umlagen nach der Finanzkraft der Gemeinden bemessen wurden, ließen sie sich zu einem Instrument der Nivellierung der finanziellen Kräfte ausbauen und zur Abschöpfung sogenannter „abundanter" Finanzkraft verwenden. Es versteht sich, daß diese Beteiligungen in vielen Ländern ganz entfallen sind, in anderen ihre finanzwirtschaftliche Bedeutung längst eingebüßt haben.

8. *Der kommunale Finanzausgleich und der Bund*

Der kommunale Finanzausgleich fällt in den Aufgabenbereich der Länder. Zwischen dem Bund und den Gemeinden laufen — sieht man von der Grundausstattung der Kommunen im Grundgesetz ab — keine Finanzausgleichsgleise. Bei der Verschiedenartigkeit der Aufgabenverteilung und der Ausgleichssysteme zwischen den einzelnen Ländern und ihren Gemeinden ist das auch nicht möglich. Bemühungen, solche Gleise zu legen, beruhen entweder auf gutgemeinter Unkenntnis der Verhältnisse oder auf der Absicht, über eine chaotische Wirrnis zu einer Umstülpung des ganzen dreistufigen Finanzausgleichs von Bund, Ländern und Gemeinden zu kommen. Zugegeben, daß er voller Problematik steckt; die Methoden der Simplifikateure sind zu fürchten.

Vierter Abschnitt

Das System der Einnahmen und Ausgaben

A. Die Einnahmen

§ 1. Die Finanzierungsquellen

1. Die öffentlichen Einnahmen, welcher Art sie auch sein mögen, lassen sich auf drei Quellen zurückführen, nämlich

a) auf das Volkseinkommen;

b) auf zusätzliche Kaufkraft, geschaffen durch Geld oder Kreditexpansionen;

c) auf Kaufkraftübertragung aus fremden Volkswirtschaften durch Zustrom von Auslandskapital.

Die größte Quelle ist naturgemäß das Volkseinkommen. Der Einnahmebeschaffung aus dem Volkseinkommen liegt eine Kaufkraftübertragung zugrunde; sie vollzieht sich zwischen Privatwirtschaft und Staat. Sie entzieht der Privatwirtschaft — den Haushalten und Unternehmen — Verfügungsmöglichkeit, die andernfalls (in aller Regel) in den Konsum oder die Investitionen fließen würde. Man muß sich das dauernd vergegenwärtigen. Der Grundtatbestand der Finanzierung der Staatsausgaben liegt in der Einräumung bzw. Übertragung von Kaufkraft. Die Kaufkraft besteht nur in dem Rahmen, den das Volkseinkommen bietet. Das Volkseinkommen (bzw. das Sozialprodukt) ist in einem bestimmten Zeitabschnitt eine feste Größe, in die sich Staat- und Privatwirtschaft teilen müssen. Auch das muß man sich ständig vergegenwärtigen. Der Staatsanteil hat einen gewaltigen Umfang erreicht. Ob und wie weit er sich noch steigern wird, bildet eine Zukunftsfrage, die wir nicht abzusehen vermögen.

Bei dem unentwegt steigenden Staatsbedarf wird jenes Wachstum der Wirtschaft notwendig, das bereits als Lebensbedingung des Wohlfahrtsstaats hingestellt wurde (vgl. 1. Abschnitt, § 2). Denn nur bei (real) wachsendem Volkseinkommen wächst die Masse eines jeden der beiden Partner. Ja, es ist unter Umständen sogar möglich, den relativen Anteil des Staates schleichend zu vergrößern, ohne daß dadurch die Portion des anderen (absolut) verkleinert wird.

Auch die Übertragung von Kaufkraft aus fremden Volkswirtschaften kann eine große Rolle spielen. Die Geschichte der Auslandsanleihe bietet gerade in unserem Jahrhundert ein außerordentlich farbiges und abwechslungsreiches Bild. Sie fängt an mit den politischen Anleihen vor dem 1. Weltkrieg, führt über die Anleihepolitik der 20er Jahre zur Finanzhilfe, die so beträchtlich zum Wiederaufbau der deutschen Wirtschaft nach 1945 beigetragen hat. Mit den Krediten der Entwick-

Tabelle 11: **Das Sozialprodukt 1960 bis 1962**
— Bundesgebiet einschließlich Berlin (West) —

	in jeweiligen Preisen			in Preisen von 1954		
	1960	1961[a])	1962[a])	1960	1961[a])	1962[a])
I. Entstehung des Sozialprodukts — in Milliarden DM[b]) —						
Land- und Forstwirtschaft, Fischerei	17,72	17,92	18,61	16,09	16,36	16,23
Bergbau und Energiewirtschaft	15,67	16,00	16,85	13,57	14,00	14,60
Verarbeitende Gewerbe	122,18	135,38	146,76	114,15	121,90	127,44
Baugewerbe	20,23	23,26	26,47	14,16	15,12	15,73
Handel	39,22	43,04	47,02	34,01	35,77	37,39
Verkehr und Nachrichtenübermittlung	19,27	20,53	21,73	16,00	16,36	17,18
Kreditinstitute und Versicherungsgewerbe	8,81	9,71	10,92	6,11	6,63	7,08
Dienstleistungen	18,86	20,82	23,21	14,04	14,70	15,12
Wohnungsvermietung	7,99	9,82	10,76	6,92	7,49	8,02
Staat	22,04	25,34	27,86	16,73	17,71	18,94
Private Haushalte[d])	4,65	4,98	5,31	3,20	3,13	3,17
Bruttoinlandsprodukt	296,64	326,80	355,50	254,98	269,17	280,90
± Saldo der Erwerbs- und Vermögenseinkommen zwischen Inländern und der übrigen Welt	+ 0,16	— 0,40	— 0,40	— 0,08	— 0,57	— 0,60
Bruttosozialprodukt	296,80	326,40	355,10	254,90	268,60	280,30
— Abschreibungen	26,24	29,39	33,06	22,87	24,80	26,73
Nettosozialprodukt zu Marktpreisen	270,56	297,01	322,04	232,03	243,80	253,57
— Indirekte Steuern abzgl. Subventionen	40,76	44,95	48,83	.	.	.
Nettosozialprodukt zu Faktorkosten (Volkseinkommen)	229,80	252,06	273,21	.	.	.

	in jeweiligen Preisen			in Preisen von 1954		
	1960	1961[a]	1962[a]	1960	1961[a]	1962[a]
II. Verteilung des Volkseinkommens — in Milliarden DM[b] —						
Einkommen der privaten Haushalte						
aus unselbständiger Arbeit	139,77	157,20	173,95	.	.	.
aus Unternehmertätigkeit und Vermögen	70,91	74,94	79,16	.	.	.
Unverteilte Gewinne der Unternehmen mit eigener Rechtspersönlichkeit	15,48	15,61	15,42	.	.	.
Einkommen des Staates aus Unternehmertätigkeit und Vermögen	3,64	4,31	4,68	.	.	.
Volkseinkommen	229,80	252,06	273,21	.	.	.
III. Verwendung des Sozialprodukts — in Milliarden DM[b] —						
Privater Verbrauch	170,03	186,59	203,40	152,43	162,79	171,99
Staatsverbrauch	40,40	46,42	53,02	32,78	35,67	39,63
Anlageinvestitionen	70,62	80,71	89,81	60,00	65,63	69,18
Ausrüstungen	35,60	40,66	44,50	32,84	36,65	38,76
Bauten	35,02	40,05	45,31	27,13	28,98	30,42
Vorratsveränderungen	+ 8,59	+ 5,90	+ 5,20	+ 8,19	+ 5,50	+ 5,00
Außenbeitrag[e]	+ 7,16	+ 6,78	+ 3,67	+ 1,50	— 0,99	— 5,50
Ausfuhr	62,91	65,81	68,93	59,28	61,25	63,83
Einfuhr	55,75	59,03	65,26	57,78	62,24	69,33
Bruttosozialprodukt	296,80	326,40	355,10	254,90	268,60	280,30
IV. Zuwachsraten — in v. H. —[c]						
Bruttosozialprodukt	+ 11,5	+ 10,0	+ 8,8	+ 8,8	+ 5,4	+ 4,4
Nettosozialprodukt						
zu Marktpreisen	+ 11,4	+ 9,8	+ 8,4	+ 8,7	+ 5,1	+ 4,0
zu Faktorkosten	+ 11,8	+ 9,7	+ 8,4	.	.	.
Privater Verbrauch	+ 8,5	+ 9,7	+ 9,0	+ 7,0	+ 6,8	+ 5,7
Staatsverbrauch	+ 12,5	+ 14,9	+ 14,2	+ 8,0	+ 8,8	+ 11,1
Anlageinvestitionen	+ 15,6	+ 14,3	+ 11,3	+ 11,5	+ 9,4	+ 5,4

a) Vorläufiges Ergebnis. — b) Abweichungen in den Summen durch Runden der Zahlen. — c) Zuwachsraten 1960 ohne Saarland und Berlin (West). — d) Einschließlich private Organisationen ohne Erwerbscharakter. — e) Waren und Dienstleistungen.

Quelle: Finanzbericht 1964.

lungshilfe, sei es daß sie von Land zu Land gegeben werden oder daß sie die Weltbank vermittelt, setzt sich die Geschichte des Auslandskredits in interessanter und fruchtbringender Weise fort.

In diesem Zusammenhang ist es nicht möglich, die Anleihewirtschaft näher zu behandeln. Sie hat im Haushalt des Bundes eine geringe, in den Haushalten der Länder und Gemeinden eine ansehnliche Rolle gespielt. Im großen und ganzen des Gesamthaushalts von Bund, Ländern und Gemeinden fiel sie nach dem Kriege bis jetzt neben den üppig fließenden Steuern nicht allzusehr ins Gewicht.

Die Bemühungen, zusätzliche Kaufkraft zu schaffen, ja geradezu herbeizuzaubern, hat die Finanzwirtschaft der Neuzeit seit den Alchimisten immer mehr beschäftigt. Soweit sie überhaupt Erfolg hatten, war das Glück immer nur von kurzer Dauer. Inflationsexperimente prägen sich im politischen Bewußtsein der Bevölkerung tief ein. Es ist kein Zufall, daß sich auch Faust damit beschäftigte:

„Damit Wohltat allen gleich gedeihe,
so stempelten wir gleich die ganze Reihe,
10, 30, 50, 100 sind parat,
ihr denkt Euch nicht, wie wohl's dem Volke tat[1].“

Der Wohltat pflegt grausame Ernüchterung Platz zu machen, wenn der Zauber gebrochen ist. Nichts kann darüber hinweghelfen, daß das Volkseinkommen eine feste Größe darstellt, die nur einmal verbraucht werden kann. Privatwirtschaft und Staatswirtschaft müssen sich darein teilen.

2. Die Kaufkraftübertragung von der eigenen Volkswirtschaft auf den Staat vollzieht sich auf dem Wege über

a) die öffentlichen Abgaben;

b) die inneren Anleihen;

c) die eigene erwerbswirtschaftliche Betätigung des Staates.

Im Verlauf der Geschichte haben sich mehrmals große und die staatliche Organisation kennzeichnende Verschiebungen in der Zusammensetzung der öffentlichen Einnahmen ereignet. In der Periode des Kameralismus kam den erwerbswirtschaftlichen Einkünften die hervorragendste Bedeutung zu. Insbesondere war es die staatliche Land- und Forstwirtschaft, die beträchtliche Erträge abwarf. Zu ihr traten vor allem die Regalien. Das ging so weit, daß die Staatsfinanzen auf Einnahmen dieser Art „fundiert“ schienen. Bei dem Regierungsantritt Friedrich des Großen sollen die Domänen die Hälfte der Staatseinnahmen gebracht haben. Zu seiner Zeit beginnt aber schon der steile

[1] „Der Schatzmeister“ in „Faust“ II. Teil.

Anstieg der Steuereinnahmen — eine Folge ihrer Pflege durch die Kameralisten. Heute sind die Erwerbseinkünfte der Staaten von untergeordneter Bedeutung. Das liegt nicht an einem Schwund des Staatsvermögens oder einem Rückgang der staatswirtschaftlichen Betätigung. Im Gegenteil, das Staatsvermögen ist umfangreicher und die erwerbswirtschaftliche Betätigung unendlich vielseitiger geworden als je. Auch die Einnahmen aus diesen Quellen sind, verglichen mit damals, stark gewachsen. Wenn sie trotzdem nicht mehr die Rolle von früher spielen, so liegt das in der überdimensionalen Steigerung des Steueraufkommens. Dieser Tatbestand findet seinen Ausdruck in dem plastischen Begriff „Steuerwirtschaft" (Gerloff). Man versteht darunter den Tatbestand, daß die Kaufkraftübertragung von der Privatwirtschaft auf die Staatswirtschaft durch das Mittel der Steuer erfolgt, und zwar in einem Maße, daß alle anderen Staatseinkünfte in den Schatten gestellt und die Steuern zum Rückgrat der Staatsfinanzen werden.

Über die wirtschaftliche Betätigung der öffentlichen Hand wird an anderer Stelle gesprochen.

§ 2. Die öffentlichen Abgaben

Man pflegt die öffentlichen Abgaben in Gebühren, Beiträge, Zweckabgaben und Steuern zu gliedern[2]. Bußen und Strafen sind daneben von geringerer Bedeutung.

1. Die Gebühren sind von der öffentlichen Gewalt festgesetzte Entgelte für die Gewährung einer öffentlichen Leistung, sie sind demnach Entgeltabgaben. Ihre Erhebung setzt also eine bestimmte Leistung oder Tätigkeit der öffentlichen Hand voraus, etwa die Ausstellung eines Passes, die Erteilung einer Bauerlaubnis oder dergleichen. Eine große Rolle spielen die Gerichtsgebühren. Sie sind das beste Beispiel dafür, daß ihre Bedeutung gelegentlich über das Fiskalische hinausreicht. Die Höhe der Gerichtsgebühren ist mit dafür entscheidend, ob die Gerichte von jedermann angerufen werden können oder ob sie prohibitiv wirken. Diese Frage ist von rechts- und sozialstaatlicher Bedeutung. Nach dem bayerischen Haushalt betragen die Einnahmen der Rechtsprechung im Jahre 1962 etwa 81 Mill. DM. Sie decken damit einen nicht unbeträchtlichen Teil der Ausgaben, die sich auf rund 185 Mill. DM belaufen.

Ähnliche Fragen tauchen bei Vorlesungsgebühren der Hochschulen und Ausbildungskosten durch staatliche Einrichtungen auf. Derartige

[2] Vgl. dazu *Gerloff*, „Die Gebühren"; *Büchner*, „Die Beiträge", im Handbuch der Finanzwissenschaften, 1956, S. 203, 225.

Gebühren werden die Kosten niemals decken können. Kostendeckung wird dagegen angestrebt bei den Verkehrstarifen der öffentlichen Verkehrsmittel; ob sie Gebührencharakter haben oder ob es sich um Preise handelt, ist fraglich. Der Preis für eine Theaterkarte in der Staatsoper dürfte ein privatrechtliches Entgelt und keine öffentliche Gebühr sein. Umgekehrt wird die Rechnung für Aufenthalt und Behandlung in einem städtischen Krankenhaus eher auf Gebührenordnung als auf Privatrecht beruhen. Die Wahl ist dem Träger der Einrichtung anheimgestellt. Er kann beide Wege gehen. Praktisch ist für seine Entscheidung meist maßgebend, daß im Streitfall die Eintreibung der Gebühr ohne Erstreitung eines Gerichtsurteils erfolgen kann. Sie kann auf Grund der behördlichen Festsetzung durch die Vollstreckungsorgane der Justizverwaltung (oder auch die Finanzämter) beigetrieben werden.

Es ergibt sich aus dem Wesen des Entgelts für eine Leistung, daß sie in Beziehung zu deren Kosten gebracht werden. Nach dem Äquivalenzprinzip wird die Kostendeckung angestrebt. In der Praxis gilt als Leitgedanke, daß die Gebührensätze die Kosten der betreffenden Leistung bestenfalls decken, keinesfalls übersteigen sollen.

Dieser Gedanke ist indes nicht bindend: „Längst wird kein Anstand mehr gefunden, Gebühren und sonstige Abgaben ähnlicher Art nicht nach dem in concreto geleisteten Aufwand, sondern nach dem allgemeinen Finanzbedarf zu bemessen[3].“ Man muß allerdings hinzusetzen: das gilt nur in Einzelfällen.

In aller Regel liegen die Gebühren weit unter den Kosten. Gelegentlich werden auch andere als Kostengesichtspunkte für die Bemessung herangezogen. So werden die Gebühren gelegentlich nach dem Geschäftswert gestaffelt; manchmal auch werden sie unter Berücksichtigung der finanziellen Leistungsfähigkeit des Antragstellers festgesetzt. Es herrscht also eine bunte Vielfalt von Überlegungen. Ein Kompaß durch dieses Gestrüpp wird sein müssen, daß die Gebühren dazu beitragen sollen, die Kosten für besondere Leistungen, die von bestimmten Personen beansprucht werden, hereinzubringen, um damit den allgemeinen Haushalt, der aus Steuern zu finanzieren ist, also den Steuerzahler, zu entlasten. Mit dieser Überlegung, die Kosten von abspaltbaren Sonderleistungen denjenigen aufladen zu wollen, denen sie zugutekommen, während naturgemäß die Grundlast immer vom Steuerzahler finanziert werden muß, gewinnt das Gebührenwesen eine ganz besondere Beachtung. Es muß von der Verwaltung aufmerksam gepflegt werden. Die Gebühren stellen einen wichtigen Beitrag zur

---

[3] *Forsthoff*, Lehrbuch des Verwaltungsrechts, Bd. I, S. 439.

Deckung spezieller Verwaltungskosten dar und vermögen den Steuerhaushalt nicht unwesentlich zu erleichtern. Ein Sonderfall der Gebühren sind die Konzessionsabgaben, die von Gemeinden zu Lasten von Versorgungsunternehmen erhoben werden, die die gemeindlichen Wege für die Verlegung ihrer Leistungen verwenden.

2. Ähnliches gilt von den Beiträgen, die zur Finanzierung bestimmter Einrichtungen und Leistungen bei denjenigen erhoben werden, die davon besondere Vorteile haben oder haben können. Auch bei ihnen spielt der Entgeltgedanke eine Rolle. Er wird allerdings dadurch etwas verwässert, daß es nicht entscheidend ist, ob der Betroffene von der Einrichtung überhaupt Gebrauch macht oder nicht. Immerhin besteht ein Zusammenhang zwischen dem möglichen Interesse des Betroffenen und der Belastung — etwa die Länge der Straßenfront oder — bei Umlagen der Berufverbände — die Größe des Umsatzes. Das übliche Beispiel für die Beiträge sind die sogenannten Straßen-Anlieger-Beiträge. Sie helfen den Gemeinden sehr wesentlich bei der Bestreitung der Wegekosten.

In immer stärkerem Maße sind die Beiträge ein Mittel geworden, die Aufgaben von Zweckverbänden, Genossenschaften, Berufs- und Standesorganisationen zu finanzieren. Diese Organisationen scheinen in dem pluralistischen Staatswesen nach politischer Bedeutung und Weite des Aufgabenbereichs einen immer größeren Raum einzunehmen. „The growth of these semi-autonomous bodies is one of the most noticeable recent developments in the administrative machine[4].“ Man bezeichnet sie häufig als „intermediäre Staatsgewalten“ (Fritz Mann). Sie schieben sich langsam, aber sicher zwischen Staatsverwaltung und Staatsbürger. Hier organisiert er sich gewissermaßen seine eigene Bürokratie, die der des Staats gegenübertritt; es ist die Apparatur der Verbände und Interessenvertretungen, die heute ihre große Zeit erlebt. Ihrer Art nach sind es Selbstverwaltungsorganisationen, die oft auf bürgerlich-rechtlicher Grundlage, häufig aber auch öffentlich-rechtlich organisiert sind. Ihr Charakter schwankt vom freiwilligen Zusammenschluß, dem dann auch die Freiwilligkeit der Beitragsleistung entspricht, bis zur öffentlich-rechtlichen Zwangs-Mitgliedschaft, der dann auch der Zwangs-Beitrag angemessen ist. Naturgemäß erscheinen diese Beiträge, selbst wenn sie auf öffentlich-rechtlicher Grundlage beruhen, nicht in den Haushalten von Bund, Ländern und Gemeinden. Die Empfänger dieser Beiträge sind eben selbständige Körperschaften oder Anstalten des privaten oder öffentlichen Rechts und haben dementsprechend auch eigene Haushalte. Sie finanzieren ihre Aufgaben teils selbständig aus diesen

---

[4] *Jennings*, Cabinet Government, 1947, S. 73.

Beiträgen, teils mit Zuweisungen aus anderen öffentlichen Haushalten. Die finanzwirtschaftliche Bedeutung dieser neuen Entwicklung ist noch nicht gewürdigt. Wie groß das Volumen dieser Abgaben ist, läßt sich nicht feststellen. In den Bilanzen der Betroffenen erscheinen sie als Kosten. Bei den Einkommen- und Körperschaftssteuern sind sie demnach abzugsfähig. Darin kommt in bescheidener Weise zum Ausdruck, daß der Staat von ihrem Vorhandensein überhaupt Kenntnis nimmt. In den weiteren Kreis dieser Beiträge gehören auch die Abgaben der Industrie zur Montanunion. Bei der Finanzierung internationaler Einrichtungen spielen Umlagen und Beiträge eine große Rolle.

3. Die Zweckabgaben bilden den Übergang von den Gebühren und Beiträgen zu den Steuern. Dieses Zwischenglied verdient eine besondere Hervorhebung. Zu den Zweckabgaben gehören nämlich die Beiträge zur Sozialversicherung, zu den Familienausgleichskassen, zur landwirtschaftlichen Altersversorgung u. ä. mehr. Ihr Aufkommen — mehr als 30 Mrd. DM — ist, fiskalisch gesehen, mit dem der Steuern durchaus vergleichbar. Es übertrifft weit das Aufkommen der Umsatzsteuer, es erreicht nicht ganz das der Einkommen- und Körperschaftssteuer. Bei der Beurteilung der steuerlichen Gesamtbelastung muß man sie also durchaus in Betracht ziehen. Auch das schon erwähnte Standard-System der OEEC gliedert sie in die Staatseinnahmen ein. Das gilt auch bei der Beurteilung der soziologischen Verteilung der öffentlichen Lasten. Von den Steuern unterscheidet sich diese Zweckabgabe durch ihre Zweckbindung. Sie sind die Vorleistung für spätere Gegenleistung beim Eintritt des „Versicherungsfalles". Es stehen diesen Beiträgen also die gesetzlich normierten Leistungen etwa der Sozialversicherung oder der Altersversorgung gegenüber.

Die wichtigsten Quellen des Einnahmesystems sind aber die Steuern.

§ 3. Die Steuern und die Steuerlast

1. Die Aufgabe und damit der Begriff der Steuer hat im Zeichen der modernen Finanzpolitik eine gründliche Wandlung erfahren. Traditionsgemäß schien die Steuer durch drei Merkmale gekennzeichnet: Sie diente der Deckung des Finanzbedarfs. Sie war eine Zwangsabgabe, die auf der Gesetzgebung beruht. Sie war an keine bestimmte Gegenleistung des Staats gebunden. Das gilt alles auch heute noch. Und doch ist ein neuer Zug im Laufe der Zeit so stark in den Vordergrund getreten, daß sich das Gesicht gewandelt hat.

In der Reichsabgabenordnung ist der Begriff der Steuer definiert. Es heißt dort: „Steuern sind einmalige oder laufende Geldleistungen, die nicht eine Gegenleistung für eine besondere Leistung darstellen, und von einem öffentlich-rechtlichen Gemeinwesen zur Erzielung von Einkünften allen auferlegt werden, bei denen der Tatbestand zutrifft, an den das Gesetz die Leistungspflicht knüpft. Zölle fallen darunter, nicht darunter fallen Gebühren für besondere Inanspruchnahme der Verwaltung und Beiträge (Vorzugslasten)." Diese Definition verläuft ganz im Rahmen der herkömmlichen Dreiheit der Begriffsmerkmale.

Bei näherem Zusehen kommt man nicht um die Erkenntnis herum, daß die oben erwähnten drei Merkmale des Steuerbegriffs der Steuer von heute nicht mehr voll gerecht werden und ihr Wesen nicht erschöpfen. Selbstverständlich dient sie heute nach wie vor der Bedarfsdeckung; selbstverständlich ist die Allgemeinheit und Gleichmäßigkeit der Besteuerung ein sogar in der Verfassung verankertes Anliegen des Rechtsstaates. Aber das Ideal der steuerlichen „Neutralität" ist gefallen. Sollte die Steuer vorher die Kraftverhältnisse in der Wirtschaft unverändert lassen, so wird heutzutage das Gegenteil häufig geradezu angestrebt. Die Steuer soll gewisse Wirkungen entfalten.

Diese neue Zielsetzung läßt sich keineswegs leicht umschreiben. Sie werden sowohl bei einzelnen steuerlichen Maßnahmen wie auch bei Überlegungen zum Steuersystem lebendig. Viele Vorstellungen weltanschaulicher, soziologischer, konservativer oder reformerischer Art sind im Spiele. Es genügt, auf die Bezeichnungen hinzuweisen, die von den Ingenieuren finanzphilosophischer Systeme erfunden worden sind, wie

Rational finance (Hansen)
Social finance (Beveridge)
Political finance (Keller)
Functional finance (Lerner).

In allen diesen Systemen und Entwürfen der modernen Steuerlehre gewinnt der Steuerbegriff einen neuen Aspekt. Gleichberechtigt neben die Bedarfsdeckung oder sogar noch über sie werden die steuerlichen Wirkungen auf Wirtschaft, Konjunktur und Sozialgefüge gestellt. Die Steuer wird zum Mittel der ökonomischen und sozialen Intervention; zum Werkzeug politischen Gestaltungswillens. In der Praxis der Steuergesetzgebung durchdringen sich fiskalische und nicht-fiskalische Zwecke untrennbar. Gerloff hat das Wort „Ordnungssteuer" geprägt. Er formuliert: „Die Ordnungssteuer findet vornehmlich Anwendung, um das wirtschaftliche Handeln zu lenken, um Produktion, Konsumtion, Sparen und Investieren nach Maß und Richtung zu beeinflussen[5]."

---

[5] *Gerloff*, Steuerwirtschaftslehre, Handbuch der Finanzwissenschaften, 1956, Bd. II.

Man wird den Fortschritt nicht verkennen dürfen, der darin beruht. Er liegt auf der Ebene dessen, was im ersten Abschnitt dieser Arbeit ausgeführt wurde. Man wird auf der anderen Seite aber auch nicht verschweigen dürfen, daß die Steuergesetzgebung in der Pragmatik der Politik dadurch auf das Feld der politischen Kompromisse geführt werden kann. Die systematische Sauberkeit der Steuergesetze wird davon keinen Vorteil haben; die steuerliche Gerechtigkeit mag darunter sogar leiden.

Es gibt eine Reihe von Beispielen für die Ordnungsfunktion oder, wie man auch sagen könnte, für die Interventionsfunktion der Steuer. Das berühmteste aus der neueren Zeit ist die Ausbildung der Mineralölsteuer, die im Kampf zwischen Öl und Kohle dem heimischen Rohstoff ausgesprochen einen Preisvorteil einräumen soll.

Teile des Aufkommens dieser Steuer wurden sogar einerseits für den Straßenbau, andererseits für besondere Maßnahmen zugunsten der Kohlenwirtschaft zweckgebunden. Das ist ein interessantes Ereignis, wenn man bedenkt, daß die Zweckbindung bei der Steuer früher völlig verpönt war. Man erkennt an diesem Beispiel deutlich, wie sehr eine Steuer im Dienste einer bewußten politischen Zielsetzung zum Instrument der Wirtschaftspolitik umgeschmiedet werden kann. Ein ähnliches Beispiel findet sich im Beförderungssteuergesetz. Es enthält eine Sonderbesteuerung des Werkfernverkehrs. Zur Begründung war als Hauptziel die Eindämmung des Werksverkehrs genannt worden. In einem verfassungsgerichlichen Verfahren, das deswegen von den Betroffenen betrieben worden war, hat das Bundesverfassungsgericht in einem Urteil vom 22. Mai 1963 diese „in das Gewand eines Steuergesetzes gekleidete wirtschaftliche Lenkungsmaßnahme“ gegen den Vorwurf eines verfassungswidrigen Formmißbrauchs in Schutz genommen. Obwohl auch andere gesetzliche Möglichkeiten zur Ordnung des Verkehrs und zur Sicherung seiner Funktionstätigkeit vorhanden gewesen wären, durfte der Gesetzgeber den Weg der Steuergesetzgebung wählen, um die Benutzung der Straßen und den Wettbewerb mit der Bundesbahn zu regeln.

Aus der klassischen Zeit sind Schutzzölle, die die heimische Industrie gegen ausländische Konkurrenz abschirmen sollten, und im Gegensatz dazu Finanzzölle, die nur wegen ihres Ertrags erhoben wurden, Beispiele dafür, daß alles schon dagewesen ist. Tabak-, Tee- und Kaffeesteuer gehören ebenfalls zu den klassischen Finanzsteuern. Daß auch diese Interventionsabgaben Einnahmen für die Staatskasse erbringen, erscheint als eine weise Einrichtung der Vorsehung, die hier das Nützliche und das Angenehme in schöner Eintracht zu verbinden weiß, sofern man die Sache nur nicht vom Standpunkt des Rauchers oder Kaffeeliebhabers betrachtet.

Den jeweiligen Interventionszielen dienen im übrigen weniger bestimmte Steuern als vielmehr die Ausgestaltung der Steuern meist durch Steuerausnahmen selbst. Es werden für bestimmte Personengruppen, etwa für Landwirte, den Mittelstand oder Flüchtlinge Steuererleichterungen geschaffen; es werden bestimmte Einkommensverwendungen steuerlich begünstigt, um dadurch die Neigung zur Ersparnis oder zu Investitionen anzureizen oder sonst den Einkommenstrom zu lenken. Man kann mit einiger Übertreibung behaupten, daß heutzutage mit steuerlichen Mitteln von der Schulausbildung bis zur Altersversorgung, von der Familiengründung bis zum Eigenheim einschließlich Tierhaltung und Vollblutzucht in die privaten Entschlüsse mit beträchtlichem Erfolg einzugreifen versucht wird.

Insbesondere geschieht das bei der Besteuerung des Einkommens. Sie wird nicht zum alleinigen, wohl aber zum wichtigsten Instrument der Intervention. Ihre Bedeutung als Ordnungssteuer erhellt sich an dem Progressionsmaßstab. Das kann soweit gehen, daß das Ziel der Einnahmebeschaffung hinter das Ziel nach Einkommensnivellierung zurücktritt; sehr hohe Progressionssätze von 80 bis 90 vH des Einkommens — die es in Deutschland nicht gibt — verraten, daß die soziale Optik zum Beweggrund der Tarifgestaltung geworden ist.

Freilich darf in diesem Zusammenhang eines nicht verkannt werden: Die Steuerlast ist so schwer und drückend geworden, daß der Gesetzgeber nicht nur seltene Ausnahmelagen anerkennen und berücksichtigen, sondern für weite Bereiche von vornherein Ausnahmen oder Erleichterungen des steuerlichen Zugriffs erlassen muß. Viele dieser steuerlichen Exemptionen sind einfach notwendig, oft schon damit die Kuh am Leben bleibt, die gemolken werden soll, oft aber auch weil die — von Haus aus — für Alle gleiche Besteuerung für Gruppen von Pflichtigen einfach zu drückend wäre. Es sind nicht alle gleich leistungsfähig, die das gleiche verdienen. Es wird oft behauptet, daß das deutsche Steuersystem aus fiskalischen Gründen mit besonderer Härte auf die mittleren Einkommen drücke und daß sie wegen der Ergiebigkeit des Zugriffs besonders scharf herangezogen werden, weil ihre Bezieher nicht ausweichen können. Sicher muß das deutsche Steuersystem diesem Gesichtspunkt besondere Beachtung schenken[6].

Eine verantwortungsbewußte Beurteilung der Steuergesetze ist, wie die Andeutungen beweisen, in dem Chaos der Überlegungen und Wer-

---

[6] Vgl. dazu *Jecht*, Finanzarchiv 19, S. 92.

tungen, der Interessen und der Maskierungen, unter denen sie auftreten, sehr schwierig. Die Wahrheit von der „richtigen" Steuerverteilung wird sich nicht finden lassen; sie ist so problematisch wie der gerechte Preis. Ein Bild davon zu gewinnen, wie die Steuerlast soziologisch verteilt ist, ist nicht weniger schwer.

Wie immer die Dinge liegen, so bleibt das Ergebnis, daß die Steuergesetzgebung mit ihren zahlreichen Ausnahmebestimmungen offensichtlich das Schicksal hat, immer unübersichtlicher und unklarer zu werden. Daß dadurch in dem Augenblick, wo die Finanzverwaltung in der Anwendung überfordert wird, die formale Gleichmäßigkeit der Besteuerung leiden kann, liegt ebenso auf der Hand wie die Bedrohung der inneren Gleichheit, die entsteht, wenn die Gruppen, für die aus diesem oder jenem Grund Besonderes gilt, zahlreicher und bunter; die „Allgemeinheit", die dem gleichen Gesetz unterliegt, immer kleiner wird.

Man muß in diese Überlegungen noch einbeziehen, daß manche Steuer-Privilegien mit Fug und Recht gestern bewilligt, heute durch eine Veränderung der Lage überholt, trotzdem nicht abgebaut werden können, weil die Interessenten mit ihrem politischen Einfluß das verhindern können. Man darf weiter nicht übersehen, daß die Ausnützung verschiedener Steuervorteile das Vorhandensein von Gewinnen bzw. Einkommen voraussetzt, und daß sie um so interessanter wird, je höher die Gewinne und Einkommen liegen, die durch das Wahrnehmen des Steuervorteils der Besteuerung entzogen werden können, während gerade der sozial Schwächere sich ihrer nicht im gleichen Grad oder auch gar nicht bedienen kann.

Die Steuerpolitik ist mit der Vielfalt der auftretenden Erwägungen und der sich kreuzenden Interessen schwerer denn je. Die Steuer hat an Verwendungsbreite gewonnen. So sehr das deutsche System im großen Ganzen den ihr gestellten Aufgaben gerecht wird, ist sie nicht mehr über jede Kritik voll erhaben. Im Ergebnis genügt die Erkenntnis nicht, daß die Steuer nicht nur ein Instrument der fiskalischen Bedarfsdeckung, sondern in Konkurrenz der Ziele ein Werkzeug der Wirtschafts- und Sozialpolitik geworden ist. Zuletzt bleibt nämlich die Frage offen, ob eine Kontrolle über die Auswirkungen der Steuergesetzgebung im einzelnen besteht, wie weit ihre Maßnahmen sich hier oder dort kumulieren, dafür anderwärts gegenseitig aufheben. Die Steuergesetzgebung, ja das Steuerwesen überhaupt ist die hohe Schule der Finanzpolitik — nach wie vor —, nicht das deficit spending.

2. Die Steuerlast wird üblicherweise zum Bruttosozialprodukt zu Marktpreisen in Beziehung gesetzt. Das Bruttosozialprodukt ist bei allen Einwendungen, die man gegen seine Berechnung im einzelnen

vorbringen kann, doch ein geeigneter, wenn auch grober Maßstab für den Entwicklungsgrad und den Wohlstand einer Volkswirtschaft. Es ist also durchaus in der Ordnung, das Steueraufkommen zu diesem Indikator in Beziehung zu bringen. Das Verhältnis vom Steueraufkommen zum Bruttosozialprodukt gibt den Umfang der Steuerlast an. Nun werden allerdings in den einzelnen Staaten die öffentlichen Aufgaben nicht ausschließlich aus Steuern finanziert. Teilweise werden neben den Steuern noch zusätzliche Zwangsabgaben erhoben, wie in Deutschland etwa die Sozialversicherungsbeiträge. Zu einem richtigen Ergebnis kann man infolgedessen nur kommen, wenn man zu den Steuern noch diese Abgaben hinzufügt. Erst dann hat man, wenn nicht die gesamte Abgabebelastung, so doch die große Masse erfaßt. Für das Jahr 1961 ergab sich für die einzelnen Länder folgende Abgabebelastung gemessen am Bruttosozialprodukt[7]:

Deutschland	33,4 vH
Frankreich	32,6 vH
Italien	32,2 vH
Großbritannien	30,3 vH
USA	26,7 vH

Nach dieser Aufstellung weist Deutschland die höchste Abgabebelastung auf. Gleichzeitig zeigt sie in verblüffender Weise, wie nah die Abgabebelastung in den vergleichbaren Staaten nebeneinander liegt. Die Zahlen unterstreichen auch, welche bedeutsame Rolle die öffentliche Hand in der Wirtschaft spielt, aus der sie Summen in solcher Höhe herauszieht und in die sie diese Beträge wieder einschleust. Die Rolle des Staates in der Wirtschaft wird durch kein anderes Datum deutlicher gekennzeichnet.

3. Die Möglichkeit, mit Hilfe der Steuern den Konjunkturablauf insgesamt zu beeinflussen, aber auch durch Einzeleingriffe Einzelwirkungen in der Wirtschaft hervorzurufen, wurde bereits angedeutet. Das Steueraufkommen selbst ist von der Konjunktur abhängig. Es verändert sich mit dem Sozialprodukt. Es wächst mit wachsendem und fällt mit sinkendem Sozialprodukt. Normalerweise würde sich diese Bewegung — etwa bei der Umsatzsteuer — parallel vollziehen. Wir haben indes in der Einkommensteuer eine Steuer mit einem Progressionstarif. Bei wachsendem Einkommen der Steuerzahler wird das Steueraufkommen sich nicht parallel, sondern überproportional entwickeln. Wir haben also normalerweise bei guter Konjunktur einen überproportionalen Zuwachs an Steuern zu erwarten Bei sinkender

---

[7] Quelle: Finanzbericht des Bundesministeriums der Finanzen, 1963, S. 66.

Tabelle 12: **Bruttosozialprodukt und Steuereinnahmen**
in Mrd. DM

	1955	1959	1960	1961	1963a)
Bruttosozialprodukt	185,7	258,9	294,4	323,6	366,7
Steuereinnahmen	42,3	59,3	68,4	78,6	92,1
Zunahme des Sozialprodukts in vH jeweils zum Vorjahr	14,1	8,5	12,0	9,9	5,0
Zunahme der Steuereinnahmen in vH jeweils im Vorjahr	10,5	12,4	14,8	14,8	5,9

a) Schätzung.
Quelle: Grundlagen und Möglichkeiten einer organischen Finanz- und Steuerreform. Institut Finanzen und Steuern, Heft 60, S. 17, und Finanzbericht 1963, S. 37.

Konjunktur wird die umgekehrte Wirkung auftreten. Somit folgt das Steueraufkommen immer der Konjunkturlage mit einem weiten Ausschlag des Pendels. Dank des Progressionstarifs in der Einkommensteuer steckt in diesem Auf und Ab eine Art Selbstkorrektur. Aus Gründen der Konjunkturpolitik wird es begrüßt, wenn im Falle des Konjunkturaufschwungs eine stärkere Kaufkraftabschöpfung eintritt — man spricht hier von einer kalten Steuererhöhung —, während bei der Konjunkturabschwächung mit dem Zurückfallen der Steuereinnahmen Massenkaufkraft erhalten bleibt. Diese Erscheinung wird als „built-in-flexibility" bezeichnet, in die die Konjunkturtheorie so hohe Erwartungen setzte. Um diesen Effekt notfalls zu verstärken, enthält das Einkommensteuergesetz (§ 51) eine Ermächtigung an die Bundesregierung, bei einer „gesamtwirtschaftlichen Konjunkturabschwächung, die eine nachhaltige Verringerung der Umsätze oder der Beschäftigung erwarten läßt", neben den üblichen Abschreibungen Sonderabschreibungen zuzulassen. Von ihnen erwartet man eine Belebung des Investitionsgütermarktes durch zusätzliche Aufträge.

§ 4. Das Steuersystem

1. Es besteht Einigkeit darin, daß eine Alleinsteuer nicht in der Lage wäre, den Steuerbedarf des modernen Staatswesens zu decken. Man kann sich das leicht am Beispiel der Einkommensteuer klar machen, die an erster Stelle dazu berufen wäre, die Rolle einer hypothetischen Alleinsteuer zu spielen. Ihr Aufkommen müßte fast verdreifacht werden, wenn auf das Aufkommen der anderen Steuern verzichtet werden sollte. Wie sich das auf den Tarif der Einkommensteuer und die Gestaltung der Progression auswirken müßte, läßt sich kaum ausmalen. Freilich hätte eine solche Alleinsteuer den Vorteil, daß sie die Ver-

teilung der Steuerlast auf die Bevölkerung ersichtlich machen würde. Das ist bei unserem Steuersystem nicht der Fall.

Der Gedanke an eine Alleinsteuer bleibt so utopisch, daß er nur erwähnt werden muß, um sogleich verworfen zu werden. In aller Welt wird die Staatsbedarfsdeckung infolgedessen durch das Zusammenwirken verschiedener Steuern gelöst. Man spricht von „Steuersystem". Man versteht darunter eben das Zusammenwirken einer Reihe verschiedenartiger Steuern. Sie stehen in einer gegenseitigen Beziehung. Diese Beziehungslehre der Steuerformen steckt noch in den Kinderschuhen, ebenso wie das Wissen um Verteilung der Steuerlast auf die Bevölkerungsschichten.

Das ideale Steuersystem würde den Steuerbedarf in einer die wirtschaftlichen Kräfte möglichst schonenden Weise decken, eine als gerecht empfundene Lastenverteilung mit sich bringen, die Beschäftigung und Konjunktur günstig beeinflussen, sich Veränderungen des Finanzbedarfs oder der Konjunkturlage elastisch anpassen können und die Verwaltung nicht überfordern. Von den optimalen Steuergebäuden, die nach diesen oder anderen Idealvorstellungen ausgedacht worden sind, ist keines jemals erbaut worden. Das Steuersystem eines Volkes, wie auch die Ausbildung der einzelnen Steuern und gerade der wichtigsten, ist historisch gewachsen. Sie stecken voller nationaler Eigenart. Allerdings wird in absehbarer Zeit durch das enge Zusammenrücken der Nationen der Zwang auftreten, diese Eigenart abzubauen. Die gegenseitige Abstimmung der Steuern — die Harmonisierung — ist eine Aufgabe, die unserer Zeit gestellt ist. Im Raum der europäischen Wirtschaftsgemeinschaft ist sie bereits im Gange. Wenn sie langsam vor sich gehen wird, so hat das zahlreiche Gründe, die sich hier der Erörterung entziehen. Die Notwendigkeit dazu wird immer deutlicher erkannt. Die Steuer beeinflußt den Preis; sie ist infolgedessen ein Element des Wettbewerbs. Am gemeinsamen Markt drängt alles auf gleiche (oder doch wenigstens nicht zu unterschiedliche) Wettbewerbsbedingungen.

Bei aller Verschiedenheit der nationalen Ausgestaltung gibt es in allen Ländern übereinstimmende Typen von Steuern. Es gibt überall Einkommen- und Besitzsteuern, Verbrauch- und Verkehrsteuern und selbst über eine Umsatzsteuer dieser oder jener Art verfügen die meisten Staaten. Man pflegte früher die Steuern in zwei große Gruppen einzuteilen und direkte und indirekte Steuern zu unterscheiden. Über diese Einteilung läßt sich im Grunde etwa folgendes sagen:

Die direkten Steuern werden von und bei demjenigen erhoben, den sie wirtschaftlich treffen sollen. Sie richten sich nach dessen steuerlichen Leistungsfähigkeit und sind deshalb auf die persönlichen Verhältnisse abgestimmt. Der Hauptfall ist die Einkommensteuer. Steuerschuldner und Steuerträger sind identisch.

Die indirekten Steuern bemessen sich nicht nach dem Einkommen, sondern liegen auf seiner Verwendung. Sie fallen also bei dem Bezug von Waren oder Leistungen an und sind im Bezugspreis enthalten. Sie sollen also wirtschaftlich von dem Bezieher des Einkommens getragen werden. Erhoben werden sie aber bei dem Hersteller oder Lieferanten (Unternehmer) der gekauften Waren oder Leistungen.

Man sah früher in der Überwälzung der Steuerbelastung vom Unternehmer auf den Bezieher mit Hilfe des Bezugspreises das Kennzeichen der indirekten Steuer. In der neuen Steuerlehre ist das Problem der Überwälzbarkeit (Inzidenz) einer gründlichen Untersuchung unterzogen worden. Nach dem Ergebnis dieser Forschungen ist es nicht mehr zweifelhaft, daß bei bestimmten Marktlagen eine Überwälzung der Verbrauchsteuern auf den Bezieher unmöglich wird und daß sie bei dem Unternehmer hängen bleiben. Umgekehrt hält man es für möglich, daß auch die Einkommensteuer zu einer Steigerung der Preise führen kann und damit über den Preis gegen alle Intentionen auf die Verbraucher überwälzt wird. Nach dem Stand der heutigen Forschung scheint man sagen zu können, „daß zwischen den Überwälzungsmöglichkeiten der indirekten Steuern und der Steuern von Unternehmergewinnen kein grundsätzlicher, sondern nur ein gradueller Unterschied besteht“[8].

Damit hat sich das Unterscheidungsmerkmal zwischen diesen beiden großen Steuergruppen stark verwässert. Es besteht ja kein Anlaß mehr, zwischen direkten und indirekten Steuern zu unterscheiden, wenn die Steuern — überspitzt ausgedrückt — letztlich immer vom Verbraucher zu tragen sind. Man beginnt deshalb im allgemeinen diese Ausdrucksweise zu meiden und ganz konkret die Steuern in drei große Gruppen aufzuteilen, nämlich:

a) die Besitzsteuern. Das sind die Steuern vom Einkommen und Vermögen (Kapital-, Erwerbs-, Wechselsteuer) sowie die Realsteuern,
b) die Verkehrsteuern. Sie erfassen Vorgänge des Vermögensverkehrs und des Beförderungsverkehrs (Kraftfahrzeugsteuer, Beförderungssteuer),
c) die Verbrauchsteuern (ferner Zölle und Monopole).

Die Umsatzsteuer wird ihrer steuertechnischen Ausgestaltung wegen in Deutschland oft zu den Verkehrsteuern gerechnet. In ihrer wirt-

[8] *Haller*, Finanzpolitik 1957, S. 203.

schaftlichen Wirkung ist sie eine Verbrauchsteuer. Da sie sich also weder bei der einen noch bei der anderen Gruppe befriedigend einordnen läßt, scheint es zweckmäßig, sie als eigene Steuer zu betrachten.

In noch prägnanterer Weise kann man die Steuern, so wie das seitens des Bundesfinanzministeriums geschieht, einteilen in Steuern vom Einkommen und von der Einkommensverwendung. Damit ist eine voll befriedigende Aufgliederung der Steuern erreicht.

Die Einkommensteuer ist keineswegs die einzige Steuer vom Einkommen. Neben sie tritt die Vermögenssteuer. Sie wirkt wie eine zusätzliche Steuer auf das aus dem Vermögen fließende, das sogenannte fundierte Einkommen. Eine ähnliche Rolle spielt die Grundsteuer, die tatsächlichen oder angenommenen Ertrag aus dem Grundbesitz erfaßt. Schließlich hat die Gewerbesteuer der Gewerbetreibenden immer mehr die Züge einer groben Einkommensteuer angenommen. Aus dieser Liste ist zu ersehen, daß das Einkommen und seine Quellen steuerlich scharf erfaßt werden. Sie ist noch zu ergänzen durch die Körperschaftssteuer, das ist die Steuer auf das Einkommen der Körperschaften. Die Gewinne etwa einer Aktiengesellschaft werden also betroffen von der Körperschaftssteuer, der Vermögenssteuer, der Gewerbesteuer und der Grundsteuer. Die Dividende, die sie ausschüttet, wird beim Aktionär, dem sie zufließt, zur Einkommensteuer herangezogen. Sein Aktienbesitz ist vermögenssteuerpflichtig. Dazu kommen unter Umständen noch die Lastenausgleichsabgaben. Das ist eine stattliche Reihe von Steuern, die auf dem Einkommen (Gewinn) liegen und es von allen Seiten erfassen.

2. Diese oben erwähnte Einteilung des Bundesfinanzministeriums deutet die Aufgaben der beiden Steuerarten an und verrät damit die Grundlage des geradezu strategisch anmutenden Planes, mit dem die Steuerkraft der Bevölkerung aufgespürt und erfaßt werden soll. Den Steuern vom Einkommen fällt in diesem Plan die Aufgabe zu, den Bürger nach Maßgabe seiner steuerlichen Leistungsfähigkeit zu den Staatslasten heranzuziehen. Es gehört zum Wesen der Einkommensteuer, daß sie die Leistungsfähigkeit, ausgedrückt durch das Einkommen, zum Maßstab nimmt und progressiv belastet, daß sie das Existenzminimum unangetastet läßt, die Familienlast anerkennt, ja sogar außergewöhnliche Belastungen im Einzelfall berücksichtigt. Nicht nur wegen der Höhe ihres Aufkommens, sondern auch wegen der „Feineinstellung“ auf die individuellen Bedingungen, die ihr möglich ist, wird sie als „Königin der Steuern“ bezeichnet. Wegen ihrer großen Bedeutung widmen wir dieser Steuer besondere Ausführungen.

Anders die Steuern auf die Einkommensverwendung. „Die Aufgabe der Verbrauchssteuern ist es, das Einkommen, nachdem es bei seiner

Entstehung dem Zugriff der progressiven Einkommensteuer unterlegen hat, anläßlich seiner Verausgabung erneut und diesmal im Verhältnis zum Aufwandcharakter der Ausgaben zu erfassen[9]." Ähnliches gilt von den Verkehrssteuern. Naturgemäß kann das Verbrauch- und Verkehrssteuersystem nur eine Auswahl von Steuerobjekten treffen. Neben dem Fiskalbedarf sind für die Auswahl Herkommen und Wertvorstellungen maßgebend. Nach Möglichkeit wird der Gesetzgeber aus sozialen Gründen die Belastung des zu einer einfachen oder mittleren Lebenshaltung Notwendigen vermeiden. Das gilt nicht für die Umsatzsteuer. Im Gegensatz zu den Verbrauch- und Verkehrssteuern, die nur einen bestimmten Ausschnitt aus dem wirtschaftlichen Geschehen herausgreifen, ist sie eine allgemeine Verbrauchssteuer. Mit der „unvergleichlichen Wirkungsbreite ihres Zugriffs" (Schmölders) ermöglicht sie es, auch jene steuerliche Leistungsfähigkeit zu treffen, die keiner besonderen Verbrauchssteuer unterworfen ist. Sie liegt auf allen Lieferungen und Leistungen, die ein Unternehmer im Inland gegen Entgelt ausführt (§ 1 Ziff. 1 UStG.). „Ihre Grundlage ist die weitaus Allgemeinste, denn verbrauchen muß jeder, der leben will, auch der, der ohne Vermögen, ja ohne Einkommen ist. Eine Steuer, die jeden Verbrauch, welcher Art immer und bei wem immer, ergreift, umfaßt nahezu die Gesamtheit der Güter, die in einer Volkswirtschaft zur Erhaltung ihrer Mitglieder zur Verfügung steht[10]." Auch der Umsatzsteuer, die zweitgrößte Säule im deutschen Steuersystem, ist eine besondere Darlegung gewidmet.

Über die Steuern, die in der Bundesrepublik erhoben werden und über ihre Erträge, gibt die umstehende Tabelle Auskunft.

Tabelle 13:

Steuereinnahmen des Bundes, der Länder und der Gemeinden

Steuerart	1955 in Mill. DM	1959 in Mill. DM	1961 in Mill. DM	1962a) in Mill. DM	1964b) in Mill. DM
I. Steuern vom Einkommen					
Lohnsteuer	4 402,1	5 922,1	10 453,1	12 315	15 500
Veranlagte Einkommensteuer	4 351,7	7 357,2	10 817,4	12 218	14 600
Nicht veranlagte Steuern vom Ertrag	341,3	831,5	980,1	1 131	7 800
Körperschaftsteuern	3 110,9	5 135,1	7 472,8	7 790	1 300
Einkommen- und Körperschaftsteuer	12 206,0	19 245,8	29 723,4	33 454	39 200

[9] *Schmölders*, „Das Verbrauch- und Aufwandsteuersystem", Handbuch der Finanzwissenschaften 1956, Bd. II, S. 770.

[10] *Popitz*, Allgemeine Verbrauchssteuer, Handbuch der Finanzwissenschaften 1927, Bd. II, S. 182.

Steuerart	1955 in Mill. DM	1959 in Mill. DM	1961 in Mill. DM	1962a) in Mill. DM	1964b) in Mill. DM
II. Bundessteuern					
Umsatzsteuer	10 469,4	13 239,9	16 422,3	17 522	19 200
Umsatzausgleichsteuer	648,3	1 026,8	1 383,6	1 648	2 025
Beförderungsteuer	218,9	704,9	804,2	826	910
Notopfer Berlin	1 268,4	165,3	41,3	35	5
Zölle	1 792,5	2 258,3	2 989,8	3 447	2 600
Tabaksteuer	2 559,7	3 274,9	3 892,0	4 205	4 450
Kaffeesteuer	345,3	609,3	744,8	767	890
Zuckersteuer	378,3	162,0	178,0	173	180
Branntweinmonopol	582,8	918,5	1 097,0	1 227	1 420
Mineralölsteuer	1 135,9	2 153,9	3 325,1	3 699	5 850
Sonstige Verbrauchsteuern	180,7	189,9	219,1	327	—
Bundessteuern insgesamt	19 580,2	24 703,7	31 097,2	33 823	37 790
Bundesanteil an ESt und KSt	4 215,5	6 736,0	10 403,2	11 709	15 680
Steuereinnahmen des Bundes	23 795,8	31 439,7	41 500,4	45 532	53 420
III. Ländersteuern					
Vermögensteuer	534,3	1 117,8	1 418,6	1 798	
Kraftfahrzeugsteuer	728,2	1 230,3	1 678,4	1 888	
Biersteuer	440,5	654,5	762,6	819	
Sonstige Ländersteuern	685,9	1 081,6	1 353,8	1 475	
Ländersteuern insgesamt	2 388,9	4 084,2	5 213,4	5 980	
Länderanteil an ESt und KSt	7 990,5	12 509,8	19 320,2	21 745	
Steuereinnahmen der Länder	10 379,3	16 594,0	24 533,6	27 725	
Steuereinnahmen des Bundes und der Länder	34 175,1	48 033,7	66 034,0	73 257	
IV. Gemeindesteuern					
Grundsteuer A	334,8	372,2	395,3	390	
Grundsteuer B	6 041,5	1 232,1	1 323,6	1 435	
Gewerbesteuer (einschl. Lohnsummensteuer)	3 726,5	6 527,5	8 147,2	8 770	
Vergnügungsteuer (einschl. Kinosteuer)	183,3	185,2	149,4	125	
Sonstige Gemeindesteuern	275,2	358,2	455,9	480	
Gemeindesteuern insgesamt	5 561,3	8 675,2	10 471,4	11 200	
V. Sonderausgaben					
Soforthilfeabgabe / Vermögensabgabe	1 699,6	1 719,8	1 610,8	1 660	
Umstellungsgrundschulden / Hypotheken- und Kreditgewinnabgabe	805,1	619,8	413,0	440	
Kohlenabgabe	74,9	219,2	0,0	—	
Sonderabgaben insgesamt	2 579,6	2 558,9	2 023,8	2 100	
Steuereinnahmen insgesamt	42 316,0	59 267,8	78 529,2	86 920	

a) Teilweise vorläufige Ergebnisse.
b) Schätzungen der Bundessteuern.
Quelle: Finanzbericht 1963, und Bulletin vom 27. 2. 1963, S. 331.

3. Einen sehr interessanten und aufschlußreichen Einblick in das Steuersystem eines Landes gewinnt man durch die Gegenüberstellung des Steueraufkommens aus der Einkommenbesteuerung und desjenigen aus der Besteuerung der Einkommensverwendung. Es ergibt sich, daß in der Bundesrepublik rund 56 vH des Steueraufkommens aus Steuern vom Einkommen — ihr Anteil ist in raschem Steigen — fließen, während 40 vH aus Steuern auf die Einkommensverwendung stammen. Der Rest entfällt auf die Zölle. Aus der anliegenden Übersicht ergibt sich, wie die Verhältnisse in den anderen Ländern liegen. Dabei ist interessant, daß in Großbritannien, in der Schweiz und in den Vereinigten Staaten in noch stärkerem Maße auf Einkommensteuern zurückgegriffen wird als in Deutschland. Umgekehrt überwiegen in Frankreich und noch mehr in Italien die Steuern auf die Einkommensverwendung. Überall scheint man darauf bedacht zu sein, die Steuerlast auf Lebensmittel und sonstigen unentbehrlichen Bedarf nieder zu halten. Nur in Italien erreicht das Aufkommen von Steuern auf Lebensmittel mehr als 5 vH des Gesamtaufkommens. Daran ist wohl in erster Linie die Besteuerung des Zuckers schuld, der dort je 100 Kilo mit 39,62 DM belastet ist, während auf ihm in Deutschland nur 10,— DM liegen, in Frankreich ist er steuerfrei.

Man ist der Meinung, daß ein ausgewogenes Verhältnis der beiden Steuerarten mit einer leichten Senkung der Waage zugunsten der Einkommen- und Vermögensteuer das Richtige ist. Für die Verbrauchsteuern einschließlich der Umsatzsteuer spricht, daß sie steuertechnisch leicht zu erfassen sind. Sie sind aber verhältnismäßig grobe Steuern. Vor allem gilt das von der Umsatzsteuer, seit ihr Tarif im Jahre 1951 auf 4 vH (im Regelfall) angehoben wurde. Diese Steuern nehmen keine Rücksicht auf Reichtum und Armut, sondern belasten jeden Verbraucher ohne Rücksicht auf seine steuerliche Leistungsfähigkeit. Denn sie sollen ja im wirtschaftlichen Ergebnis von dem Käufer, sprich Verbraucher, getragen werden. Ihre Wirkung liegt also darin, daß sie den Preisspiegel erhöht. Bei der Umsatzsteuer des gegenwärtigen Systems kommt dazu, daß sie jeden Umsatz, den eine Ware auf dem Weg vom Produzenten der Rohstoffe bis zum Käufer der Fertigware durchläuft, belastet. Je mehr Umsätze eine Ware erlebt, um so öfter wird die im jeweiligen Preis eingeschlossene Steuer wieder mit versteuert. Die deutsche Umsatzsteuer ist eine Allphasensteuer, weil sie die Ware von jeder Phase ihres Lebenswegs von der Entstehung bis zum letzten Verbraucher begleitet. Da jeweils das volle Entgelt versteuert wird und die in ihm eingeschlossene Steuer die jeweilige Umsatzsteuer erhöht, spricht man von einem Kumulationseffekt.

Tabelle 14: Die Steueraufkommen des Staates bzw. Bundes und der staatlichen Unterverbände in der Bundesrepublik Deutschland und im Ausland

Steuergruppe	Deutschland Mill. DM[a)]	Deutschland v. H. d. St.-Einn.	Frankreich Mill. NF[b)]	Frankreich v. H. d. St.-Einn.	Italien Mrd. Lire	Italien v. H. d. St.-Einn.	Großbritannien Mill. £	Großbritannien v. H. d. St.-Einn.	Schweiz Mrd. sfr	Schweiz v. H. d. St.-Einn.	USA Mrd. $	USA v. H. d. St.-Einn.
	1961		1961		1960		1960/61		1960		1961	
Steuern auf das Einkommen und Vermögen	*44 392*	*56,5*	*31 073,2*	*43,1*	*1 530,3*	*36,4*	*3 976*	*61,3*	*3 539*	*61,7*	*88,0*	*74,6*
I. Einkommen-, Ertrag- und Vermögensbesitzsteuern	42 660	54,3	27 332,9	37,9	1 241,8	29,5	3 650	56,3	3 186	55,6	85,5	72,5
darunter:												
Einkommensteuern	22 296	28,4	10 760,6	14,9	707,6	16,8 }	2 886 (Einkommen- u. Körperschaftsteuern)	44,5	3 000 (Einkommen- u. Körperschaftsteuern)	52,3	45,7	38,7
Körperschaftsteuern	7 473	9,5	6 073,5	8,4	123,0	2,9 }					22,3	18,9
Grund- u. Gebäudesteuern	1 719	2,2 }	10 085,8 (Grund- u. Gebäude- u. Gewerbesteuern)	14,0	123,2	2,9	764	11,8	—	—	17,5	14,9
Gewerbesteuern	8 147	10,4 }			—	—	0	0,0	—	—	—	—
II. Vermögenszuwachs- und -verkehrsteuern	1 732	2,2	3 740,3	5,2	288,5	6,9	326	5,0	353	6,1	2,5	2,1
Steuern auf die Einkommensverwendung	*31 147*	*39,7*	*38 470,1*	*53,4*	*2 435,1*	*57,9*	*881*	*29,0*	*1 013*	*17,7*	*28,9*	*24,5*
I. Umsatz- und Transportsteuern	18 610	23,7	27 555,2	38,2	959,2	22,8	511	7,9	663	11,6	6,0	5,1
II. Steuern auf Lebensmittel u. sonstig. unentb. Bedarf	220	0,3	124,5	0,2	230,5	5,5	13	0,2	6	0,1	0,1	0,1
III. Genußmittel- und Getränkesteuern	6 749	8,6	3 308,9	4,6	530,9	12,6	170	18,0	174	3,0	7,0	5,9
darunter:												
Tabaksteuern	3 892	5,0	2 335,5[c)]	3,2	411,6	9,8	826	12,7	126	2,2	3,0	2,5
Steuern auf alk. Getränke	1 934	2,5	893,9	1,2	59,5	1,4	344	5,3	48	0,8	4,0	3,4
IV. Kraftfahrzeug- und Mineralölsteuern	5 004	6,4	6 844,1	9,5	478,8	11,4	134	2,1	135	2,4	9,6	8,1
V. Sonstige Aufwandsteuern	564	0,7	637,4	0,9	235,7	5,6	53	0,8	34	0,6	6,2	5,3
Zölle	*2 990*	*3,8*	*2 562,9*	*3,5*	*240,7*	*5,7*	*630*	*9,7*	*1 182*	*20,6*	*1,1*	*0,9*
Summe:	78 529	100,0	72 106,2	100,0	4 206,1	100,0	6 487	100,0	5 734	100,0	118,0	100,0

a) Ohne buchmäßige Mehreinnahmen bei Zöllen und Umsatzausgleichsteuern durch Regierungskäufe im Ausland — b) Ohne zweckgebundene Steuern — c) Einschließlich Zündwarenmonopol. *Quelle:* Finanzbericht 1963.

Weil nun diese Steuern von der Einkommensverwendung den Preisspiegel erhöhen, arm und reich im gleichen Maße belasten, und bei den weniger bemittelten Kreisen der Bevölkerung sich stärker auszuwirken pflegen, weil sie die große Familie und den Kinderreichtum am stärksten treffen, glaubte man von einer unsozialen Wirkung sprechen zu können. In der Tat tritt in dem Maße, in dem das Aufkommen auf Steuern von der Einkommensverwendung beruht, eine Abschwächung des Progressionseffekts ein, der die Einkommensbesteuerung auszeichnet. Man spricht von der Regressionswirkung der Verbrauch- und Umsatzsteuern. Man würde besser sagen, daß nur die Hälfte des Steueraufkommens etwa nach einem Progressionsprinzip erhoben wird. Der Vorwurf der unsozialen Tendenz trifft bei der Umsatzsteuer, wenn überhaupt, am ehesten zu. Bei den Verbrauchsteuern wird man von ihr insoweit solange nicht sprechen können, als nur Güter des entbehrlichen Bedarfs belastet sind. Insoweit kann der Verbraucher sich ja durch Beschränkung auf das Notwendige der Steuer entziehen. Nur ein Staatswesen, das das Schwergewicht auf die Verbrauchsbesteuerung legen würde und sich deshalb entschließen müßte, auch Lebensmittel und anderen unentbehrlichen Bedarf der Verbrauchsbesteuerung zu unterwerfen, würde das Odium des unsozialen Verhaltens auf sich ziehen.

Es hat sich gegenüber früher manches verändert. Nach der Statistik wird nur ein Drittel der Gesamtausgaben von Arbeitnehmerhaushalten für Nahrungsmittel ausgegeben. Wenn insgesamt 25 Milliarden DM im Jahre für Genußmittel aufgewandt werden können, so dürfte das nicht der Konsum einiger weniger Begüterter sein. Mit der Demokratisierung vieler Güter treten sie noch nicht in den Bestand des lebensnotwendigen Bedarfs ein. Sie vertragen eine steuerliche Belastung sehr wohl. Der Steuerertrag müßte dank des Massenkonsums erheblich wachsen. Es ist also möglich, daß mit wachsendem Wohlstand eine neue Lage auftritt, bei der alte Vorurteile gegen die Verbrauchsteuer als überholt erscheinen.

Auf der anderen Seite darf man naturgemäß nicht übersehen, daß die Einkommensteuer überzüchtet ist. Technisch hat sie im Verhältnis zu den Verbrauchsteuern und zur Umsatzsteuer mit dem Nachteil zu kämpfen, daß das Einkommen schwer zu erfassen ist. Eine hohe Steuertechnik und eine große Steuermoral wird vorausgesetzt, wenn die Ziele der Einkommensteuergesetzgebung in gerechter Weise in die Wirklichkeit des Lebens umgesetzt werden sollen. Bei dem heutigen Stand ihrer Differenzierung, bei ihrer Überlastung mit Sonder- und Ausnahmebestimmungen, ist wahrscheinlich der kritische Punkt bereits erreicht. Sie stellt höchste Anforderungen an die Steuerverwaltung. Sie verlangt viel von den Arbeitgebern, die für das Finanzamt die Lohnsteuer (und die Sozialabgaben) der Arbeitnehmer abrechnen und abliefern müssen. Sie überfordern schon fast den Steuerpflichtigen, der eine außerordentlich schwierige Steuererklärung abgeben muß. Der Glanz der Einkommensteuer liegt darin, daß sie den individuellen Verhältnissen weitgehend Rechnung tragen kann und sich in der steuerlichen Leistungsfähigkeit zu orientieren vermag. Es kommt dazu, daß „nur die Einkommensteuer als geeignetes Instrument eines allumfassenden Dirigismus nicht nur auf diesen oder jenen Sonderaspekt der Wirtschaft einzuwirken, sondern auch das Ganze der Wirtschaftsstruktur und der Konjunktur nach Maßgabe wissenschaftlicher Berechnung zu lenken vermag“[11].

Aber gerade in diesem Glanze liegt auch ihr Elend. In dem Maße, in dem sie ein Instrument der Wirtschafts- und Konjunkturpolitik wird, tritt die Tugend, die sie auszeichnet — nämlich das Maßnehmen an den individuellen Verhältnissen des Einzelnen und seiner steuerlichen Leistungsfähigkeit — zurück. Es könnte sein, daß die Einkommenbesteuerung mit Rücksicht auf dirigistische Ziele unangenehm schnellen Änderungen unterworfen werden müßte. Es könnte sein, daß sie in noch stärkerem Maße mit Sonderbestimmungen und Ausnahmen ausgestattet werden müßte, etwa um das Sparen anzureizen, um das Investieren anzuregen, um die Einkommensverwendung nach bestimmten Richtlinien zu lenken — alles Vorschriften, die vorwiegend denjenigen zugute kommen, die sich eben das Sparen, das Investieren oder die Verwendung des Einkommens in anderer Richtung leisten können.

Alles zusammengenommen spricht viel dafür, daß das bestehende System mit einem Verhältnis annähernd von 45 : 55 zugunsten der Einkommenbesteuerung die Steuerkraft der Bevölkerung in einer abgewogenen Weise erfaßt. In der Einkommensteuer dürften kaum mehr größere Reserven stecken, zumal ja durch die Progression des Einkommensteuertarifs das mit dem Volkseinkommen wachsende Privateinkommen scharf erfaßt wurde. Die Umsatzsteuer wird keineswegs angezogen werden können; ihr Ertrag wird eher unter der beabsichtigten Reform leiden. Wie weit in einzelnen Verbrauchsteuern noch Reserven stecken, bedarf der genauen Untersuchung im Einzelfall. Gegen eine verbrauchsteuerliche Belastung des notwendigen täglichen Bedarfs bestehen starke soziale Bedenken. Der gelegentlich angekündigten Renaissance der Verbrauchbesteuerung dürften daher kaum allzu große Hoffnungen blühen. Nur von der Grundsteuer glaubt man, daß

---

[11] *Laufenburger*, „Einkommenbesteuerung“ 1956, Handbuch der Finanzwissenschaften, S. 452.

sie hinter der Entwicklung zurückgeblieben ist. Die Grundstücke werden nämlich immer noch weit unter ihrem Wert bewertet. Das Grundsteueraufkommen leidet unter diesen falschen Einheitswerten, die seine Grundlage bilden. Eine neue Bewertung ist deshalb in Vorbereitung. Sie soll die Steuer aus ihrem „Dornröschenschlaf" erlösen. Man wird aber nicht übersehen dürfen, daß sie sich wieder als eine Steuerlast erweisen wird, die den Mittelstand drückt und oft gerade diejenigen Teile der Bevölkerung, denen man durch eine Politik der Eigentumsbildung (Eigenheimbau) helfen wollte.

§ 5. Die Einkommen- und Körperschaftssteuer

Die Einkommensteuer ruht auf dem Einkommen der natürlichen Personen, die Körperschaftssteuer auf dem Einkommen der Körperschaften. Darunter versteht man die Kapitalgesellschaften, wie insbesondere die Aktiengesellschaften und Gesellschaften mit beschränkter Haftung usw. Die Einkommensteuer ist geregelt im Einkommensteuergesetz (in der Fassung vom 15. August 1961 — BGBl. S. 1253), die Körperschaftsteuer im Körperschaftsteuergesetz (in der Fassung vom 13. September 1961 — BGBl. S. 1722).

1. Die Einkommensteuer

a) Das Zentralproblem der Einkommensteuer ist die Definition des Einkommenbegriffs. Nach dem Einkommensteuergesetz setzt sich das Einkommen zusammen aus den Einkünften des Steuerpflichtigen innerhalb eines Kalenderjahres aus sieben, im Gesetz erschöpfend aufgezählten Einkunftsarten. Das sind

Einkünfte aus Land- und Forstwirtschaft,
Einkünfte aus Gewerbebetrieb (einschließlich der Gewinnanteile der Gesellschafter einer nicht rechtsfähigen Personengesellschaft),
Einkünfte aus selbständiger Arbeit (das sind z. B. Ärzte, Anwälte, Architekten, Wirtschaftsprüfer usw.),
Einkünfte aus nicht-selbständiger Arbeit,
Einkünfte aus Kapitalvermögen,
Einkünfte aus Vermietung und Verpachtung,
sonstige Einkünfte (wie Renten, Spekulationsgewinne).

Für die Ermittlung des Einkommens sind die Reineinkünfte maßgebend. Sie werden ermittelt bei Land- und Forstwirtschaft, Gewerbebetrieb und selbständiger Arbeit aus dem Gewinn. Der Gewinn ist grundsätzlich der Unterschied zwischen dem Betriebsvermögen zum Jahresschluß und Schluß des Vorjahres, also der Mehrwert. Von großer Bedeutung für die Gewinnermittlung ist demnach die Bewertung des Betriebsvermögens und seiner Änderung, insbesondere durch Abnutzung. Abschreibungen werden in ihrer betriebswirtschaftlich notwendigen Höhe als Kosten bzw. Aufwand anerkannt. Die Bewertung und die Abschreibung[12] wird durch allgemeine Bewertungsvorschriften geregelt, zu denen noch Sondervorschriften zur Verfolgung bestimmter, wirtschaftspolitischer oder sozialpolitischer Ziele treten. Von dem Prinzip der Mehrwertbesteuerung sind diejenigen Land- und Forstwirte, freien Beruf- und Gewerbetreibende in kleineren Verhältnissen usw. ausgenommen, die nicht zur Buchführung verpflichtet werden. Das sind Bezieher kleiner und mittlerer Einkommen. Hier wird der Gewinn durch Gegenüberstellung der Betriebseinnahmen und Betriebsausgaben ermittelt. Bei Land- und Forstwirten wird der Gewinn nach Durchschnittssätzen ermittelt.

Die Einkünfte aus
nicht-selbständiger Arbeit,
Kapitalvermögen,
Vermietung und Verpachtung,
sonstige Einkünfte
ergeben sich aus den Überschüssen der Einnahmen über die Werbungskosten. Letztere sind die Aufwendungen zur Erwerbung, Erhaltung und Sicherung der Einnahmen.

Das Gesamteinkommen eines Steuerpflichtigen ist die Summe der Reineinkünfte nach Ausgleich mit den Verlusten.

b) Die Höhe der Einkommensteuer ergibt sich durch Anwendung des Einkommensteuertarifs auf das ermittelte Gesamteinkommen, gleichgültig aus welcher Einkunftsart (Einheit des Einkommens). Nun ist allerdings nicht jeder, der ein gleich hohes steuerliches Einkommen erzielt, auch gleich leistungsfähig. Die Individualisierung der Steuerschuld erfolgt einmal unter Berücksichtigung typischer Umstände, die die Leistungsfähigkeit herabsetzen wie der Familienstand, die Kinderzahl, das Alter, sowie unter die Anerkennung verschiedener Sonderausgaben (also außerordentlicher Belastungen, die die Steuerkraft im Einzelfall beeinträchtigen).

Die Ehe wird seit 1958 in dem Verfahren des „Splitting" berücksichtigt. Bei diesem Verfahren werden die Gesamt-Einkünfte der beiden Ehegatten halbiert. Jede Hälfte wird gewissermaßen für sich zur Steuer herangezogen. Die Steuerschuld des Ehepaares beträgt also das Doppelte der auf das halbe Einkommen entfallenden Steuerschuld. Im

---

[12] Es steckt ein Korn Wahrheit in dem Wort, daß die Steuerzahler in zwei Völker zerfallen, nämlich in solche mit und ohne Abschreibungen.

Grunde genommen werden bei diesem Verfahren Mann und Frau wie zwei Ledige behandelt, die Erwerb und Verbrauch gemeinsam durchführen. Die Methode schwächt die Wirkung des Progressionstarifs ab. Das „Splitting"-Verfahren wirkt sich — so könnte man bei theoretischer Betrachtungsweise allenfalls sagen — bei höherem Einkommen zu einem größeren Vorteil aus als bei kleinerem Einkommen. Die Kinderzahl wird durch Kinderfreibeträge berücksichtigt. Es handelt sich um abzugsfähige Beträge, die dazu dienen, „das für den Steuerpflichtigen und seine Ehefrau steuerfreie Existenzminimum (— je 1680,— DM — Einschaltung des Verfassers!) entsprechend der Zahl der Kinder zu vergrößern[13].

Die vorsichtige Ausdrucksweise ist verräterisch! Die Kinderfreibeträge liegen wohl beträchtlich unter dem Existenzminimum. Sie belaufen sich nämlich

für ein Kind auf	900,— DM
für das zweite Kind auf	1680,— DM
für jedes weitere Kind auf	1800,— DM.

Bei einem das Existenzminimum übersteigende Einkommen wirken sich die Freibeträge als Abschwächung des Progressionstarifs aus.

Als abzugsfähige Sonderausgaben werden unter bestimmten Voraussetzungen Schuldzinsen, Renten und Dauerlasten, Versicherungsbeiträge und Beiträge für Bausparkassen anerkannt. Die Vermögensteuer und die Kirchensteuer dürfen u. a. ebenfalls vom Einkommen abgesetzt werden. Gleiches gilt für Ausgaben zur Förderung humanitärer, wissenschaftlicher und anderer gemeinnütziger Zwecke.

c) Der Maßstab, mit dem das so ermittelte Einkommen zur Besteuerung herangezogen wird, ist der Tarif. Der Tarif des deutschen Einkommensteuergesetzes ist ein Progressionstarif. Das heißt: Je höher das Einkommen ist, um so höher wird die Steuer; sie wächst aber nicht im gleichen Verhältnis wie das Einkommen, sondern sie wächst schneller.

Die Einkommensteuertabelle beginnt mit einem zu versteuernden Einkommensbetrag von 1739,— DM und einer Einkommensteuerschuld von 6,— DM. Sie endet bei einem zu versteuernden Einkommen von 220 079,— DM und einer Einkommensteuer von 105 329,— DM.

Der Aufbau des Tarifs ist deswegen etwas kompliziert, weil es sich nicht um einen durchgehenden Progressionstarif, sondern um einen Mischtarif handelt. Der Tarif besteht nämlich aus zwei Proportionalstufen und zwei Progressionsstufen. Er beginnt mit einer Proportio-

---

[13] Bundestagsdrucksache, 3. Wahlperiode 1960, S. 34.

nalstufe, die jenseits des Existenzminimums von 1680,— DM einsetzt und bei 8000,— DM endet. Der Steuersatz für diese Stufe liegt einheitlich bei 20 vH. Er setzt sich fort mit einer Progressionsstufe von 8000,— bis 24 000,— DM mit einer gleichbleibenden Progression, um dann in eine weitere Progressionsstufe von 24 000,— bis 110 000,— DM mit verzögerter Progression überzugehen. Über 110 000,— DM setzt wieder eine Proportionalstufe ein, in der der Steuersatz einheitlich 53 vH beträgt.

In Formeln ausgedrückt bedeutet das:

Einkommen bis 1 680,— DM .... = 0

Einkommen von
1 680,— bis 8 009,— DM .... = $0{,}2 \times (y - 1680)$

Einkommen von
8 010,— bis 23 999,— DM .... = $0{,}2 \times 8000 - 1680 + 272\,y + 2{,}9\,y^2$
(Stufe d. gleichbleibend. Progression)

Einkommen von
24 000,— bis 110 039,— DM .... = $6358 + 382\,y + 1{,}572\,y^2 - 0{,}006\,y^3$
(verzögerte Progression)

Einkommen von 110 040,— DM ...... = 53 %

Tabelle 15: **Darstellung des Einkommensteuertarifs an ausgewählten Beispielen von Einkommen alleinstehender Personen**

Einkommen DM	Steuerbetrag DM	Steigerungsbetrag DM	Steigerung in vH des Mehreinkommens	
2 000,—	64,—			
		400,—	20 %	Proportionalzone
4 000,—	464,—			
		800,—	20 %	Proportionalzone
8 000,—	1 264,—			
		1 134,—	28 %	Progressionszone
12 000,—	2 398,—			
		1 224,—	30 %	Progressionszone
16 000,—	3 622,—			
		1 316,—	33 %	Progressionszone
20 000,—	4 938,—			
32 000,—	9 503,—			
		1 655,—	34,3 %	Progressionszone
36 000,—	11 158,—			

d) Bei der Bildung eines Einkommensteuertarifs überschneiden sich naturgemäß viele Überlegungen. Voran steht zweifellos der Wunsch, daß die Steuer ein bestimmtes Aufkommen bringen muß. Andererseits darf sie nicht als unsozial empfunden werden. Es müssen überdies psychologische Erwägungen in Rechnung gestellt werden. Es gehört zum festen Bestand der öffentlichen Meinung, daß das kleine Einkommen geschont werden muß, während man dem Reichen ruhigen Gewissens wegnehmen könne. Aus diesen Überzeugungen folgt die Freistellung des Existenzminimums — das großzügig festgesetzt wird

— und die schonende Behandlung der kleineren Einkommen. Für diese Behandlung spricht zugleich der Umstand, daß ihre Erfassung sehr viel Verwaltungsarbeit macht, die wegen ihres geringen Ertrags nicht lohnend ist. Im Zeichen der Preissteigerungen und der ihr (vorausgehenden oder folgenden) Einkommensverbesserungen können sich die Grundlagen eines Tarifs verschieben. Existenzminima und ähnliche steuerfreie Beträge schrumpfen in ihrem Realwert zusammen. Mit den Lohnsteigerungen wachsen dann Menschen in die Steuerpflicht hinein, die beim realen Existenzminimum liegen. Wer über dem Existenzminimum verdient, rückt mit seinem inflationär wachsenden Einkommen, dem unter Umständen keine oder jedenfalls keine entsprechende Verstärkung der Kaufkraft entspricht, in immer höhere Progressionsstufen hinein. Es ergibt sich auf diese Weise durch die Progression der Steuersätze eine zusätzliche Kaufkraftminderung der Mehreinkommen. In immer stärkerem Maße wirkt sie auf eine Nivellierung der Kaufkraft hin. Einkommensbezieher, die über die Möglichkeit verfügen, durch Preiserhöhung für ihre Leistungen oder Güter, ihre Einkommen zu steigern, werden ihren Vorteil wahren. Eine Preissteigerung ist die Folge. All' das hat sich in Deutschland seit der Einkommensteuerreform von 1958 ereignet. Fiskalisch ist das allerdings nicht von Übel: Der Steuerertrag wächst unter diesen Umständen schneller als es dem Zuwachs des Sozialprodukts entspricht. Der Strom, der vom Einkommen durch den Kanal der Einkommensteuer in die öffentlichen Kassen fließt, wird immer breiter. Im Grunde ist das eine kalte Erhöhung der einkommensteuerlichen Belastung. Sie mag aus konjunkturellen Gründen erwünscht sein, weil sie als Kaufkraftabschöpfung wirken kann, sofern sie in den öffentlichen Kassen verbliebe. Das wäre der Sinn der built-in-flexibility, die aber nicht zum Tragen kommt, wenn die abgeschöpften Beträge von der öffentlichen Hand wieder verausgabt werden. Für die Finanzierung des wohlfahrtsstaatlichen Haushalts ist sie von größter Bedeutung. Ihre Auswirkungen auf das Einkommensgefüge läßt die nachstehende Tabelle erahnen. Sie zeigt, daß ein Einkommensbezieher, der entschlossen ist, seine Realkaufkraft bei einer Teuerung um 10 vH zu erhalten, je nach Einkommenshöhe recht beträchtlich mehr als 10 vH zusätzlich verdienen muß. Sofern ihm das gelingt, wird für ihn die Inflation erträglich sein. Wenn es ihm nicht glückt, wird er allein schon durch die Tatsache der Besteuerung ärmer. Daraus folgt, daß der Progressionstarif der veränderten Kaufkraft angepaßt werden muß. Sonst können soziologische Folgen eintreten. Insbesondere würden die beim Existenzminimum liegenden Einkommensbezieher gefährdet, sofern sie nicht mitziehen können. Die Überlegungen der Kaufkraftabschöpfung und des fiskalischen Mehraufkommens stehen demnach nicht allein im Raum. Der Gesamtvorgang muß vielmehr nach allen Seiten durchdacht und abgewogen werden, insbesondere nach der soziologischen.

Tabelle 16:

Nivellierungs-Wirkung der steuerlichen Progression bei Kaufkraftverfall

Spalte 1 Netto-Einkommen = Realkaufkraft	Spalte 2 Steuer DM	Spalte 3 Spalte 1 + 2 Erforderliches Bruttoeinkommen DM	Spalte 4 zum Ausgleich des Kaufkraftschwundes erforderliches Mehreinkommen DM	Spalte 5 Erforderliches Mehreinkommen in vH
12 000,— DM	3 441,—	15 449,—		
zur Ausübung gleicher Kaufkraft nach 10% Kaufkraftverfall erforderlich:			1 770,—	11,4
13 200,— DM	4 008,—	17 219,—		
24 000,— DM	10 535,—	34 529,—		
zur Ausübung gleicher Kaufkraft nach 10% Kaufkraftverfall erforderlich:			4 170,—	12,7
26 400,— DM	12 281,—	38 699,—		

e) Spricht für die Freistellung der Kleineinkommen der Umstand, daß sie viel Mühe bei geringem Ertrag machen, so darf umgekehrt die Ergiebigkeit der Besteuerung großer Einkommen nicht überschätzt werden. Die ganz hohen Einkommen sind sehr selten. Das bestätigt ein Blick auf die Einkommenpyramide, an deren Basis sich zahlreiche kleine Einkommen und an deren Spitze sich überraschend wenige große Einkommen befinden. Auch ist die wirtschaftliche Auswirkung einer Besteuerung der ganz großen Einkommen zweifelhaft. Überhaupt nimmt man an, daß mit einer Steuer, die 50 vH des Einkommens wegnehmen würde, ein psychologischer Brechpunkt erreicht ist. — Popitz glaubte sogar, daß das bei 30 vH bereits der Fall sei. Der Steuerpflichtige wird nach Möglichkeit einer derartigen Belastung ausweichen. Es kann das geschehen durch eine künstliche Niederhaltung der Gewinne — insbesondere auf dem Wege über unwirtschaftliche Investitionen, durch Ausgaben für Reklame, Repräsentation und dergleichen. Er kann sich zu einer Lebensführung nach dem Motto: „Mehr Freizeit und weniger Sorgen" entschließen, was aber nicht des Deutschen Art ist. Wahrscheinlich beeinträchtigt eine übermäßige Besteuerung der hohen Einkommen die Spar- und Investitionsrate. Sie kann die Produktivität der Volkswirtschaft schädigen.

Eine übertriebene Besteuerung kann also volkswirtschaftlich sehr unerwünschte Ergebnisse haben. Aus allen diesen Überlegungen ist die deutsche Einkommenbesteuerung vernünftigerweise von einer Verwirklichung des Schlagworts „soak the rich" entfernt geblieben.

Ist also bei den vielen kleinen und bei den wenigen ganz großen Einkommensbeziehern gleich wenig zu holen, so muß eine rein fiskalische Betrachtungsweise dazu verlocken, die Hauptlast der Steuer auf die mittleren Einkommen zu legen. Sie sind zahlreich und hoch genug, um in den Grenzen erträglicher administrativer Arbeit ein hohes Steueraufkommen zu garantieren. Die Steuerlast betrifft dann allerdings eine Einkommensschicht, die in ihrer soziologischen Zusammensetzung und ihrer beruflichen Struktur sehr wertvoll erscheint. Sie muß die Hauptlast des Wohlfahrtsstaats tragen. Das trifft in besonderem Maße zu, seit der Einkommenspiegel gestiegen, der Tarif aber beibehalten wurde. Auf diese Weise ergab sich eine sehr starke Anspannung der einkommensteuerlichen Belastung in der Bundesrepublik, ohne daß dies besonders empfunden wurde.

Bei der Einführung des neuen Steuertarifs im Jahre 1958 sprach man davon, daß von insgesamt 22,8 Millionen Lohnsteuerpflichtigen nur 500 000, also 2 vH mit ihrem Einkommen in die Progressionsstufe hineinreichen würden. Bei den veranlagten Steuerpflichtigen betrug dieser Satz etwa 18 vH, das sind 550 000 Steuerpflichtige. Die Zahl derjenigen, die von einer Steuer überhaupt befreit waren, war beträchtlich. Inzwischen sind durch die Lohnerhöhung und andere Einkommenverbesserungen viele in die Steuerpflicht hineingewachsen. Eigentlich ist deshalb der Tarif des Jahres 1958, weil er mit einem festen Nominalbetrag für das Existenzminimum (von 1680 DM) arbeitet, überholt. Indes würde eine Erhöhung dieses Betrags einen beträchtlichen Steuerausfall nach sich ziehen.

Aus diesem Grunde konnte man bisher auch nicht darangehen, den sogenannten Mittelstandsbauch zu beseitigen, der in der ersten Progressionsstufe (8000,— bis 24 000,— DM) eine sehr scharfe Heranziehung der Einkommen bringt (vgl. oben Tabelle 14). Das soll nun aber in der nächsten Zeit geschehen. Damit würden die Folgerungen aus den Preissteigerungen und Einkommensverbesserungen im Sinne des oben Dargelegten gezogen. Die These von der Beweglichkeit des Progressionstarifs bei sich verändernden Wirtschaftsverhältnissen käme zu ihrem Recht.

Im ganzen läßt sich aus den skizzenhaften Darlegungen wohl erkennen, daß die Einkommenbesteuerung zwischen den schwierigsten Problemen ihren Weg finden muß.

f) Die Einkommensteuer wird grundsätzlich im Wege der Veranlagung erhoben. Bei Einkünften aus nicht-selbständiger Arbeit erfolgt sie im Wege des Steuerabzugs an der Quelle. Hier wird die Steuer als Lohnsteuer durch den Arbeitgeber einbehalten und an das Finanzamt abgeführt. Der Lohnsteuerpflichtige wird jedoch veranlagt, wenn sein Einkommen 24 000 DM übersteigt, wenn er außer seinem Arbeitslohn noch andere Einkünfte bezieht, sowie in einigen anderen Fällen. Ebenso wird bei bestimmten Einkünften aus Kapitalerträgen die Kapitalertragssteuer im Abzugsverfahren erhoben. Das bedeutet, daß der Schuldner der Kapitalerträge, also etwa die die Dividenden ausschüttende Aktiengesellschaft, die Kapitalertragssteuer einzubehalten hat. Der Steuersatz beträgt in der Regel 25 vH.

2. Die Körperschaftssteuer

Der Körperschaftssteuer unterliegen Kapitalgesellschaften (Aktiengesellschaften, Gesellschaften mit beschränkter Hauftung usw.), Anstalten und Stiftungen sowie andere Vermögensmassen und Körperschaften, juristische Personen des privaten Rechts, nicht rechtsfähige Vereine und Stiftungen sowie andere.

Befreiungen sind aus staatswirtschaftlichen und sozialen Gründen vorgesehen

a) ausnahmsweise für verschiedene Unternehmungen der öffentlichen Hand, die im übrigen der vollen Steuerpflicht unterliegen, wie die Bundes-Post, die Bundesbahn, die Bundesbank und Sparkassen.

b) Gemeinnützige Körperschaften; soweit sie jedoch einen wirtschaftlichen Geschäftsbetrieb unterhalten, sind sie steuerpflichtig.

c) Berufsverbände, deren Zweck nicht auf einen wirtschaftlichen Geschäftsbetrieb gerichtet ist.

d) Rechtsfähige Pensionskassen und Unterstützungskassen.

Das Einkommen wird grundsätzlich nach den Bestimmungen des Einkommensteuergesetzes ermittelt. Es gibt jedoch gewisse Besonderheiten, die zu beachten sind. Insbesondere gelten als steuerpflichtiges Einkommen auch die sogenannten verdeckten Gewinnausschüttungen. Bei ihnen handelt es sich um Vorteile, die einem Gesellschafter auf Grund seiner Stellung in der Gesellschaft zugewendet werden. Sondervorschriften betreffen vor allem die Liquidation und die Fusion und Umwandlung der Gesellschaft.

Der Steuersatz ist seit der Reform des Jahres 1958 etwas schwierig geworden, nachdem früher ein einheitlicher Satz galt. Er beträgt bei den sogenannten Publikums- oder Kapitalmarktgesellschaften 51 vH des Einkommens. Soweit Gewinne ausgeschüttet werden, ermäßigt sich der Satz auf 15 vH.

Bei Kapitalgesellschaften mit einem Vermögen unter 5 Millionen DM, deren Anteile vorzüglich natürlichen Personen gehören, unterliegen die Einkommen einem Progressionssteuersatz, der bei 10 000 DM mit 39 vH ansteigt und schließlich bei einem Einkommen von 50 000 DM einen Durchschnittssteuersatz von 49 vH erreicht, der auch für das höhere Einkommen gilt. Für ausgeschüttete Gewinne beträgt der Steuersatz einheitlich 26,5 vH. Eine Sonderregelung besteht für Vereine, Stiftungen und Genossenschaften, für Kreditanstalten des öffentlichen Rechts und private Bausparkassen.

Der ermäßigte Steuersatz für den ausgeschütteten Gewinn erklärt sich aus dem Umstand, daß die Körperschaftssteuer eine Doppelbesteuerung mit sich bringt. Der Gewinn der Körperschaft wird nämlich zunächst bei der Kapitalgesellschaft durch die Körperschaftssteuer und dann, soweit er ausgeschüttet wird, bei dem Anteilseigner mit der Einkommensteuer auf die ihm in Form von Dividenden zufließenden Einnahmen erfaßt. Die Tatsache der Doppelbesteuerung, zu der sich der Gesetzgeber aus vielen überzeugenden Gründen in Deutschland, aber auch anderswo, entschlossen hat, ist häufig kritisiert worden. Durch die Einführung des „gespaltenen Steuersatzes", der die ausgeschütteten Gewinne schont, hat die Kritik ihre Berechtigung verloren. In diesem Zusammenhang ist des sogenannten Schachtelprivilegs zu gedenken. Es bestimmt, daß Gewinnanteile, die von einer Kapitalgesellschaft (Obergesellschaft) vereinnahmt werden, steuerfrei bleiben, wenn sie mit mindestens 25 vH an dem Grund- oder Stammkapital der ausschüttenden Gesellschaft beteiligt ist.

§ 6. Die Umsatzsteuer

Der Umsatzsteuer unterliegen die Lieferungen und Leistungen, die ein Unternehmer im Inland gegen Entgelt im Rahmen seines Unternehmens ausführt. Es wird grundsätzlich jeder Austausch von Leistungen besteuert. Die Umsatzsteuer besitzt also die breiteste Basis, die denkbar ist. Ihrer Basis entspricht ihre Krisenfestigkeit; man vermutet, daß sie, verglichen mit anderen Steuern, etwaigen Krisen am besten standhalten wird. Bestimmte Umsätze sind aus wirtschaftlichen und sozialen Gründen von der Umsatzsteuer befreit. Das gilt zunächst für Lieferungen im Großhandel, und zwar sowohl des Imports wie des

Binnengroßhandels für bestimmte, für die Volkswirtschaft notwendige Rohstoffe und Halberzeugnisse, Lebensmittel und Futtermittel. Von der Umsatzsteuer sind weiter freigestellt Lieferungen von Wasser, Gas, Elektrizität und Wärme durch Unternehmen der öffentlichen Hand. Die Umsatzsteuer fällt nicht an, sofern die Umsätze bereits bestimmten anderen Verkehrssteuern unterliegen, wie der Grunderwerbsteuer, der Beförderungsteuer u. a. mehr. Dagegen wird sie neben den Verbrauchsteuern erhoben. Die Vermietung und Verpachtung ist umsatzsteuerfrei, ebenso die Tätigkeit gewisser freier Berufe, wenn ihre Umsätze 18 000 DM im Jahr nicht übersteigen.

Ärztliche Hilfeleistungen im Rahmen der Sozialversicherung sind ebenfalls von der Umsatzsteuer befreit.

Das vereinnahmte Entgelt ist der Steuermaßstab der Umsatzsteuer. Es wird die Roheinnahme zugrunde gelegt. Betriebsausgaben und Werbungskosten können infolgedessen nicht abgesetzt werden. Der Steuersatz beträgt im Regelfall 4 vH. Er beträgt 1 vH für den Großhandel, soweit er nicht überhaupt steuerfrei ist. Für bestimmte Nah-

Tabelle 17: **Steuerliche Kumulation der Bruttoallphasensteuer von 4 % bei einem dreistufigen Umsatz**

	Einkaufspreis DM	Produktionsergebnis DM	Steuerbetrag DM	Verkaufspreis DM
I	—	100	4,17a)	104,17
II	104,17	100	8,51	212,68
III	212,68	100	13,04	325,72
			25,72	

a) Bei 4 vH Umsatzsteuer errechnet aus dem Verkaufspreis.

rungsmittel gibt es Ermäßigungen. Kleinunternehmer können einen Freibetrag von jährlich 12 000 DM von ihrem Umsatz absetzen, sofern der Gesamtumsatz des Kalenderjahres den Betrag von 120 000 DM nicht übersteigt. Diese Bestimmung ist zum Schutze des Mittelstandes eingeführt worden und hat den Zweck, seine Konkurrenzfähigkeit gegenüber den größeren Unternehmen zu stärken. Ihre Systemwidrigkeit liegt auf der Hand.

Bemerkenswert ist, daß eine Ware von ihrer Entstehung über alle möglichen Phasen ihrer Entwicklung und Bearbeitung bis zur endgültigen Fertigstellung eine ganze Reihe von Umsätzen durchlaufen kann. Bei jedem Umsatz wird Steuer fällig. Da der Maßstab dieser Steuer, wie gesagt, das vereinnahmte Entgelt ist, wird in den späteren

Tabelle 18: **Beispiel zur Veranschaulichung der Unterschiede zwischen Brutto- und Netto-Kalkulation bei der Allphasen-Bruttoumsatzsteuer und der Mehrwersteuer mit Vorsteuerabzug**[a])

Umsatzstufe **Kalkulationselemente**	Kalkulation bei Mehrwertsteuer mit Vorsteuerabzug Netto (entsprechend dem Gesetzentwurf[b])	
I. Stufe (Vorproduktion)		
1. Einstandspreis (Vorleistung)	100,00	(10,00)
2. Rohgewinnaufschlag = 50 vH von 1.	50,00	
3. Umsatzsteuer	—	(5,00)
4. Kalkulatorischer Verkaufspreis[c])	150,00 + 15,00 (165,00)	
II. Stufe (Weiterverarbeitung)		
1. Einstandspreis (Vorleistung)	150,00	(15,00)
2. Rohgewinnaufschlag = 40 vH von 1.	60,00	
3. Umsatzsteuer	—	(6,00)
4. Kalkulatorischer Verkaufspreis[c])	210,00 + 21,00 (231,00)	
III. Stufe (Großhandel)		
1. Einstandspreis (Vorleistung)	210,00	(21,00)
2. Rohgewinnaufschlag = 10 vH von 1.	21,00	
3. Umsatzsteuer	—	(2,10)
4. Kalkulatorischer Verkaufspreis[c])	231,00 + 23,10 (254,10)	
IV. Stufe (Einzelhandel)		
1. Einstandspreis (Vorleistung)	231,00	(23,10)
2. Rohgewinnaufschlag = 30 vH von 1.	69,30	
3. Umsatzsteuer	—	(6,39)
4. Kalkulatorischer Verkaufspreis[c])	300,30 + 30,03 (330,33)	
Umsatzsteuer Netto (ohne Steuer von der Steuer)	30,03 DM = 9,1 vH	

a) Der besseren Übersicht halber sind die Kalkulationselemente auf die einfachste Form gebracht. Bei differenzierter Zuschlagskalkulation sind ähnliche Ergebnisse zu erwarten. — b) Steuersatz durchgehend 10 vH (entspricht einem Steuersatz von 9,09 vH auf das Entgelt einschließlich Umsatzsteuer). — c) Der tatsächlich erzielte Preis richtet sich nach der Marktsituation.

Quelle: Finanzbericht 1964.

Umsätzen jeweils die im Entgelt der früheren Umsätze steckende Steuer wieder mit versteuert. Es wird demnach Steuer von der Steuer berechnet und bezahlt.

Die deutsche Umsatzsteuer ist also eine Brutto-Allphasensteuer; ihre Kaskadenwirkung hat man ihr des öfteren zum Vorwurf gemacht. Es wird behauptet, sie fördere die vertikale Konzentration in der Wirtschaft. Es scheint auf der Hand zu liegen, daß ein Produkt, das beim gleichen Unternehmer mehrere Phasen durchläuft — wie z. B. ein Schuhfabrikant, der selbst Schuhläden unterhält — Umsätze und Umsatzsteuern spart im Vergleich zu einer Ware, die nicht den kürzesten Weg vom Produzenten zum Verbraucher nimmt, sondern mehrere Produktions- und Handelsstufen durchläuft. Der Vorwurf dürfte also tendenziell richtig sein; ob er in der Praxis nicht zu stark bewertet wird, ist eine offene Frage. In der mehrstufigen Produktion können nämlich Vorteile liegen, wie genauere Branchenkenntnis, Verteilung des Risikos, Verkleinerung der Lagerhaltung und leichtere Umstellung auf Neuerungen des Markts.

Ein weiterer Nachteil der Umsatzsteuer mag darin liegen, daß es wegen ihrer Allgemeinheit schwer ist, ihre Belastungswirkung zu differenzieren. Die Sonderbehandlung, die der Großhandel, sowie lebensnotwendige und agrarische Umsätze erfahren haben, sowie die Privilegierung der kleinen Unternehmen zeigen, daß der Gesetzgeber sich dieses Nachteils bewußt ist und daß er ihm gerecht werden will, so weit es geht. Eine Differenzierung der Steuerlast des Verbrauchers, der die Steuer ja eigentlich tragen soll, ist vollends unmöglich.

Die Erwägung, daß der Export nicht durch eine inländische Besteuerung benachteiligt werden soll, hat allgemein dazu geführt, die auf Exportgütern liegende Umsatzsteuerbelastung zu vergüten. Nun ist aber die Umsatzsteuerbelastung von zwei Exportgütern gleicher Art verschieden, je nach dem sie in einem mehrstufigen Betrieb hergestellt oder ob sie mehrere Umsätze durchlaufen hat. Die Höhe der Umsatzsteuerlast läßt sich bei der Brutto-Allphasensteuer nie genau feststellen. Man behilft sich mit Pauschalsätzen, die der wirklichen Belastung eines Exportguts im Einzelfall selten genau entsprechen.

Ein ähnlicher Vorgang spielt sich beim Import ab. Die über die deutsche Grenze kommende Ware wurde in ihrem Herkunftsland von der Umsatzsteuer befreit. Ihr wird jetzt eine deutsche Umsatzausgleichsteuer aufgebürdet. Für die Bemessung dieser Ausgleichsteuer fehlt es ebenfalls an genauen Maßstäben.

Aus den früheren Darlegungen ergibt sich, daß die Umsatz- und Verbrauchsteuerbelastung in den einzelnen Ländern je nach dem dort herrschenden Steuersystem sehr verschieden ist. In den Ländern, in denen das Schwergewicht der Besteuerung auf der Umsatzsteuer ruht, kann durch die Rückvergütung naturgemäß eine sehr starke steuerliche Entlastung beim Grenzübertritt eintreten.

Im Zeichen sich verstärkenden Welthandels, besonders aber im Rahmen der europäischen Wirtschaftsgemeinschaft zeigt sich an diesem

Beispiel die Notwendigkeit einer Steuerharmonisierung. Für den ersten Schritt zu dieser Steuerharmonisierung ist die Umsatzsteuer ausersehen. Man hat sich nach langen Vorarbeiten entschlossen, die deutsche Bruttoumsatzsteuer in eine Nettoumsatzsteuer umzuwandeln. Maßstab für die Nettoumsatzsteuer ist der beim jeweiligen Unternehmer erzeugte Mehrwert, nicht das ganze Entgelt. Technisch geht man dabei so vor, daß die Umsatzsteuer von den Entgelten für die Lieferungen eines Unternehmers in einem bestimmten Zeitraum errechnet wird. Von dem Gesamtbetrag der Steuer werden die in dem betreffenden Zeitraum von den Vorlieferern zu Rechnung gestellten Vorsteuern abgezogen (Mehrwertsteuer mit Vorsteuerabzug). Eine Sonderproblematik entsteht durch Verrechnung von Umsatzsteuern, die vom Unternehmer bei der Anschaffung seiner Geschäftsausstattung und Maschinen bezahlt werden.

Von dieser neuen Umsatzsteuer verspricht man sich Neutralität in der Konkurrenz zwischen mehrstufigen und einstufigen Erzeugerbetrieben sowie die genaue Berechenbarkeit der umsatzsteuerlichen Warenbelastung bei Exportgütern.

Naturgemäß werden auf diese Weise erheblich höhere Steuersätze notwendig sein, um das gleiche fiskalische Ergebnis zu erreichen. Voraussichtlich wird die Nettoumsatzsteuer sich auf 10 vH (im Gegensatz zu den bisherigen 4 vH der Bruttoumsatzsteuer) belaufen müssen. Die Einführung kann zu einer fühlbaren Verschiebung der Preisrelationen führen; sie kann insbesondere den arbeitsintensiven Betrieb schwer belasten, und nach aller Erfahrung wird die Zeche der Käufer in Form von Preissteigerungen bezahlen müssen. Es läßt sich nicht verkennen, daß das Verwaltungsverfahren komplizierter wird, weil in allen Rechnungen die bisher bezahlten Umsatzsteuern festgehalten werden müssen (Rechnungs- und Bescheinigungszwang). Der große Vorzug, den man bisher an der Umsatzsteuer rühmte, nämlich ihre Unmerklichkeit, wird dadurch beseitigt. Während man bisher nicht genau wußte, wie viele Umsatzsteuern auf einer Ware liegen, läßt sich — um den Preis eines umständlichen Rechnungswerks — in Zukunft die Umsatzsteuerbelastung genau aus Preis- und Steuersatz berechnen, sofern nicht Steuerbefreiungen oder -erleichterungen vorliegen. Es entfällt bei diesem System der Anreiz zur vertikalen Konzentration aus steuerlichen Gründen. Der m. E. noch größere Vorteil des Systems liegt darin, daß Inlandswaren bei der Ausfuhr von der inländischen Umsatzsteuer völlig entlastet werden können und damit im Wettbewerb mit der ausländischen Produktion Startbedingungen erhalten, die wenigstens insoweit von der inländischen Steuerbelastung unbeeinträchtigt sind.

Die Umstellung auf das neue System bedeutet einen sehr schweren Entschluß. Man kann der neuen Umsatzsteuer nur alles Gute wünschen. Sie ist eine Vorleistung des deutschen Steuerrechts zu einer harmonisierten Umsatzsteuer der EWG-Länder. Die deutschen Erfahrungen werden zweifellos das Tempo der Harmonisierung entscheidend beeinflussen.

B. Die Ausgaben

§ 7. Die Ausgaben des bundesstaatlichen Gesamthaushalts

1. Da in der Bundesrepublik die staatlichen Aufgaben — im Unterschied zu einem Einheitsstaat — auf Bund, Länder und Gemeinden verteilt sind, können die Haushalte der drei Ebenen nicht für sich und unabhängig voneinander betrachtet werden. Das ergäbe ein unzutreffendes Bild, sowohl was den Umfang anbelangt; vor allem würde die gegenseitige innere Verflechung organisatorischer, funktioneller und finanzieller Art außer Betracht bleiben. Nur die Zusammenfassung der Haushalte von Bund, Ländern und Gemeinden — der bundesstaatliche Gesamthaushalt — gibt ein zutreffendes Bild von der Aufgabenlast und ihrer Finanzierung.

Freilich muß man sich bewußt bleiben, daß selbst dieses Bild insofern noch unvollkommen ist, als zahlreiche öffentliche Aufgaben von selbständigen Einrichtungen wahrgenommen werden, die außerhalb der behördlichen Organisation im engeren Sinne stehen. Ihr Finanzwesen ist gar nicht oder nur teilweise — meist durch die Zuschüsse, die sie erhalten — mit den Haushalten der genannten drei Träger verbunden. Man denke an die Sozialversicherung, an die Bundesbahn, die nur Beispiele, allerdings die größten für zahlreiche dieser Art sind. Im modernen Staatswesen haben sich um den Kern der staatlichen und gemeindlichen Organisation herum — gewissermaßen in einem breiten Hofe — eine Reihe von Einrichtungen angesiedelt, die öffentliche Aufgaben meist in mehr oder weniger großer Autonomie erfüllen. Bei einem internationalen Vergleich von Haushalten sind diese, mit der Organisation des Staatswesens zusammenhängende Fragen zu berücksichtigen. Diese Andeutung mag zugleich erhellen, wie dornenvoll derartige Vergleiche sein können.

Der Gesamthaushalt von Bund, Ländern und Gemeinden entwickelt sich wie folgt:

Tabelle 19:

	1955	1957	1959	1961[a])	1962[a])
Steuern	43,68	50,45	60,83	78,80	86,92
Sonstige Einnahmen	11,44	13,07	17,20	19,70	15,70
Einnahmen zusammen	55,12	63,52	78,03	98,50	102,62
Ausgaben zusammen	51,19	65,98	78,08	96,10	103,—

a) Schätzungen

Die Einnahmen und Ausgaben haben demnach eine Entwicklung genommen, die erstaunlich ist. Es ist nicht anzunehmen, daß sich jemals in der Geschichte — von Inflationen abgesehen — ein derartiges Wachstum zugetragen hatte.

2. Erkundigt man sich nach den Ausgaben, die in diesem Teile unserer Darstellung allein interessieren, so ergibt sich folgendes Bild:

Tabelle 20: **Ausgaben des bundesstaatlichen Gesamthaushalts**
(Bund, Lastenausgleich, Länder, Gemeinden)
(in Milliarden DM)

Ausgabeart	1955	1959	1961 = (geschätzt)
Sozialleistungen	12,24	16,25	18,2
Wiedergutmachung	0,87	2,35	3,2
Schuldendienst	2,45	4,42	4,3
Verwaltungsausgaben	11,05	15,20	18,9
Pensionen	1,98	2,45	3,3
Subventionen	0,35	1,23	1,5
Allg. Haushalts- u. Zweckausgaben	4,54	8,38	10,6
Bauten und sonstige Vermögenswirksame Ausgaben	11,88	18,30	22,8
Verteidigungslasten	6,11	9,64	13,3
Saldi des Verrechnungsverkehrs	0,28	0,15	—
Reiner Finanzbedarf	51,19	78,08	96,1

Quelle: Finanzbericht 1961, 1962 und 1963.

Danach sind alle Ausgaben von dem Wachstum erfaßt worden. Besonders eindrucksvoll ist die Vermehrung der Verteidigungsausgaben, die im Haushalt 1963 auf 18 Mrd. DM angelaufen sind und 1964 sogar 21 Mrd. DM übersteigen sollen. Das ist etwa das dreieinhalbfache des Jahres 1955. Daneben sind die Sozialleistungen zwar absolut gestiegen, in der relativen Entwicklung jedoch zurückgeblieben. Interessant ist auch die Entwicklung der Bauten, die alljährlich Milliardenbeträge

Ordentlicher Haushaltsplan 1963 der Landeshauptstadt München

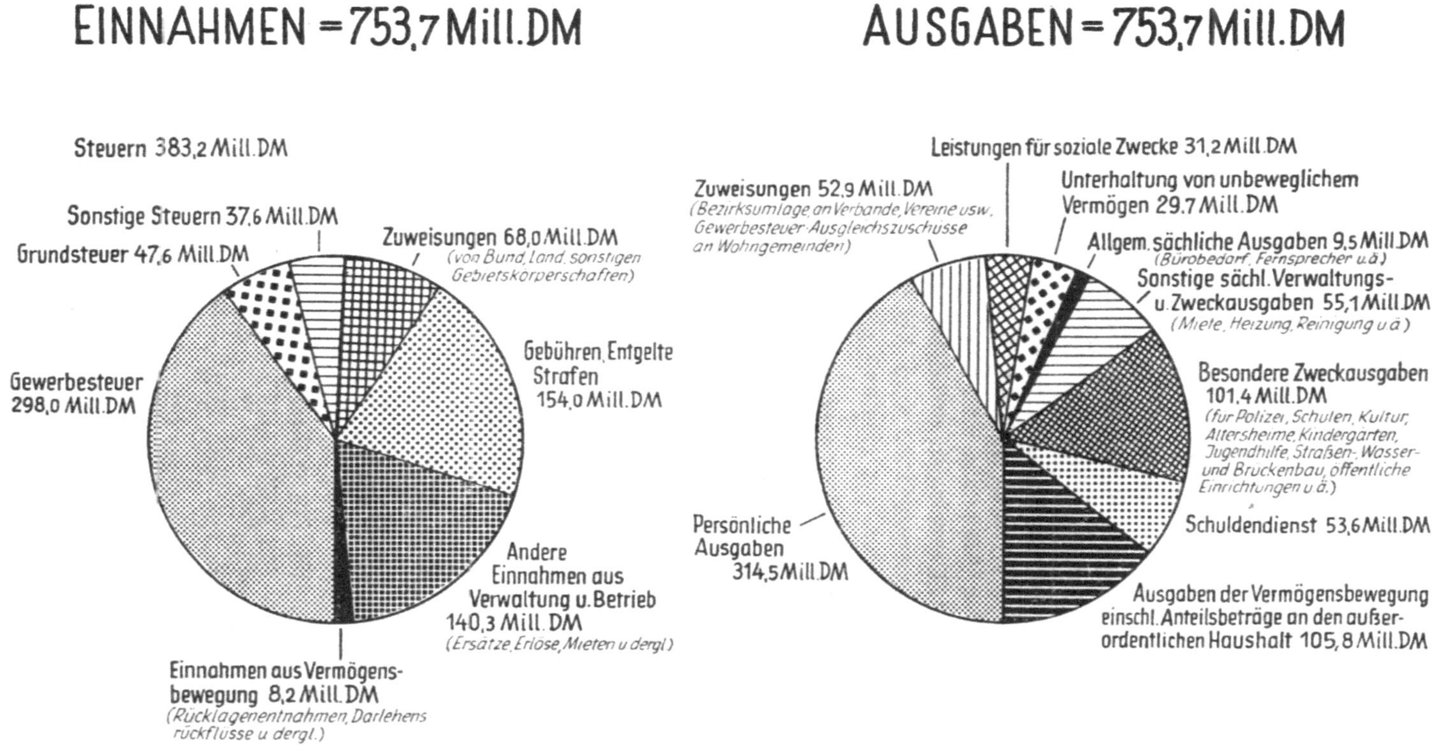

verschlingen. Da diese Bauten wahrscheinlich die Verteidigungsbauten nicht enthalten, sondern nur die Bauausgaben des zivilen Sektors, ist die Zahl um so bemerkenswerter. Ihre Hauptlast liegt auf dem Gebiet des Straßenwesens und des Wohnungsbaus. Aber selbstverständlich schlagen auch die Aufwendungen für Schulen, Kultur- und Forschungseinrichtungen sowie die Verwaltungsbauten zu Buch.

Die Verwaltungsausgaben sowie die im gleichen Zusammenhang zu nennenden allgemeinen Haushaltszweckausgaben nehmen einen breiten Raum ein. Die Bauten und Verwaltungsausgaben finden sich hauptsächlich in den Haushalten der Länder und der Gemeinden, was sich aus ihrer Aufgabenstruktur erklärt.

3. Nach der Analyse des bundesstaatlichen Gesamthaushalts nach Ausgabearten ist nun die Aufgliederung nach Ausgabeträgern von Interesse. Die Ausgaben und wie sie auf die Haushalte von Bund, Ländern bzw. Gemeinden entfallen, ergeben sich aus der bundesstaatlichen Aufgabenverteilung (vgl. Art. 106 GG). Ein annäherndes Bild der Aufgabenverteilung ist nicht ganz einfach zu entwerfen:

a) Es obliegt den Gemeinden, um bei ihnen zu beginnen, das, was am besten als „Daseinsvorsorge" im örtlichen Bereich bezeichnet wird. Ihre Zuständigkeiten sind äußerst personal-intensiv. Das ergibt sich auch aus dem Haushaltsbild der Stadt München.

Tabelle 21: **Die Verteilung der Gesamtausgabebelastung**
(in Hundertsätzen)

	1955	1961
Bund	47,9	50,6
Länder	30,1	28,1
Gemeinden	22,0	21,3
	100,0	100,0

Quelle: Finanzen und Steuern, Heft 60, S. 12.

Überprüft man die Ausgaben der Gemeinden im einzelnen, so ergibt sich, daß die Personalausgaben eine entscheidende Rolle spielen. Im übrigen stehen die Schulausgaben ebenso im Vordergrund wie die Ausgaben für das Straßen- und Verkehrswesen. Auch dem Wohnungsbau haben sich die Gemeinden mit vorbildlichem Eifer gewidmet.

b) Den Ländern, so ist man versucht zu sagen, obliegen die „allgemeinen" Aufgaben der Staatsverwaltung. Sie sind jedenfalls die Träger der staatlichen Organisationen. Sie stellen das Gerüst der inneren Verwaltung, der Rechtspflege, der inneren Sicherheit, der Finanzverwaltung; sie tragen das Schulausbildungs- und Universitätswesen. Teilweise wirken sie mit den Gemeinden zusammen. Sie werden häufig im Vollzug von Bundesgesetzen tätig. Sie stehen zwischen Bund und Gemeinden. Als Herren der Verwaltung haben sie einen ungeheuren Verwaltungsapparat zu ordnen und zu bezahlen. In ihren Haushalten zeigen sich die Personalausgaben als eine große Last. Sie nehmen an 45 vH ihrer Eigenausgaben in Anspruch. Von den Hauptaufgabengebieten der Länder gibt die folgende Aufstellung ein knappes Bild:

Tabelle 22: **Ausgaben der Länder nach Aufgabengebieten im Rechnungsjahr 1961**

Aufgabengebiet	Laufende Ausgaben Mill. DM	Ausgaben für Investitionen Mill. DM	Gesamtausgaben[a] Mill. DM	Eigenfinanzierte Ausgaben[a][b] Mill. DM
Innere Verwaltung	661,2	25,5	686,7	655,9
Polizei	1 748,3	69,8	1 854,1	1 747,4
Rechtspflege	1 424,6	74,0	1 498,5	1 497,2
Schulen	5 481,5	235,0	5 716,5	5 031,4
Wissenschaft	1 466,4	548,3	2 014,7	1 740,3
Sozialwesen	2 971,1	118,3	3 089,3	2 326,3
Gesundheitswesen und Jugenpflege	1 076,8	190,1	1 266,9	1 227,8
Wohnungsbau	719,6	2 849,2	3 568,8	1 868,6
Ernährung-, Land-, Forst- und Wasserwirtschaft	2 963,9	275,5	3 239,3	1 613,3
Verkehr	1 095,4	1 027,8	2 123,2	2 028,6
(darunter: Straßen)	(941,0)	(599,0)	(1 540,0)	(1 454,9)
Gemeindliche Anstalten	374,7	186,6	561,2	540,9
Wiedergutmachung	2 456,3	7,9	2 464,2	1 170,7
Schuldendienst	2 030,4	—	2 030,4	2 030,4
Allgemeine Finanzzuweisungen	2 659,4	—	2 659,4	1 747,2
Übrige Aufgabengebiete	2 963,8	1 394,0	4 357,8	3 754,1
Zusammen[c]	30 038,9	7 001,8	37 040,7	28 889,7

a) Ohne Rücklagenbildung. — b) Gesamtausgaben abzüglich Zahlungen von anderen Gebietskörperschaften. — c) Nach Abzug der Erstattung in den Stadtstaaten von 90,4 Mill. DM.

Quelle: Finanzbericht 1964.

c) Der Bund trägt rund die Hälfte der Ausgaben im bundesstaatlichen Gesamthaushalt. Diese Feststellung gibt ein eindeutiges Bild von seiner politischen Dynamik und von dem Gewicht, das er im bundesstaatlichen Gefüge einnimmt. Ob seine Rolle den Vorstellungen der Verfassungsgeber des Grundgesetzes entspricht oder ob sie über diese Vorstellung hinausgeht, läßt sich schwer sagen. Daß der Bund rund

50 vH der Gesamtausgaben bestreitet, gibt jedenfalls ein plastisches Bild von der Verfassungswirklichkeit, wie sie sich seit 1949 entwickelt hat. Es kommt dazu, daß der Bund durch seine Gesetzgebung die Verwaltungsarbeit in den Ländern weithin bestimmt. An anderer Stelle ist schon hervorgehoben worden, wie seine Subventions- und Dotationstätigkeit mit magnetischer Kraft finanzielle Mittel der Länder und Gemeinden bindet und sie in die von ihm gewünschten Kanäle schleust. Sein wirklicher Einfluß geht also wohl noch über das hinaus, was mit seinem Haushaltsvolumen sich andeutet.

Tabelle 23: **Der Bundeshaushalt**
(in Milliarden DM)

	1955	1959	1961
Verteidigungslasten	6,11	9,40	12,90
Soziallasten	9,81	12,00	13,87
Bundeshilfe Berlin	0,93	1,13	1,14
Saareingliederung	—	1,23	0,10
Subventionen	0,30	0,61	0,86
Wohnungsbau	0,87	2,23	1,76
Grüner Plan	—	1,19	1,49
Sonstige Wirtschaftsförderung	0,97	1,53	0,58
Schuldendienst	0,72	2,13	1,68
Entschädigungen	0,49	1,46	2,15
Sonstige Ausgaben	2,62	6,04	8,14
Deckung von Vorjahresfehlbeträgen	0,23	—	0,15
Summe	23,02	38,78	44,82

Diese Übersicht erhellt, daß der Bundeshaushalt der Haushalt der großen politischen Programme ist. Auf der sicheren Grundlage der Verwaltungstätigkeit von Gemeinden und Ländern baut der Bund die Erfüllung seiner Aufgaben auf. Es handelt sich um diejenigen, die sich aus seiner zentralstaatlichen Rolle ergeben. Was für das ganze Volk einheitlich geregelt werden muß, das gehört zu den Funktionen des Bundes. Hier steht fiskalisch im Augenblick im Vordergrund die Verteidigung und das Sozialwesen. Selbstverständlich erscheint heute, daß auch die Wirtschaftspolitik und die Wirtschaftsförderung einschließlich des „Grünen Plans" und des Wohnungsbaus im Bundeshaushalt ihren Niederschlag finden. Zur Durchführung der Verwaltungsarbeit bedient sich der Bund der Länder und Gemeinden. Die Zusammenarbeit ist nicht nur eine administrative, sondern auch eine finanzielle.

Es wurde bereits festgestellt, daß die Aufgabenabgrenzung zwischen den drei Trägern öffentlicher Funktionen nicht überall trennscharf ist und daß sich zu Lasten eines klaren Finanzausgleichs eine starke Aufgabenverwischung eingeschlichen hat. Ob man ihr das Wort reden soll, ist eine politisch sehr neuralgische Frage. In dem Maße, in dem die Dynamik und Aktivität der Bundesverwaltung die Verwaltungsarbeit der Länder und Gemeinden durchdringt, und in dem Umfang auch, in dem der Fluß der Dotationen es ermöglicht, scheint die „Gemeinschaftsaufgabe" im Vordringen. Verfassungsrechtlich gesehen handelt es sich um ein Eindringen des Bundes in die Zuständigkeitsbereiche der anderen Verwaltungsebenen, politisch um eine Verdünnung des föderativen Gehalts.

4. Nach den Ausführungen der Bundesregierung[14] in einem Gesetzentwurf über die neue Verteilung der Einkommen- und Körperschaftssteuer für die Jahre 1963 und 1964 ergibt sich für Bund, Länder und Gemeinden folgende Gegenüberstellung:

Tabelle 24:

	1955	1961	1963 (geschätzt)	Steigerung
Ordentliche Einnahmen der Länder und Gemeinden ..	26,99	53,81	62,15	+ 130,3
Ordentliche Einnahmen[a]) des Bundes	26,20	43,75	50,8	+ 93,9
Ausgaben der Länder und Gemeinden ..	29,29	54,20	63,33	+ 116,0
Ausgaben[a]) des Bundes	22,93	43,82	55,2	+ 139,9

a) Offenbar ohne Lastenausgleichfonds.

Die Schätzung des Gesamtvolumens der Steuereinnahmen von Bund, Ländern und Gemeinden für 1963 beläuft sich auf rund 92 Mrd. DM. Insgesamt liegen ihre ordentlichen Einnahmen zusammen bei 112,23 Mrd. DM. Damit sind Ausgaben zu decken, die voraussichtlich bei 118,35 Mrd. DM liegen. Diese Zahlen deuten zugleich die Haushaltswende an, die dadurch eingetreten ist, daß die Ausgabenwünsche und -bedürfnisse den Einnahmen vorauseilen. Die Wandlung wird besonders deutlich, wenn man sich den Einnahmeüberschuß des Bundes früherer Jahre vor Augen führt. Er verschwand in dem sogenannten „Juliusturm"[15]. In diesem „Turm" sammelten sich schließlich mehr als 6 Mrd. DM an. Sie wurden für Zwecke der Verteidigung bereitgestellt, die jedoch wesentlich später anlief, als man damals annahm. Infolgedessen wurden sie für ganz andere Ausgaben verwandt. Da diese Ausgaben sich wiederholten, als der Hort längst erschöpft war, begann damals dic finanzpolitische Spekulation auf den alljährlichen Steuerzuwachs durch die Konjunktur.

[14] Vgl. Bulletin der Bundesregierung vom 10. 4. 1963, S. 588.

[15] Der „Juliusturm„ erhielt seinen Namen in Erinnerung an jenen Turm in der Festung Spandau, in dem das Reich vor dem ersten Weltkrieg seinen Kriegsschatz in Goldstücken aufbewahrte und bewachen ließ.

Übersicht zum Bayerischen Staatshaushalt

Einnahmearten

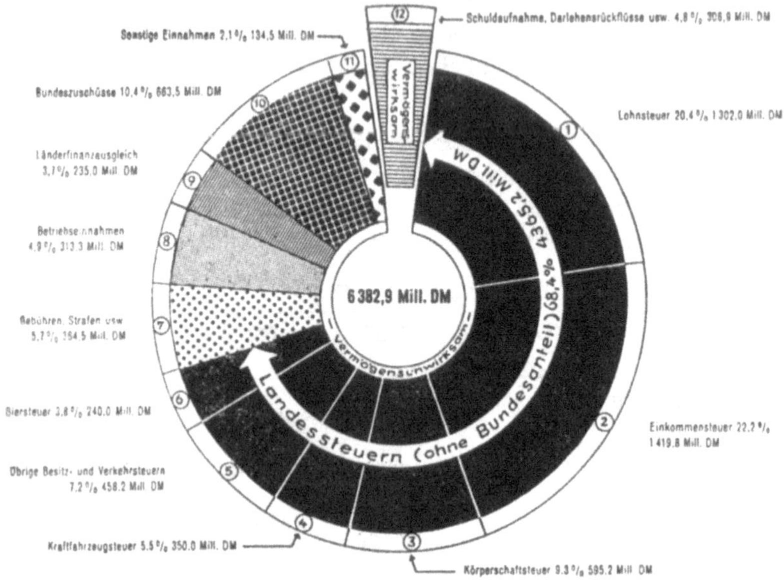

Einnahmeart	1963 Mill. DM	1963 v.H.	1962 Mill. DM	1962 v.H.
A. Vermögensunwirksame Einnahmen				
Steuern	4 365,2	68,4	4 328,8	70,0
1. Lohnsteuer (Landesanteil)	*1 302,0*	*20,4*	*1 157,0*	*18,8*
2. Einkommensteuer (Landesanteil)	*1 419,8*	*22,2*	*1 504,8*	*24,3*
3. Körperschaftsteuer (Landesanteil)	*595,2*	*9,3*	*650,0*	*10,5*
4. Kraftfahrzeugsteuer	*350,0*	*5,5*	*320,0*	*5,2*
5. Übrige Besitz- und Verkehrsteuern	*458,2*	*7,2*	*472,0*	*7,6*
6. Biersteuer	*240,0*	*3,8*	*225,0*	*3,6*
7. Gebühren, Strafen und sonstige Verwaltungseinnahmen	364,5	5,7	321,3	5,2
8. Betriebseinnahmen aus wirtschaftlichen Unternehmen	313,3	4,9	317,4	5,1
9. Zuweisungen aus dem Finanzausgleich unter den Ländern	235,0	3,7	245,0	4,0
10. Zuschüsse des Bundes	663,5	10,4	704,8	11,4
a. Grüner Plan und sonstige landwirtschaftl. Förderung	*266,0*		*271,7*	
b. Kriegsfolgenhilfe	*61,3*		*65,2*	
c. Wiedergutmachung	—		*70,0*	
d. Wohnungsbauprämien	*55,0*		*55,0*	
e. Verwaltungskostenersätze und Sonstige	*281,2*		*242,9*	
zu übertragen	5 941,5	93,1	5 917,3	95,7
Übertrag	5 941,5	93,1	5 917,3	95,7
11. Sonstige vermögensunwirksame Einnahmen	134,5	2,1	197,2	3,2
darunter Ablieferung vom ord. Haushalt (durchlaufend)	—		*79,9*	
Summe A	6 076,0	95,2	6 114,5	98,9
B. Vermögenswirksame Einnahmen				
12. Schuldaufnahme, Darlehensrückflüsse und Erlöse aus Veräußerungen u. ä.	306,9	4,8	70,6	1,1
a. Schuldaufnahme bei Bund u. Lastenausgleich	*67,2*		*64,1*	
b. Schuldaufnahme bei sonstigen Geldgebern	*162,7*		*3,0*	
davon ab Verminderung des Steuergutscheinumlaufs	—		*— 50,0*	
Summe a und b	*229,9*		*17,1*	
c. Darlehensrückflüsse und Veräußerungserlöse u. ä.	*77,0*		*53,5*	
Summe B	306,9	4,8	70,6	1,1
Gesamteinnahmen	6 382,9	100,0	6 185,1	100,0

für das Rechnungsjahr 1963

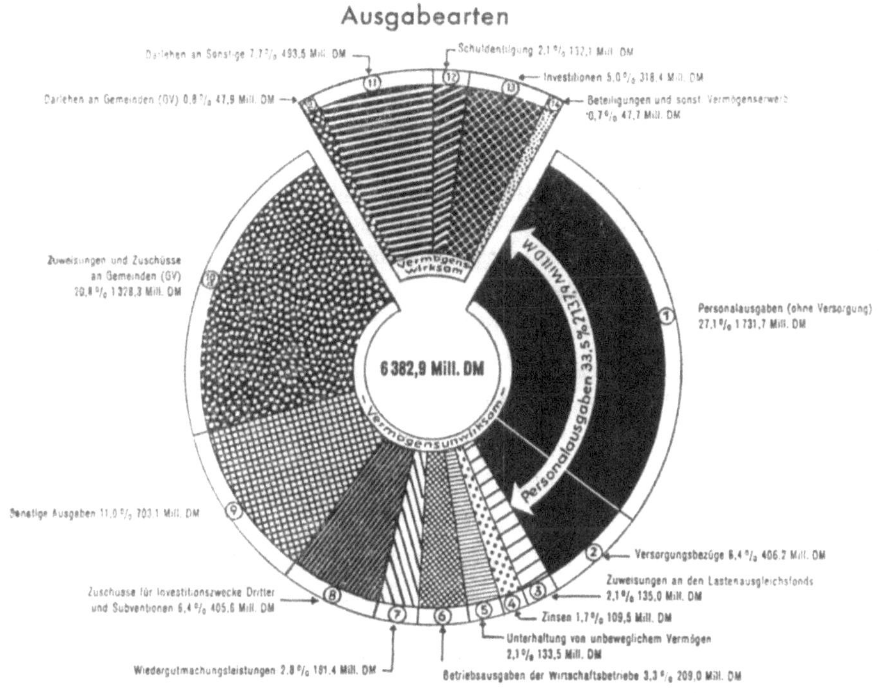

Ausgabeart	1963 Mill. DM	1963 v.H.	1962 Mill. DM	1962 v.H.
A. Vermögensunwirksame Ausgaben				
1. Personalausgaben (ohne Versorgung)	1 731,7	27,1	1 547,8	25,0
darunter Schul- und Bildungswesen	*738,3*		*667,3*	
2. Versorgungsbezüge	406,2	6.4	359,1	5,8
Zwischensumme	2 137,9	33,5	1 906,9	30,8
3. Zuweisungen an den Lastenausgleichsfonds	135,0	2,1	145,8	2,4
4. Zinsen	109,5	1,7	125,0	2,0
5. Unterhaltung von unbewegl. Vermögen	133,5	2,1	172,0	2,8
6. Betriebsausgaben der staatl. Wirtschaftsbetriebe (soweit nicht bei Nr. 5 und 13 nachgewiesen)	209,0	3,3	187,2	3,0
7. Wiedergutmachungsleistungen	181,4	2,8	251,7	4,1
8. Zuschüsse für Investitionszwecke Dritter (ohne Nr. 10a), Subventionen	405,6	6,4	393,5	6,4
9. Sonstige vermögensunwirksame Ausgaben	703,1	11,0	939,2	15,2
darunter Ablieferung an den ao. Haushalt (durchlaufend)	—		*79,9*	
Bundeshilfe	—		*160,0*	
zu übertragen	4 015.0	62.9	4 121,3	66,7

Ausgabeart	1963 Mill. DM	1963 v.H.	1962 Mill. DM	1962 v.H.
Übertrag	4 015,0	62,9	4 121,3	66,7
10. Leistungen an Gemeinden (GV)	*1 376,2*		*1 034,7*	
a. Zuweisungen und Zuschüsse	1 328,3	20,8	967,5	15,6
Summe A	5 343,3	83,7	5 088,8	82,3
B. Vermögenswirksame Ausgaben				
b. Darlehen an Gemeinden	47,9	0,8	67,2	1,1
11. Darlehen an Sonstige	493,5	7,7	433,0	7,0
darunter Wohnungsbaudarlehen (ohne Gemeinden)	*405,5*		*285,0*	
12. Schuldentilgung	132,1	2,1	155,5*	2,5
13. Investitionen	318,4	5,0	250,6	4,0
a. Hochbau	*162,8*		*154,3*	
b. Wasser-, Straßen- u. Brückenneubau	*155,6*		*96,3*	
14. Beteiligungen, sonstiger Vermögenserwerb, Zuführung an Rücklagen	47,7	0,7	190,0	3.1
Summe B	1 039,6	16,3	1 096,3	17,7
Gesamtausgaben	6 382,9	100,0	6 185,1	100,0

* Hinzu treten 50 Mio DM aus der Verminderung des Steuergutscheinumlaufs

Bayer. Staatsministerium der Finanzen 14. 6. 1963

§ 8. Der Bundeshaushalt — der Haushalt der großen Blöcke

1. Prüft man nun die Zusammensetzung des Bundeshaushalts, so ergibt sich schnell, daß die Verteidigungsausgaben und Sozialausgaben als massige Blöcke das Haushaltsbild bestimmen. Ursprünglich standen die Sozialausgaben an erster Stelle. Obwohl sie weiter wachsen, sind sie von den Verteidigungsausgaben inzwischen vom ersten Platz verdrängt worden. Die Verteidigungsausgaben sind zu einer schweren finanziellen Belastung angelaufen. Zu ihnen müssen auch noch die Ausgaben der zivilen Verteidigung gerechnet werden. Hier handelt es sich um die Aufstellung von Luftschutzhilfsdienst, Luftschutzwarndienst sowie um vorbereitende Maßnahmen zur Aufrechterhaltung des Verkehrs und der Fernmeldeeinrichtung im Ernstfalle. Die Bundeshilfe für Berlin mußte im Haushalt 1963 besonders erhöht werden.

Nach den Ausführungen des Bundesfinanzministers in seiner Haushaltsrede vom 7. November 1962 hat

der Wehretat	35,4 vH,
der Sozialetat	27,3 vH,
beide zusammen	62,7 vH

des Bundeshaushalts 1963 (Entwurf) beanspruchen. Das bedeutet, daß die anderen Ausgaben auf ein gutes Drittel des Haushaltsvolumens verwiesen sind. Das Schicksal der Bundesfinanzen liegt also in der Entwicklung dieser beiden Ausgabeblöcke beschlossen. Die Verteidigung ist abhängig von der internationalen Situation. Ihre Entwicklung — mit Bedauern muß das gesagt werden — scheint so, wie die Dinge liegen, zwangsläufig.

Bei den Sozialausgaben hat man eine Zwangsläufigkeit freiwillig geschaffen, als man das dynamische Prinzip in die Sozialversicherung einführte. Dieses Prinzip, über das noch zu sprechen sein wird, läuft praktisch darauf hinaus, daß von den Mehreinnahmen an Steuern, die aus der Entwicklung des Sozialprodukts fließen, jeweils ein mehr oder weniger großer Teil von vorneherein für eine Steigerung der Zuschüsse an die Träger der Sozialversicherung gebunden ist. Das bedeutet, daß sie für andere Haushaltszwecke nicht zur Verfügung stehen. Finanzpolitisch ist diese Festlegung von größter Bedeutung.

2. Der verbleibende Raum wird durch zahlreiche Einzelposten ausgefüllt. Keiner von ihnen ist auch nur annähernd mit den beiden großen Blöcken vergleichbar.

a) Immerhin ergibt sich, daß der Verkehrshaushalt — in der vorstehenden Aufstellung unter den sonstigen Aufgaben enthalten — Milliardenbeträge in Anspruch nimmt. Im Haushalt 1963 sind 4,2 Mrd. DM vor-

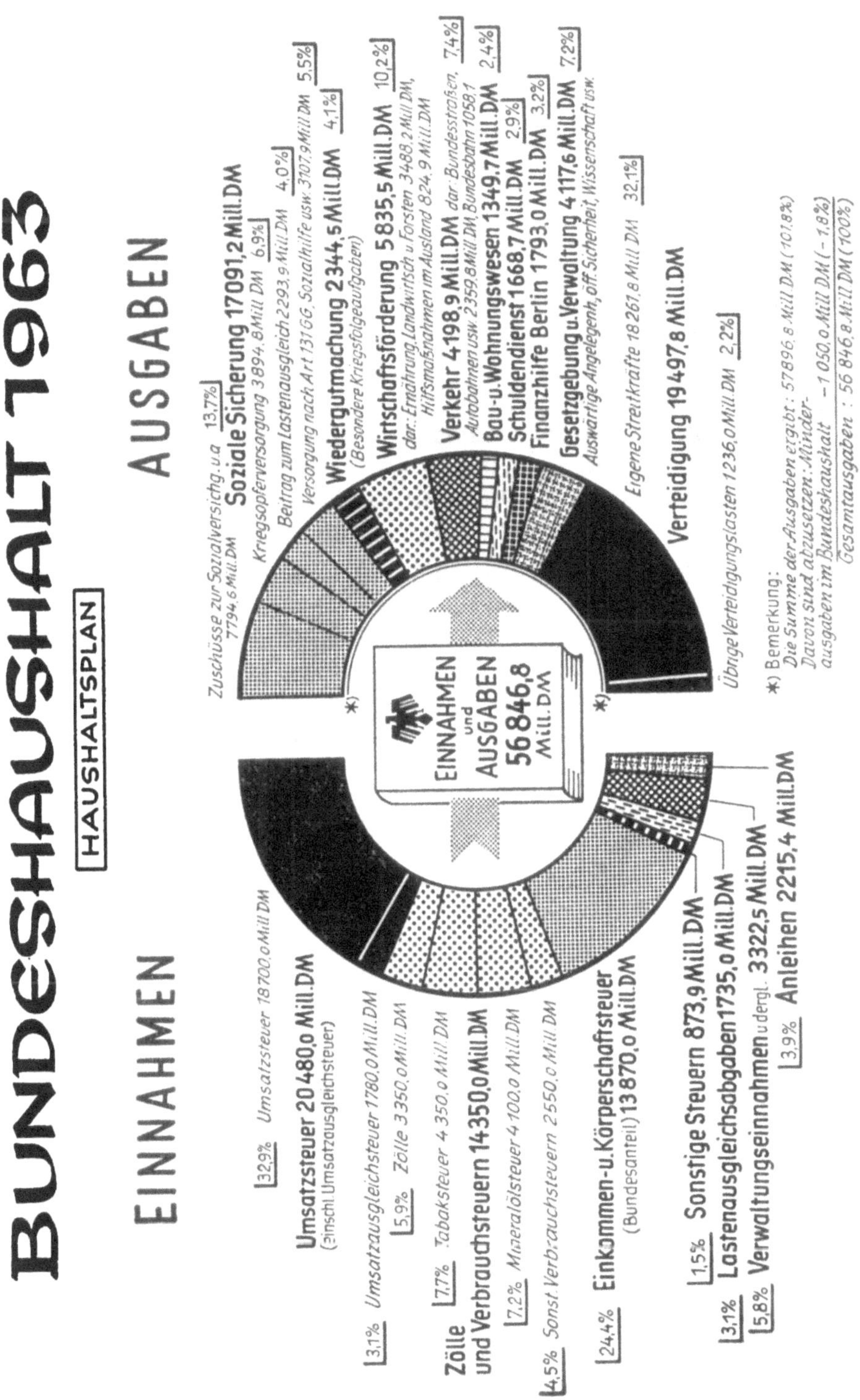
BUNDESHAUSHALT 1963
HAUSHALTSPLAN
EINNAHMEN
AUSGABEN
32,9% Umsatzsteuer 18700,0 Mill.DM
Umsatzsteuer 20480,0 Mill.DM
(einschl. Umsatzausgleichsteuer)
3,1% Umsatzausgleichsteuer 1780,0 Mill.DM
5,9% Zölle 3350,0 Mill.DM
7,7% Tabaksteuer 4350,0 Mill.DM
Zölle
und Verbrauchsteuern 14350,0 Mill.DM
7,2% Mineralölsteuer 4100,0 Mill.DM
4,5% Sonst. Verbrauchsteuern 2550,0 Mill.DM
24,4% Einkommen-u. Körperschaftsteuer
(Bundesanteil) 13870,0 Mill.DM
1,5% Sonstige Steuern 873,9 Mill.DM
3,1% Lastenausgleichsabgaben 1735,0 Mill.DM
5,8% Verwaltungseinnahmen u. dergl. 3322,5 Mill.DM
3,9% Anleihen 2215,4 Mill.DM
EINNAHMEN
und
AUSGABEN
56846,8
Mill.DM
*)
*)
Zuschüsse zur Sozialversichg. u.a. 13,7%
7794,6 Mill.DM
Soziale Sicherung 17091,2 Mill.DM
Kriegsopferversorgung 3894,8 Mill.DM 6,9%
Beitrag zum Lastenausgleich 2293,9 Mill.DM 4,0%
Versorgung nach Art 131 GG, Sozialhilfe usw. 3107,9 Mill.DM 5,5%
Wiedergutmachung 2344,5 Mill.DM 4,1%
(Besondere Kriegsfolgeaufgaben)
Wirtschaftsförderung 5835,5 Mill.DM 10,2%
dar.: Ernährung, Landwirtsch. u. Forsten 3488,2 Mill.DM,
Hilfsmaßnahmen im Ausland 824,9 Mill.DM
Verkehr 4198,9 Mill.DM dar.: Bundesstraßen, 7,4%
Autobahnen usw. 2359,8 Mill.DM, Bundesbahn 1058,1
Bau-u. Wohnungswesen 1349,7 Mill.DM 2,4%
Schuldendienst 1668,7 Mill.DM 2,9%
Finanzhilfe Berlin 1793,0 Mill.DM 3,2%
Gesetzgebung u. Verwaltung 4117,6 Mill.DM 7,2%
Auswärtige Angelegenh., öff. Sicherheit, Wissenschaft usw.
Eigene Streitkräfte 18261,8 Mill.DM 32,1%
Verteidigung 19497,8 Mill.DM
Übrige Verteidigungslasten 1236,0 Mill.DM 2,2%
*) Bemerkung:
Die Summe der Ausgaben ergibt: 57896,8 Mill.DM (101,8%)
Davon sind abzusetzen: Minder-
ausgaben im Bundeshaushalt −1050,0 Mill.DM (−1,8%)
Gesamtausgaben: 56846,8 Mill.DM (100%)

gesehen. Der Ausbau der Bundesstraßen und Bundesautobahnen muß dem wachsenden Verkehrsvolumen folgen. Mehr als 1 Milliarde fließt der Bundesbahn zu. Sie ist seit Jahren ein Sorgenkind der Bundesfinanzen geworden, weil sie trotz aller Bemühungen ihre Kosten nicht decken kann. Der Zuschuß, der seit einigen Jahren als ständiger Posten im Haushalt steht, soll der Bundesbahn helfen, ihren Betrieb zu rationalisieren und zu modernisieren. Er gibt der Bundesbahn die Möglichkeit zu namhaften Aufträgen an die deutsche Industrie. Daß die Bundesbahn vorerst nicht auf ihre Kosten kommen kann, liegt an dem Konkurrenzdruck, den sie seitens des Güterkraftverkehrs und der Binnenschiffahrt auszuhalten hat. Sie hat sich oft darüber beklagt, daß ihren Konkurrenten die Straßen und die Kanäle kostenlos zur Verfügung gestellt werden, während sie ihren Unterbau selbst finanzieren muß. Ebenso oft hat sie sich darüber beklagt, daß sie seit dem Zusammenbruch Lasten tragen muß, die sie als betriebsfremd bezeichnet. Es handelt sich um Lasten des Wiederaufbaus sowie um personelle Belastungen, die durch die Vertreibung auf die zugekommen sind.

In den Verkehrsausgaben steckt ein Betrag von mehr als 400 Mill. DM für den Ausbau der großen Wasserstraßen. Dieser Ausbau ist bei dem heutigen Stand der Verkehrserschließung nicht unproblematisch. Es fragt sich auch, ob diese Bauten gerade bei der jetzigen Konjunkturlage vorgenommen werden müssen. Zweifellos kann aus der weiteren Kanalisierung ein zusätzlicher Konkurrenzdruck für die Bundesbahn entstehen.

Mit nicht unbeträchtlichen Subventionen an die Seeschiffahrt, die unter der Frachtenbaisse leidet, eröffnet sich ein neues Kapitel, das einen Vorgeschmack von der komplexen Subventionspolitik des modernen Interventionsstaates bietet.

Ein beträchtlicher Betriebszuschuß für die Lufthansa mußte ebenfalls in den Haushalt eingestellt werden. Daneben sollen etwa 200 Millionen DM für Einrichtungen und Verbesserungen der Flugsicherungstechnik aufgewandt werden.

b) Die deutsche Landwirtschaft findet sich mit ihren Sorgen und Nöten ebenfalls im Bundeshaushalt wieder. Bei nicht weniger als 4 Mrd. DM liegt der Haushalt des Bundesministeriums für Ernährung, Landwirtschaft und Forsten. Dieser Betrag wird alljährlich neu festgesetzt, und zwar auf Grund des sogenannten „Grünen Berichtes". In diesem „Grünen Bericht", der auf § 4 des Landwirtschaftsgesetzes vom 5. September 1955 beruht, stellt die Bundesregierung auf Grund umfangreicher Erhebungen alljährlich die Lage der deutschen Landwirtschaft dar. Sie achtet dabei insbesondere auf das Verhältnis von Kosten und Erlösen. Das Ziel des Landwirtschaftsgesetzes ist es nämlich, der

Landwirtschaft die Teilnahme an der fortschreitenden Entwicklung der deutschen Volkswirtschaft zu ermöglichen und die soziale Lage der in ihr tätigen Menschen auf den Stand vergleichbarer Berufsgruppen anzuheben bzw. zu verbessern. Es gilt also eine etwaige „Disparität" zu anderen Wirtschaftskreisen zu verhindern.

Für das Jahr 1963 ist eine Ausgabesumme von 4270 Mill. DM vorgesehen. In dieser Summe ist der sogenannte „Grüne Plan" 1963 enthalten, der 2524 Mill. DM umfaßt. Der „Grüne Plan", immer mehr auf Maßnahmen der Strukturförderung abgestellt, soll die Struktur der Landwirtschaft verbessern und ihre Eingliederung in die europäische Wirtschaftsgemeinschaft erleichtern.

Tabelle 25: **Die wichtigsten Posten des Landwirtschaftshaushalts**

	(1963 in Mill. DM)
Ländliche Siedlung	**421,2**
Flurbereinigung	**205,0**
Aufstockung und Aussiedlung	**356,0**
Sondermaßnahmen für benachteiligte Gebiete	**100,0**
Nordprogramm	**31,0**
Neubaudarlehen für Fischerei	**16,5**
Verbesserung der sozialen Lage der Landwirtschaft (Altershilfe, Unfallversicherung)	**342,0**
Sturmflutschädenbeseitigung	**111,5**
Zinsverbilligung	**302,5**
Verbilligung von Gasöl	**318,7**
Qualitätsmilch-Förderung	**640,0**
Ausgleichsbeträge bei der Einfuhr	**85,7**
Erstattungen bei der Ausfuhr	**41,1**
Frachthilfe für Getreide	**25,8**

In diesem Zusammenhang ist zu erwähnen, daß dieser Haushalt mit Einnahmen im Umfang von 1 Mrd. DM überrascht. Es hängt das mit dem äußerst schwierigen Problem der landwirtschaftlichen Marktorganisation zusammen. Getreide, Schweinefleisch, Eier und Geflügelfleisch unterliegen einer besonderen Marktordnung. Hierbei geht es zunächst darum, Importe aus dem Ausland von dem niedrigeren Preisspiegel des Weltmarkts auf die höheren Inlandspreise „heraufzuschleusen". Aus dem Preisunterschied entstehen diese Einnahmen des Bundeshaushalts. Sie werden praktisch vom Verbraucher finanziert. Sie liegen bisher bei rund 400 Mill. DM. Im Haushalt 1963 sind sie im Zusammenhang mit Neuregelungen im internationalen Maßstab auf 1 Mrd. DM veranschlagt worden.

Umgekehrt werden bei der Ausfuhr auf agrarische Erzeugnisse „im Interesse der Erhaltung und Förderung des Exports“ Erstattungen gewährt, die den Unterschied zwischen den höheren Inlandspreisen und den niedrigeren Exportpreisen ausgleichen.

c) Mit den Leistungen für die Entwicklungshilfe ist ein neues Kapitel der Finanzpolitik aufgeschlagen worden. Die Leistungen des Bundeshaushalts der Entwicklungshilfe betragen 1963 mehr als 1 Mrd. DM. Darüber hinaus sind bereits Verpflichtungen eingegangen, die in diesem und in den kommenden Jahren eingelöst werden müssen und die sich auf mehr als 7 Mrd. DM belaufen. Ende 1962 waren aus öffentlichen und privaten Unternehmen 20,7 Mrd. DM in Entwicklungsländer geflossen. Darunter befinden sich öffentliche Zuschüsse und Reparationsleistungen in Höhe von 3,3 Mrd. DM und öffentliche Kredite in Höhe von 4 Mrd. DM. Der Rest entfällt auf private Leistungen.

Aus der nachstehenden Tabelle ist zu ersehen, wie sich die Bruttoauszahlung öffentlicher Kredite mit Laufzeiten von mehr als einem Jahr und wie sich die privaten Investitionen und sonstigen Kapitalexporte auf einzelne Kontinente verteilen:

Tabelle 26

	1962	
	a) Brutto-auszahlung, öffentliche Kredite	b) Direktinvestition u. sonstige Kapital-exporte aus privaten Quellen
Afrika	20 vH	29 vH
Latein-Amerika	18 vH	46 vH
Asien	51 vH	8 vH
Europa	10 vH	17 vH
Rest	1 vH	—

Bei diesen bewußt knappen Ausführungen muß es sein Bewenden haben. Für die Darstellung der Problematik der Entwicklungshilfe in ihrer vielschichtigen Natur ist im Rahmen einer Kurzdarstellung des Bundeshaushalts kein Platz.

d) Die Förderung von Wissenschaft und Forschung ist eine vordringliche Sorge und ein anerkanntes Anliegen des Staates. Das Ziel ist klar. Es gilt, der Wissenschaft die benötigten — oder was wohl realistischer ist — die notwendigsten Mittel zu erschließen, damit sie den ihr heute gestellten Aufgaben nachkommen kann. Die Wege zum Ziel sind weit und schwierig. Einmal, weil angesichts des übrigen Staatsbedarfs den Wünschen, denen kaum Grenzen gesetzt sind, nur in einem engsten

Rahmen gerecht zu werden möglich ist. Es tut sich zum anderen die nicht unwichtige Frage auf, wer für die Aufgabe zuständig sein soll: der Bund oder die Länder, oder beide gemeinsam, und sodann — weil eben angesichts der beschränkten Mittel eine Auswahl unter den Verwendungszwecken getroffen werden muß — die Frage, wofür sie eingesetzt werden sollen. In dieser Frage steckt zugleich die weitere, wer die Entscheidung über die Verwendung trifft. Es würde zu weit führen, diese konstitutionelle, organisatorische und administrative Frage des Kulturbetriebs, die ebenso reizvoll wie schwierig ist, zu behandeln. Sie vermöchte einen tiefen Einblick in das bundesstaatliche Gefüge und seine Wirkungsweise zu bieten, aber nicht weniger auch in das manchmal traditionsverhaftete System der Institutionen des wissenschaftlichen Lebens. Nur soviel sei gesagt, daß die Länder bis heute diese Aufgaben für sich in Anspruch nehmen, ja in ihnen einen Schwer-

Tabelle 27: **Die Kulturausgaben von Bund, Ländern und Gemeinden nach Sachgebieten 1956, 1959 und 1962**
(Eigenausgaben in Millionen DM)

		1956	1959	1962[a])
		Rechnungsergebnisse		Ansätze
Schulen	Bund	12,1	22,0	69,5
	Länder	3 067,2	4 066,3	4 822,3
	Gemeinden	2 053,4	2 513,9	2 689,3
	Insgesamt	5 132,7	6 602,2	7 581,6
Wissenschaft und Forschung[b])	Bund	161,8	487,3	1 010,1
	Länder	940,2	1 299,8	2 111,2
	Gemeinden	45,0	63,8	79,6
	Insgesamt	1 147,0	1 850,9	3 200,9
Kunst- und Kulturpflege[c])	Bund	49,7	36,9	84,5
	Länder	346,6	434,6	567,9
	Gemeinden	328,3	429,4	579,2
	Insgesamt	724,6	900,9	1 231,6
Kulturausgaben zusammen	Bund	223,6	546,2	1 164,1
	Länder	4 354,0	5 800,7	7 501,4
	Gemeinden	2 426,7	3 007,1	3 348,6
	Insgesamt	7 004,3	9 354,0	12 014,1

a) Gemeinden nur mit 10 000 und mehr Einwohnern.

b) Zum Beispiel Hochschulen (einschließlich Kunst- und Musikhochschulen); wissenschaftliche Institute des Bundes und der Länder, Atomforschung, Bibliotheken und Archive, allgemeine Forschungsaufgaben, Forschungsaufträge.

c) Zum Beispiel Theater und Musik, Museen, Volkshochschulen, Volksbüchereien, Naturschutz- und Landschaftspflege.

Quelle: Bulletin der Bundesregierung vom 29. Juli 1963, S. 1134.

punkt ihrer Tätigkeit sehen. Sie fühlen sich infolgedessen seit jeher für ihre Universitäten, Technische Hochschulen und Akademien einschließlich der zu ihnen gehörenden Institute, Kliniken und Bibliotheken verantwortlich. Sie verwalten sie unter Achtung der akademischen Freiheit und sie finanzieren sie. Der Aufwand ist sehr beträchtlich.

Außerhalb der hohen Schulen gibt es eine ganze Reihe anderer, universitätsfreier Einrichtungen der Lehre und der Forschung. Das Deutsche Museum, das Germanische Museum und ähnliche mehr sind darunter. Soweit diese Einrichtungen in ihrer Bedeutung über den Landesbereich hinausgehen, können sie in das Königsteiner Staatsabkommen aufgenommen werden. Im Rahmen dieses Abkommens, das von den Ländern bald nach dem Zusammenbruch gegründet wurde, verwalten und finanzieren die Länder in gegenseitigem Zusammenwirken eine beträchtliche Zahl namhafter Institute. Auch die Max-Planck-Gesellschaft sowie die Deutsche Forschungsgemeinschaft haben in diesem Abkommen ihre Finanzierungsbasis. Die beiden genannten Organisationen sind Selbstverwaltungseinrichtungen der Wissenschaft und Forschung. In der Max-Planck-Gesellschaft sind über 40 wissenschaftliche Institute zusammengeschlossen, die teilweise Weltruf genießen. Die Deutsche Forschungsgemeinschaft verfügt selbst nicht über eigene Einrichtungen und Institute. Sie finanziert mit Mitteln, die ihr aus dem öffentlichen Haushalt, vom Stifterverband und aus anderen Quellen zufließen, Forschungsvorhaben und Forschungseinrichtungen. Was sie mit Geschick und Glück betreibt, ist Forschungsplanung auf der Grundlage freiwilliger Zusammenarbeit der Gelehrten. Die Max-Planck-Gesellschaft ist nach Größe, Leistung, Bedeutung und Ruf die hervorragendste wissenschaftliche Einrichtung Deutschlands.

Das Königsteiner Staatsabkommen erwies sich als eine weit vorausschauende, segensreiche Tat, die die Ankurbelung der wissenschaftlichen Forschung nach dem Zusammenbruch mächtig fördern konnte. Es ist überhaupt das Verdienst der Länder, daß sie sowohl auf ihren Hochschulen wie ihren sonstigen Einrichtungen das wissenschaftliche Leben und die wissenschaftliche Ausbildung nach dem Zusammenbruch, jenem Nullpunkt nicht nur des staatlichen, sondern auch des kulturellen Lebens, wieder organisiert haben.

An dieser Aufgabe hat sich der Bund seit Jahren immer intensiver beteiligt. Er ist zunächst da und dort eingesprungen. Er hat schließlich den Einrichtungen des Königsteiner Abkommens, insbesondere den Max-Planck-Instituten und der Deutschen Forschungsgemeinschaft, Geldmittel zugeführt. Es soll nicht verschwiegen werden, daß das nicht immer zur Freude der Länder war, die über die Kulturaufgaben eifrig wachten und sie lieber allein durchgeführt hätten, wenn ihnen der bundesstaatliche Finanzausgleich die notwendigen Mittel belassen hätte.

Auf eigenen Wegen hat der Bund bundeseigene Forschungsinstitute eingerichtet und betreut. In Zusammenarbeit mit der Wirtschaft hat er wehrtechnische Forschungsstätten aufgebaut. Seine Aufwendungen für alle diese Zwecke zusammengenommen überschreiten die Milliardengrenze. Im besonderen Maße hat er sich für die Unterstützung der Kernforschung durch das Bundesatomministerium eingesetzt. Da die Wirtschaft wegen der Kosten und des Risikos nur sehr zögernd an diese neue Entwicklung herangeht, erwies sich die Hilfe der öffentlichen Hand als unabdingbar. Die deutsche Atomkommission hat kürzlich ein Fünf-Jahres-Programm aufgestellt, das 1,1 bis 1,2 Mrd. DM verschlingen soll und damit einen ersten Begriff von dem Kostenaufwand des „big science" vermittelt.

In den letzten Jahren wurde der deutsche Wissenschaftsrat als Gremium der Wissenschaft und der beteiligten Bundes- und Länderorgane ins Leben gerufen. Er wirkt als Koordinator zwischen den beteiligten Stellen, als Planer für die Wissenschaftsförderung und er gibt seinen guten Rat für die Verwendung der Finanzmittel. Eine Planung für den Ausbau von Hochschulen, die er vorgelegt hat, erforderte in den Jahren 1960 bis 1964 einen Gesamtaufwand von 2,2 Mrd. DM, die teilweise bereitgestellt werden konnten. Für den Ausbau der bestehenden und für den Ausbau neuer Hochschulen sollen in den Jahren 1963 bis 1973 13 bis 15 Mrd. DM bereitgestellt werden.

Zu allem tritt natürlich auch die Förderung der Studenten selbst, die Pflege des wissenschaftlichen Nachwuchses. Diese Aufgabe wird von Bund und Ländern gemeinsam wahrgenommen. Desgleichen widmet man sich dem Ausbau von Ingenieurschulen und der Entwicklung eines möglichst breiten Ingenieurnachwuchses. Es läßt sich nicht übersehen, daß die deutsche Wissenschaft und Forschung auf einigen Gebieten in einem gewissen Rückstand zu den führenden Ländern in Europa, vor allem zu den USA geraten ist. Es wäre utopisch, anzunehmen, daß es dem nicht unerschöpflichen Menschenreservoir der Bundesrepublik und seinen gleichfalls nicht unbegrenzten Ressourcen möglich sein könnte, überall in Führung zu liegen. Aber nicht nur mit Rücksicht auf seine geistige Tradition ist Deutschland es sich schuldig, den Anschluß zu finden und Schritt zu halten. Gerade wegen der Enge seiner Grenzen, wegen seiner dicht gedrängten Besiedlung und seiner mäßigen Naturschätze ist es für seine Zuknuft auf die Wissenschaft angewiesen. Die Wissenschaft allein kann mit dem Fortschreiten ihrer Erkenntnisse zum Ausbau des Sozialprodukts den wirksamsten Beitrag leisten. Die Zukunft, die immer schneller auf uns zurast, wird nur mit Hilfe der Wissenschaft zu bewältigen sein.

§ 9. Sozialhaushalt

1. Der Spiegel von Vergangenheit und Gegenwart

Der Sozialhaushalt ist — auch für eine um das Finanzielle zentrierende Betrachtung — mehr als ein gewichtiger Ausschnitt aus dem Bundeshaushalt bzw. dem bundesstaatlichen Gesamthaushalt. Man muß in ihm den entscheidenden Teil der Sozialbilanz eines Volkes sehen.

So wie die Dinge heute liegen, spiegelt der Sozialhaushalt die Geschicke des deutschen Volkes in den letzten Jahrzehnten. In keinem anderen seiner Blätter wird der Haushalt so sehr zum „Schicksalsbuch" der Nation wie hier. In seinen Kapiteln und Spalten formiert sich das Volk in die Armeen und Regimenter der Kriegsopfer, der Flüchtlinge und Vertriebenen, der politisch, rassisch und religiös Verfolgten, der Ausgebombten und Währungsgeschädigten und Enteigneten. Seine Milliardenzahlen bilden die Unglücksbilanz politischer Schuld und personeller Not. Der Sozialhaushalt ist der Spiegel einer Leidensgeschichte, die 1914 begann und das Leben von drei Generationen berührte. Sie wird noch in die weite Zukunft hineinwirken.

Darüber hinaus vermittelt der Sozialhaushalt eine Vorstellung von der Umverteilung des Einkommens, von den Korrekturen, die an der primären Einkommensverteilung sozial für notwendig gehalten werden. Der Sozialhaushalt ist der Indikator der sozialen Haltung. Er zeigt in Verbindung mit anderen Sachverhalten an, was geschieht, um die Idee der sozialen Gerechtigkeit und Sicherheit zu verwirklichen.

Wenn der Sozialhaushalt Geschichte und Gegenwart spiegelt, zwingt er auch zur Nachdenklichkeit darüber, wie sein zukünftiges Gesicht sein wird. Wie wird sich der langsame Abbau der Kriegsfolgelasten auswirken? Was wird sich aus der wachsenden Alterslast ergeben? Welche Wirkungsabläufe würden Inflation und Arbeitslosigkeit in Bewegung setzen? Man hat errechnet, daß bei einer Million Arbeitslosen sich Einnahmeausfälle und Sozialbelastungen von jährlich mindestens 4 Mrd. DM ergeben würden.

2. Begriff der sozialen Leistungen

Bei der Ermittlung der Kosten der sozialen Sicherheit geht man von einer Definition aus, die das internationale Arbeitsamt entwickelt hat. Danach sind Leistungen für die soziale Sicherheit diejenigen,

Tabelle 28: **Leistungen zur Tilgung der Hypothek des verlorenen Krieges und der nationalsozialistischen Gewaltherrschaft**

Bund (Vereinigtes Wirtschaftsgebiet), Lastenausgleichsfonds (Soforthilfefonds), Länder, Gemeinden und Gemeindeverbände
(Mill. DM)

Verwaltungszweig	1948—1959 Ist	1960 Vorl. Ist	1963 Schätzung
A. *Kriegsfolgelasten*			
1. Besatzungs- und Besatzungsfolgekosten	46 528	361	520
2. Soziale Kriegsfolgelasten	87 626	8 241	10 420
darunter:			
Kriegsfolgenhilfe einschl. Grenzdurchgangs- und Wohnlager sowie Umsiedlung und Auswanderung	10 427	484	595
Kriegsopferversorgung	35 521	3 233	3 940
Versorgung des Personenkreises gemäß Art. 131 GG	10 955	1 233	2 000
Kriegsgefangenenentschädigung	1 425	58	60
Renten, Entschädigungen und Beihilfen des LAF	21 812	2 391	2 755
3. Sonstige Kriegsfolgelasten	28 004	2 190	2 810
darunter:			
Leistungen des LAF, soweit nicht unter „Soziale Kriegsfolgelasten" enthalten	13 441	795	960
Schuldendienst der Ausgleichsforderungen	7 196	665	755
Aufwendungen nach dem Londoner Schuldenabkommen und der damit zusammenhängenden Verträge	4 427	443	395
Aufwendungen nach dem AKG einschl. Bedienung der Ablösungsschuld	165	98	185
Aufwendungen aus Finanzverträgen mit fremden Staaten zur Liquidierung von Kriegsfolgen	110	2	155
Aufwendungen nach dem Reparationsschädengesetz	—	—	10
Summe A	162 158	10 795	13 750
B. *Sonstige Aufwendungen der öffentlichen Verwaltung im Zusammenhang mit dem verlorenen Krieg*	64 204	920	1 400
C. *Wiedergutmachung*	10 718	2 113	3 470
Summe A—C	237 080	13 827	18 620

Quelle: Bulletin der Bundesregierung vom 17. Januar 1963.

a) die heilende oder verhütende ärztliche Behandlung garantieren oder Mittel für den Lebensunterhalt zur Verfügung stellen;
b) die auf Gesetzgebung beruhen und als Rechtsansprüche geltend gemacht werden können; und
c) die durch öffentliche, halböffentliche oder autonome Körperschaften gewährt werden.

Merkwürdigerweise gehören zu den Kosten der sozialen Sicherheit nicht die Aufwendungen der Arbeitslosenversicherung und -hilfe, während umgekehrt Kinderzuschläge, Pensionen an Beamte und deren Hinterbliebenen einbezogen sind. Infolgedessen wird diese Begriffsbestimmung in der deutschen Sozialbilanz nicht in vollem Umfang zur Anwendung gebracht. Einigkeit besteht darüber, daß die Sozialbilanz nicht die freiwilligen Leistungen der Wirtschaftsbetriebe umfaßt, die einen großen Umfang einnehmen. Auch kann weder das soziale Klima noch die sonstige Fürsorge für den Arbeitnehmer, insbesondere auch nicht die Sicherheit des Arbeitsplatzes, die von dem Kündigungsrecht abhängt, in der Sozialbilanz ihren Niederschlag finden. Weiter fehlt die ganze caritative Tätigkeit von Kirchen und privaten Wohlfahrtseinrichtungen wie selbstverständlich auch die private Mildtätigkeit.

Trotzdem gibt die Sozialbilanz einen guten Überblick. Man muß bei ihrer Betrachtung sich bewußt sein, daß die Mittel nicht nur verteilt, sondern auch aufgebracht werden müssen. Die Methode der Aufbringung, sei es durch Beiträge der Versicherten (gute 30 Mrd. DM), sei es durch Steuern (fast 14 Mrd. DM der Sozialleistungen — das ist etwas mehr als der Ertrag der Lohnsteuer, also der Besteuerung des Arbeitsertrags aller Werktätigen — werden aus Steuermitteln gedeckt), muß dabei berücksichtigt werden; sie ist sozusagen die andere Seite der Münze.

Es muß in diesem Zusammenhang auch erwähnt werden, daß die meisten Sozialleistungen nicht freiwillig und nach Ermessen gewährt werden. Der „Berechtigte“ hat vielmehr einen Rechtsanspruch, den er vor den Sozialgerichten einklagen kann. Diese „Verrechtlichung“ des Sozialwesens ist ein entscheidender Fortschritt. Er verbindet das Programm des Sozialstaats mit dem des Rechtsstaats. Für das Bild des modernen Staatswesens ist dieser Tatbestand ebenso wichtig wie etwa die gewaltige Ausdehnung der öffentlichen Dienste und der Verdichtung ihres Netzes.

3. Der Umfang der Sozialleistungen

Die Sozialleistungen der Bundesrepublik liegen im Jahre 1962 bei 44,2 Mrd. DM; im Jahre 1961 haben sie noch 41 Mrd. DM betragen. Damit werden rund 37 bis 38 vH der gesamten Abgabelast für die Dekkung der Sozialleistungen verwendet. Ihr Anteil an dem Bruttosozialprodukt liegt bei rund 13 vH (vgl. Übersicht in Abschnitt I, § 4). Damit ist der Grad bezeichnet, den die Umverteilungen des Einkommens erreicht hat. Es erscheint in diesem Zusammenhang interessant, daß auch in anderen vergleichbaren Ländern der Sozialaufwand ähnlich liegt. So in Frankreich 13 vH, in Italien und den Niederlanden 12 vH und in den Vereinigten Staaten 6 vH des Bruttosozialprodukts.

Es trifft zu, daß vor einigen Jahren sowohl der Anteil der Sozialleistungen, gemessen am Sozialprodukt, wie auch ihr Anteil an der Abgabeleistung etwas höher, nämlich bei 14 bzw. 44 vH lag. Man hat deshalb von einer „sozialen Demontage" gesprochen. Bei allem Verständnis dafür, daß in vielen Fällen die Leistungen im einzelnen „Sozialfall" verschieden sind und verbessert gehörten — man denke an die Kriegsopferversorgung und an viele Renten, die weder zum Leben noch zum Sterben langen — erscheint uns der Maßstab „Sozialprodukt" und die Forderung nach festen Quoten hier wie auf anderen Gebieten bedenklich.

Wir leben in einer Zeit der Hochkonjunktur, in der die konjunkturabhängigen Sozialleistungen naturgemäß nieder liegen. Schon bei einer leichten Verschlechterung des Wirtschaftszustandes würde sich das schlagartig verändern. Überdies erscheint uns die Forderung nach einer Parallelpolitik grundsätzlich gefährlich. Haushaltspolitik, so sie sich nicht selbst in Fesseln schlagen will, kann nicht mit der Forderung betrieben werden, daß für die Verteidigung, den sozialen Sektor, die Kultur und die Wissenschaft, für die Entwicklungshilfe und für die Subventionen oder gar für bestimmte Berufsgruppen — wie das geschehen ist — bestimmte Hundertsätze alljährlich zur Verfügung gestellt werden müssen. Das würde den Haushalt versteinern und keinen Spielraum für zeitgerechte Entschlüsse lassen. Das Wort von der „sozialen Demontage" mag aber als Anzeichen dafür verstanden werden, daß das soziale Verantwortungsgefühl lebendig und wach für die Erfüllung der sozialen Pflichten eintritt.

4. Abschöpfung und Verteilung

Die Umverteilung des Einkommens bietet nicht nur ein Abschöpfungs-, sondern auch ein Verteilungsproblem. Der Verwaltungsapparat, der für das eine wie für das andere arbeitet, ist riesig. Der Verteilungsapparat kostet schätzungsweise 2,5 Mrd. DM jährlich. Andererseits ist die Steuerschraube so fest angezogen, daß das Einkommen an der Existenzgrenze zur Besteuerung heransteht. Eine weitere Umverteilung, die nicht aus dem wachsenden Reichtum des Sozialprodukts, sondern durch ein weiteres Anziehen der Steuerschraube finanziert werden müßte, könnte leicht in dem sogenannten „Einkommen-Karussell" verpuffen. Man bezeichnet so das Ringelspiel, bei dem das Geld auf Umwegen wieder in die Tasche zurückwandert, aus der es kommt. Was das Verteilungsproblem anbelangt, so stimmt es nachdenklich, wenn einer der besten Kenner der Materie, Konrad Elsholz, erklärt, es bestehe „überhaupt keine Kontrolle darüber, wohin die auf dem Wege der Einkommensverteilung aufgebrachten Gelder eigentlich fließen"[16]. Elsholz hat dabei nicht nur, aber auch die Doppel- und Mehrfachrenten im Auge. Es gibt 14 bis 15 Mill. Rentner aus allen Quellen der Sozialbilanz. Von ihnen sind rund 30 vH Doppel- oder Mehrfachrentner. Wie immer dem sei und wie immer sich dieser Zustand mit dem angedeuteten Wegfall von Kriegs- und Lastenausgleichsrenten in der weiteren Zukunft ändern wird, über den Stand der „Verrentung" des deutschen Volkes sprechen diese Zahlen eine deutliche Sprache.

Für die Sozialpolitik ist genauso wie für die Steuerpolitik — ist es nicht auffallend, wie eng die Zusammenhänge sind? — von gleichem Interesse, zu wissen, wer die Lasten des Wohlfahrtsstaates trägt und wem seine Leistungen zufließen. Wir haben schon an anderer Stelle darauf hingewiesen, daß die Summe der Lohnsteuern die Summe der aus Steuern gedeckten Sozialleistungen nicht mehr deckt. Es ist interessant zu wissen, daß nach der Statistik das monatliche Durchschnittseinkommen der gewerblichen Arbeitnehmer 675,— DM beträgt. Es ist noch interessanter, daß der Arbeitnehmer davon nur 570,— DM auf die Hand bekommt; der Rest wandert in die öffentlichen Kassen als Lohnsteuer und als Sozialversicherungsbeitrag. Aber damit nicht genug: Der Arbeitgeber hat 729,— DM aufzubringen, denn er muß ja die Arbeitgeberanteile an die Sozialversicherung abführen. Das heißt, daß der Arbeitnehmer um 159,— DM weniger bekommt als der Arbeitgeber aufwendet. Die Sozialisierung des Lohnes ist demnach ziemlich weit getrieben.

5. *Das Gebäude der Sozialversicherung*

Als man das Gebäude der deutschen Sozialversicherung vor etwa 80 Jahren zu errichten begann, erhielt es Züge, die seinen Charakter bis heute bestimmen. Sie vereint die Kranken-, die Unfall-, Arbeitslosenversicherung sowie die Invaliden-, die Angestellten- und die knappschaftliche Rentenversicherung unter einem Dach. Sie ist Versicherung und nicht Fürsorge. Von der Bedürftigkeit des Versicherten hängt nichts ab. Auf ihre Leistungen besteht ein Rechtsanspruch, der durch Klage vor den Sozialgerichten verfolgt werden kann. Das Ver-

[16] Frankfurter Allgemeine Zeitung vom 4. 7. 1962.

sicherungsverhältnis wird durch gesetzliche Vorschrift geschaffen; es beruht nicht auf freiwilligem Beitritt, sondern auf gesetzlichem Zwang. Die Beiträge werden von den Versicherten und ihren Arbeitgebern getragen. Bei der Unfallversicherung bringen die Arbeitgeber die Kosten allein auf. Bei den Kosten der Rentenversicherung gibt die öffentliche Hand seit jeher einen Zuschuß. Die Leistungen der Arbeitgeber und Arbeitnehmer zur Kranken-, Arbeitslosen- und Rentenversicherung belaufen sich auf 22,3 vH der Lohnsumme. Diese Belastung ist sehr bemerkenswert. Was die Organisation anbelangt, so gehören die Versicherungsträger nicht zur Staatsverwaltung. Sie sind vielmehr selbständige Körperschaften, die ihre Aufgaben in Selbstverwaltung unter Staatsaufsicht führen.

Das Kernstück der Sozialversicherung ist die Rentenversicherung. Sie bildet die Alterssicherung eines großen Teils des deutschen Volkes. Die Rentenversicherung wurde im Jahre 1957 mit der sogenannten Rentenreform auf eine neue Grundlage gestellt. Das Modell, das den Reformern vorschwebte, war die Beamtenversorgung. Nach einem 40jährigen Arbeitsleben sollte die Rente 60 vH des Brutto-, das ist 70 bis 80 vH des Nettolohnes betragen. Das bedeutete im Regelfall eine kräftige Anhebung der Renten.

Zu dieser Vorstellung trat noch ein weiterer Reformgedanke hinzu: Er liegt in der Anpassung der Renten an die wirtschaftliche Leistungsfähigkeit, die Produktivität und die Veränderung des Volkseinkommens. Die Rente, die einem Versicherten mit dem Ausscheiden aus dem Arbeitsleben zuerkannt wird, versteinert nicht. Sie verändert sich „dynamisch“ mit den Veränderungen des Volkseinkommens. Ihre Bemessung folgt automatisch der durchschnittlichen Lohnentwicklung der jeweils drei letzten Jahre. Die Bemessungsgrundlage ergibt sich aus dem Vergleich des seinerzeitigen Arbeitsentgelts des Versicherten zu dem durchschnittlichen Arbeitsentgelt aller Versicherten während der Versicherungszeit. Mit Hilfe dieser Rentenformel zieht die Rente bei einer Steigerung der Löhne mit. Es ist für die Lage in der Bundesrepublik bezeichnend, daß die Bezugsgrößen sich seit der Einführung der „dynamischen“ Rente alljährlich um rund 6 vH erhöht haben.

Die Reform erforderte eine Umstellung des Finanzierungssystems. Es war bisher vorwiegend auf das Anwartschaftsdeckungsprinzip abgestellt — der Versicherte bekommt eine Rente im Prinzip auf Grund der von ihm bezahlten Prämien —. Nunmehr ist ein gemischtes System vorgesehen, das starke Züge des Umlagesystems aufweist — es tendiert also nach dem Grundprinzip: die im Erwerbsleben stehenden Versicherten bringen die Renten der Ausgeschiedenen auf.

Wie schon immer leistet die öffentliche Hand auf Grund des Art. 120 GG Zuschüsse, um die Beitragszahler zu entlasten. Diese Zuschüsse sind seit dem Jahre 1957 von 4,5 Mrd. DM auf 6,2 Mrd. DM im Jahre 1962 gestiegen. Sie verändern sich automatisch mit der allgemeinen Bemessungsgrundlage. Insgesamt belaufen sie sich auf rund 30 vH der Gesamtleistungen der gesetzlichen Retenversicherung. Ihr Anteil ist verhältnismäßig nieder bei der Angestelltenversicherung (etwa 15 vH), hoch bei der Knappschaftsversicherung (etwa 60 vH). Bei der Rentenversicherung der Arbeiter beläuft er sich auf 30 vH.

Tabelle 29

	1938	1950	1957	(Schätzung) 1962
	in Millionen DM bzw. RM			
Gesamtleistungen der gesetzl. Rentenversicherungsträger	1 921	3 924	14 325	22 850
davon Leistungen des Reichs bzw. des Bundes	583	787	4 562	6 322
Beitragsaufkommen der Rentenversicherungsträger	1 977	3 652	11 354	17 500
Zahl der Renten	—	4 750 700	7 151 328	8 205 000

Die Übersicht zeigt, daß die Rentenversicherung auch heute noch erhebliche Überschüsse erzielt, wenngleich sie verhältnismäßig stark gegenüber früher zurückgefallen sind. Die Rentenversicherungsträger konnten ein sehr beträchtliches Vermögen ansammeln, mit dem übrigens recht wesentlich zur Förderung des Wohnungsbaus beigetragen wurde. Die Übersicht läßt bei einer Steigerung der Leistungen die Rentenzahl erkennen. In der Zahl der Renten kündigt sich die Alterslast des deutschen Volkes an, die im Laufe der Jahre stark zunehmen wird. Diese demografische Entwicklung ist zwangsläufig wie ein Naturereignis und bereitet große Sorge. Sie wird durch den Umstand verschärft, daß gleichzeitig die Zahl der ins Erwerbsleben tretenden Jugendlichen bis zum Jahre 1965 erheblich unter dem Stand von 1950 liegen wird. Man nimmt an, daß heute drei im Arbeitsprozeß stehende Versicherte eine Rente finanzieren; in zehn oder fünfzehn Jahren werden zwei Versicherte eine Rente aufbringen müssen. Es wird also in der Zukunft schwieriger werden, den Lebensstandard der aus dem Erwerbsleben Ausscheidenden in angemessener Weise und ohne unzumutbare Belastung der arbeitenden Generation zu erhalten. Versicherte und Steuerzahler werden gemeinsam mit ihrer Aufgabe fertig werden müssen. Die versicherungstechnische Bilanz ist wegen vieler unbekannter Faktoren schwer aufzustellen.

Übrigens besteht die Bundesgarantie: Reichen die Beiträge und sonstige Einnahmen der Sozialversicherung nicht aus, um die Ausgaben für die nächsten Jahre zu decken, so werden die erforderlichen Mittel vom Bund aufgebracht werden.

Nicht nur die Sozialpolitik, sondern auch die Finanzpolitik können hier vor schwere Entscheidungen gestellt werden.

6. Der Zug nach der Rente

Es ist gesagt worden, daß sich Sozialpolitik und Wirtschaftspolitik im Bund unabhängig voneinander entwickelt, ja sich geradezu auseinandergelebt hätten. Die Leitbilder der Sozialpolitik und der Wirtschaftspolitik seien verschieden gewesen. Die erstere könne nicht für sich in Anspruch nehmen, daß es ihr höchstes Ziel sei, wirklich zur Selbstverantwortung und Freiheit zu verhelfen, wie es die Wirtschaftspolitik auf ihre Fahne geschrieben hat. Ohne das gewaltige Wachstum des Sozialprodukts, das man so oft als Wirtschaftswunder bezeichnet hat, wäre die Finanzierung des Sozialhaushalts und sein Ausbau unausdenkbar gewesen.

Die Sozialpolitik hat von den Früchten des Wirtschaftswunders gelebt. Um den Bedarf des Sozialhaushalts zu befriedigen, müssen von dem gewaltig angeschwollenen Strom der Abgaben und Steuern 38 vH abgezweigt werden. Dieser Entzug von Kaufkraft, die im Wirtschaftsprozeß erarbeitet und verdient wurde, macht es oft unmöglich oder mindestens sehr schwer, für die eigene Zukunftsversicherung oder Altersversorgung zurückzulegen. Beruhigt ist der, der damit rechnen kann, daß auch für sein Alter durch eine Sozialeinrichtung vorgesorgt ist. Soweit er damit nicht rechnen kann, weil er nicht zum Kreis der Versicherungspflichtigen oder -berechtigten gehört, können Probleme entstehen. Oft werden sie durch betriebliche oder öffentliche Pensionen, oft durch private Lebensversicherungen, immer seltener aber durch Besitz gelöst oder gemildert. Es ist kein Wunder, daß der Zug nach der Rente, nach der sicheren Versorgung zunimmt. Zwar wird Selbständigkeit und Selbstverantwortung gepredigt, die Eigentumsbildung und das Sparen — eben im Widerstreit mit der drückenden Abgabenbelastung — gefordert, aber doch wohl im Ganzen mit einem zwar bemerkenswerten, letztlich aber unzureichenden Erfolg. So treiben die Verhältnisse in Richtung auf den Versorgungsstaat.

Die Zahl der Berufe, die nach einer Zwangsversicherung streben — siehe die Ärzte, die Landwirte, die Rechtsanwälte — nimmt zu, was nicht verwunderlich ist. Am Ende des Prozesses steht, wie viele vermuten, die allgemeine Staatsbürgerversorgung — sei es durch eine

Volksrente, sei es durch Vollversorgung. Die Kosten der kollektiven Versorgung machen aber die selbstverantwortliche Vorsorge immer schwieriger. Mit dem Fortschreiten der ersteren allerdings auch weniger dringend.

Man glaubt, sich auf das Funktionieren der kollektiven Versorgung verlassen zu dürfen. Was die Gruppen der Versicherungen nicht selbst aufzubringen vermögen, wird wohl der Steuerzahler zuschießen, jedenfalls sofern der politische Einfluß der Gruppe stark genug ist. Öffentliche Zuschüsse fließen bereits bei der Sozialversicherung.

Die Altershilfe für Landwirte baut darauf auf und die Familienkassen sind im Augenblick nicht in der Lage, sich selbst zu finanzieren. Wer in die Zukunft schaut, wird fürchten, daß sich eine Lawine auf den Staat zuwälzt. Die finanzpolitische Problematik geht um so tiefer, als ja nicht nur die soziale Sicherheit finanziert werden will. Die Frage, ob die Finanzkraft einer hochentwickelten Industriegesellschaft in guter Konjunkturverfassung ausreicht, um die Verteidigung, die soziale Wohlfahrt, den sonstigen Sozialbedarf, den Kultur- und Forschungsaufwand, verbunden mit den Kosten eines gigantischen Verwaltungsapparats, auf die Dauer aufzubringen, wird erst aus der Erfahrung beantwortet werden können. Der schleichende Prozeß der Geldentwertung deutet vielleicht die Überforderung an; das sollte zu denken geben, aber gerade er macht den Trend zur sicheren Versorgung so einleuchtend und unabweisbar, denn wer könnte sich noch auf seine eigenen, in aller Regel dem Kaufkraftschwund unterliegenden Ersparnisse verlassen! Man bewegt sich im Teufelskreis. Die Antwort auf die Frage möge aufgeschoben bleiben. So lange die Wirtschaft auf den hohen Touren der blühenden Konjunktur läuft, mag es weiter gehen. Freilich macht der Altersaufbau der Bevölkerung Sorge. Als Lichtblick steht dem gegenüber, daß die Sozialhypotheken der Vergangenheit langsam aber sicher abgebaut werden und daß von dieser Seite eine Entlastung im sozialen Haushalt eintreten wird. Das ist im Kern die finanzielle Situation der Sozialpolitik.

Fünfter Abschnitt

Die Vermögenswirtschaft der öffentlichen Hand

§ 1. Entwicklung und Bedeutung

1. Eine Darstellung der deutschen Finanzwirtschaft und ihrer Ordnung kann an dem Vermögensbesitz der öffentlichen Hand nicht vorbeigehen. Gerade wenn sie sich die Aufgabe gestellt hat, vorzüglich über die Ordnungsgrundlagen der Finanzwirtschaft zu berichten, so muß sie diesem Abschnitt allerdings das Eingeständnis vorausschicken, daß „die Vermögenswirtschaft der öffentlichen Hand in Deutschland im Argen liegt. Dies bezieht sich weniger auf ihren finanzwirtschaftlichen Zustand oder gar ihren inneren Charakter als auf das Fehlen ausreichender materieller und formeller Vorschriften"[1]. Was freilich ihren „inneren Charakter" anbetrifft, so ist die wirtschaftliche Betätigung des Staatswesens im engeren Sinne, nämlich auf dem Gebiete des Wettbewerbs mit Privatunternehmen, in das Kreuzfeuer der politischen Diskussion geraten. Diese läuft unter dem Motto der „Privatisierung". Sie hat, wie immer man zu ihr stehen und wie man ihre Ergebnisse beurteilen mag, nicht viel Konkretes zur Klärung eines idealen Grenzverlaufes zwischen dem privaten und öffentlichen Wirtschaften beitragen können. Ihr Verdienst ist es allerdings, den Gesichtspunkt wieder stärker betont zu haben, daß die öffentliche Hand sich nicht aus reiner Lust und Liebe der wirtschaftlichen Betätigung hingeben darf; wo sie sich auf diesem Felde betätigt, bedarf es vielmehr einer stichhaltigen Rechtfertigung: aus dem Dienst an der Gesamtheit.

So umfangreich der öffentliche Vermögensbesitz ist und so aktuell das Auftreten des Staatswesens als Unternehmer, so sehr leidet das ganze Gebiet am Mangel systematischer Durchdringung und begrifflicher Klarheit.

Es ist bezeichnend für die Verhältnisse, daß einer kritischen Studie über „Das öffentliche Vermögen"[2] das chinesische Sprichwort vorausgeschickt wurde:

---

[1] *Vialon*, Haushaltsrecht, S. 697.

[2] *Duhmer*, Das öffentliche Vermögen, Institut „Finanzen und Steuern", Heft 35.

„Zuerst verwirren sich die Worte,
dann verwirren sich die Begriffe,
schließlich verwirren sich die Sachen.“

2. Daß dem so ist, erscheint bei genauerer Überlegung kaum verwunderlich. Es liegt das nicht daran, daß das deutsche Finanzrecht etwa weniger aufgeschlossen für neue Entwicklungen wäre als das benachbarter Länder. Hier wie dort entstammt das Haushaltsrecht den Erfahrungen und Erkenntnissen des vorigen Jahrhunderts. Es hat sich dank seiner bemerkenswerten Anpassungsfähigkeit im ganzen als taugliches Instrument für seinen Zweck erwiesen, die Staatstätigkeit zu planen und zu kontrollieren. Diese Aufgabe war gestellt und dauert fort. Die öffentliche Vermögenswirtschaft spielte jedoch im Staat von damals keine Rolle, oder besser gesagt, sie vollzog sich in einem Schattendasein. Erst mit dem ersten Weltkrieg wurde ein neuer Abschnitt in der Geschichte des öffentlichen Vermögens eingeleitet. Der Historiker Golo Mann hat das Wesen und die Entstehung der Kriegswirtschaft in einem Vortrag über ihren großen Organisator, Walter Rathenau, so geschildert: „Um die deutsche Wirtschaft dem Krieg dienstbar zu machen, galt es, ihr einen einheitlichen Willen aufzuzwingen. Alle Rohstoffe des Landes mußten zwangsläufig werden, jeder Stoff, jedes Halbprodukt muß so fließen, daß nichts in die Wege des Luxus oder des nebensächlichen Bedarfs gelangte; ihr Weg mußte gewaltsam eingedämmt werden, so daß sie selbsttätig in diejenigen Endprodukte und Verwendungsformen mündeten, die das Heer brauchte. Alle jenseits der Grenzen verfügbaren Stoffe mußten in das Land hineingezwungen werden. Im Land mußte synthetisch hergestellt werden, was unentbehrlich und anders nicht erhältlich war; an den Platz des Nichtvorhandenen, des Nichtzumachenden hatte der Ersatz zu treten. Für all das waren neue Rechtsbegriffe notwendig ... Neue Fabriken waren zu bauen, wieder nicht als Staatseigentum, aber unter Vertrag mit dem Staate stehend ... Zur Sammlung, Kontrollierung, richtigen Verteilung der Materialien waren Gesellschaften zu schaffen, Kriegswirtschaftsgesellschaften, sich selber verwaltend wie eine Aktiengesellschaft, aber unabhängig von der Herrschaft des Profitmotivs und unter der Aufsicht des Staates. An der Spitze dieses riesigen Apparates von Apparaten hatte ein eigentlicher wirtschaftlicher Generalstab, eben die Rohstoffabteilung, zu stehen[3].“

Der Krieg hatte also in Deutschland wie anderswo dem Staat die Türe zur Wirtschaft weit aufgestoßen. Er erwies sich auch hier als der Vater neuer Entwicklung. Freilich behielt sie ihren rein pragmatischen

[3] Golo *Mann*, Vortrag vor dem Stifterverband für die deutsche Wissenschaft, Frankfurter Allgemeine Zeitung, 22. 5. 1963, Nr. 118, S. 13.

Charakter. Die organisatorische Kraft hatte zweifellos in diesen Jahren großes bewerkstelligt, zumal sie in eine terra incognita vorstoßen mußte. Was nach dem katastrophalen Ende neben einigen zunächst problematischen Wirtschaftsbetrieben blieb, war die Erinnerung, ja Verwunderung über die damalige Leistung der Kriegswirtschaft. Konnte man es verantworten, davon keine Kenntnis zu nehmen, nachdem der Frieden wieder eingekehrt war? Oder konnte man aus den Erfahrungen für ihn Nutzen ziehen?

3. Natürlich heißt das nicht, daß das Staatswesen bis dahin ohne Vermögensbesitz und -wirtschaft ausgekommen wäre. Zwar spielen in der Staatengeschichte die Schulden im allgemeinen eine gewichtigere Rolle. Die Geschichte weiß merkwürdig viel Unrühmliches über staatliche Mißwirtschaft, Vermögensverschleuderung und Verschuldung zu berichten im Zusammenhang mit luxuriösen Höfen, prunkvollen Residenzen und dynastischen Kriegen, die leere Staatskassen, verwüstete Erde und ausgepoverte Völker hinterließen. Da aber, wie an anderer Stelle bereits erwähnt, die Steuerwirtschaft noch nicht ausgebaut war, waren die Staaten mehr als heute auf Erträge aus dem öffentlichen Vermögen angewiesen. Es bestand in Ländereien, Domänen und Forsten. Besonders wertvoll waren die Regalien. Das sind die den Landesfürsten vorbehaltenen Rechte, darunter insbesondere das Bergrecht und das Münzregal. Vieles von dem damaligen Bestand der Feudalzeit hat sich fortgeerbt. Die staatliche Forstwirtschaft und der staatliche Bergbesitz gehen auf diese Zeit zurück[4]. Sie sind Kernstücke des sogenannten Finanzvermögens. Eine Reihe von Manufakturen für Porzellan und Gobelins haben sich in Europa heute noch erhalten.

Mit der technischen Entwicklung, die mit starker staatlicher Hilfe einzog, kamen die Eisenbahnen und die Dampfschiffahrt. Der Staat begann sich aus merkantilen und militärischen Gründen schnell zu interessieren. Diese Beispiele unternehmerischer Tätigkeit lassen von damals allerdings den Umfang kaum erahnen, den heute die öffentliche Wirtschaft eingenommen hat.

Selbstverständlich gab es auch damals das, was man heute als Verwaltungsvermögen bezeichnet. Das Zusammenleben in den großen Metropolen Europas — Paris zählte im 12. Jahrhundert bereits 200 000 Einwohner — wäre ohne einen Besitzstand an öffentlichen Einrichtungen nicht möglich gewesen. Mit dem Fortschritt der Industrialisierung

[4] Der älteste staatliche Bergwerksbesitz dürften die Kupferminen im Negev sein, die vor mehr als 3000 Jahren die Grundlage für den Glanz des Königs Salomon bildeten und heute einen kostbaren Schatz des an Bodenschätzen armen Staates Israel darstellen.

und der Verstädterung wird eine zivilisatorische Entwicklung möglich, die sich aller Zweige der Technik bedient. Eine gewaltige Ausdehnung des Verwaltungsvermögens ist die Folge (vgl. III. Abschnitt § 9).

§ 2. Begriffe und Erscheinungsformen

1. Mit Hilfe der beiden Oberbegriffe: Verwaltungsvermögen und Finanzvermögen, hat man lange Zeit eine grobe Gliederung des öffentlichen Vermögens versucht. Wir versuchen beide nach den Zwecken, denen sie dienen, und den Organisationsformen, unter denen sie auftreten, näher einzugrenzen.

Man versteht unter Verwaltungsvermögen einen Bestand an Vermögensgegenständen der Hoheitsverwaltung, die der Erfüllung ihrer öffentlichen Aufgaben dienen. Was nicht Verwaltungsvermögen ist, ist Finanzvermögen. Dieser Vermögenskomplex wird im allgemeinen durch seinen wirtschaftlichen Charakter gekennzeichnet, wenn er auch durchwegs nicht auf kommerzieller Basis bewirtschaftet wird.

Diese Unterscheidung mag einem systematischen Bedürfnis dienen, wenngleich es ihr an ausreichender Trennschärfe ermangelt.

Zum Verwaltungsvermögen gehört selbstverständlich ein Rathaus oder ein Parlamentsgebäude. Umgekehrt zählt ein gemeindliches Elektrizitätswerk zum Finanzvermögen, wenngleich es einer öffentlichen Aufgabe dient — Versorgung mit preisgünstigem Strom zählt heute zweifellos dazu, aber eine Hoheitsaufgabe ist es nicht —. Danach wird es erklärlich, wenn von zwei staatlichen Brauereien, die es in Bayern gibt, eine als Verwaltungsvermögen zählt, während die andere als Finanzvermögen geführt wird. Man muß nämlich wissen, daß die erste eine Lehrbrauerei und einer landwirtschaftlichen Hochschule angeschlossen ist, während die andere als reiner Wirtschaftsbetrieb mit privaten Brauereien im Wettbewerb steht. Die staatlichen Kunstsammlungen und Museen, die Hochschulen und Akademien sind weitere Beispiele des Verwaltungsvermögens.

Für die Gründung und Beteiligung von Wirtschaftsunternehmen besteht für den Staat keine gesetzliche Grenze. Anders bei den Gemeinden. Hier gilt der Grundsatz, daß ihre wirtschaftliche Betätigung, wie schon angedeutet, durch einen öffentlichen Zweck gerechtfertigt sein muß. Dabei gilt die Absicht, Gewinne zu erzielen, nicht als Rechtfertigung. Maßstab ist vielmehr die Bedarfsdeckung: Die Betätigung der Gemeinde muß „nach der ganzen Entwicklung und den herrschenden Anschauungen eine im öffentlichen Interesse gebotene Versorgung der Einwohnerschaft zum Gegenstand haben"[5].

Dieser Erfahrungssatz wurde von den heutigen Gemeindeordnungen der deutschen Länder durchwegs übernommen. Teilweise ist die Grenze noch enger gezogen, so daß der subsidiäre Charakter der wirtschaftlichen Betätigung noch deutlicher zutage tritt.

Aus diesen Andeutungen ist erkennbar geworden, welch weite Spanne der Besitz der öffentlichen Hand umfaßt und mit welch verschiedenartigem Charakter er auftritt: vom Kulturbesitz angefangen über das Sozialkapital in allen Schattierungen der Daseinsvorsorge und Bedarfssicherung zu den Resten der Regalien und Monopole bis zum industriellen Besitz.

2. Im allgemeinen gilt die Regel, daß das Verwaltungsvermögen derjenigen Behörde zugewiesen ist, deren Aufgaben es dient. Es ist deshalb auf die verschiedenen Verwaltungen verteilt. Das Finanzvermögen befindet sich dagegen in einer Hand; es wird von der Finanzverwaltung, im Bund auch vom Schatzministerium verwaltet. Diese Regel gilt aber nicht ohne Ausnahme. In Bayern gehört z. B. die Bayer. Versicherungskammer, ein Unternehmen, in dem 17 gemeinnützige Versicherungsanstalten mit einem jährlichen Beitragsaufkommen von 350 Millionen DM zusammengeschlossen sind, zum Geschäftsbereich des Staatsministeriums des Innern. Das wird durch das Herkommen und durch den gemeinnützigen Charakter der Anstalt erklärt. Die Bewirtschaftung der Staatsforsten, zweifellos Finanzvermögen, obliegt regelmäßig einer Sonderverwaltung im Rahmen des Staatsministeriums für Ernährung, Landwirtschaft und Forsten. Umgekehrt ist die bayerische Verwaltung der staatlichen Schlösser, Gärten und Seen, bei der ein staatlicher Kunstbesitz im Vordergrund steht, dem Finanzministerium unterstellt, was ihm täglich Gelegenheit gibt, seinen Kunstsinn zu beweisen. Das Finanzministerium bzw. das Schatzministerium ist zuständig für den Grundbesitz des Staates, sofern er nicht besonderen Verwaltungen zusteht. Es ist insbesondere auch zuständig für den Ausschnitt des Finanzvermögens, den man als Betriebsvermögen bezeichnen kann und darunter wieder vor allem für die industriellen Beteiligungen.

In der Praxis übt es die zuletzt genannten Zuständigkeiten im Einvernehmen mit dem Wirtschaftsministerium aus. In den Aufsichtsgremien der Unternehmen befinden sich Vertreter dieser beiden Häuser. Als Grund dafür, daß das Finanzministerium und nicht das Wirtschafts-

[5] Vgl. amtliche Begründung zum § 67, Deutsche Gemeindeordnung, vom 30. 1. 1935 (RGBl. I, S. 49).

ministerium die Federführung besitzt, wird gelegentlich angeführt, daß dieses Vermögen den wechselnden Tendenzen der Wirtschaftspolitik nicht ausgesetzt werden könne. Diese Begründung ist für die Problematik der Sache recht bezeichnend.

Wo umgekehrt das Finanzministerium nicht zuständig ist, also insbesondere bei der Bewirtschaftung des Verwaltungsvermögens, wird es bei allen Entscheidungen von größerer Tragweite oder Fernwirkung eingeschaltet.

3. Von Bedeutung erscheint, daß man zum öffentlichen Vermögen nicht nur zählen muß, was von der öffentlichen Verwaltung im engeren Sinne verwaltet wird. Verwaltungs- und Finanzvermögen befinden sich häufig in der Hand von Trägern, die zur Erledigung ihrer Aufgaben aus der allgemeinen Verwaltung ausgegliedert oder neu gegründet wurden. Sie führen unter den verschiedensten Rechtsformen ein mehr oder weniger ausgeprägtes Eigenleben am Rande der öffentlichen Verwaltung (im engeren Sinne) oder neben ihr.

Die mildeste Form dieser Ausgliederung bilden die sogenannten Regiebetriebe, bei den Gemeinden Eigenbetriebe genannt. Sie besitzen keine eigene Rechtspersönlichkeit, sondern sind vielmehr unselbständige Teile der öffentlichen Körperschaft, zu der sie gehören. Sie haben also rechtlich kein eigenes Vermögen; für ihre Schulden haftet die betreffende Verwaltung. Es können in ihnen ebenso Beamte wie Angestellte tätig sein. Sie unterstehen der Aufsicht genauso wie andere Dienststellen, die natürlich engherziger oder weitherziger ausgeübt werden kann, je nach Sachlage und nach Temperament der Beteiligten. Ihre Sonderstellung ergibt sich meist aus der Natur ihrer Aufgaben, die oft nicht so ganz in den normalen Rahmen der Verwaltung passen, aus der internen Zweckbindung des Vermögens, ihrer kaufmännischen Organisation und Kalkulation. Übrigens sind diese Betriebe ebenso steuerpflichtig, wie wenn sie Privatbetriebe wären. Die Form des Regiebetriebs eignet sich für Betriebe, die eine bürokratische Führung „gerade noch" ertragen, die in einem ruhigen Fahrwasser schwimmen, deren Entwicklung abgeschlossen ist. Abgesehen von den gemeindlichen Eigenbetrieben, wie Krankenhäuser, Verkehrsbetriebe, Wasserwerke usw., sind Beispiele dieser Betriebsform die Staatsdruckereien, die bayerische staatliche Lotterieverwaltung[6], die staatlichen Münzen.

Die nächste Form der Ausgliederung aus der staatlichen Verwaltungsapparatur bilden die Sondervermögen. Auch sie verfügen nicht über eigene Rechtspersönlichkeit. Träger ihrer Rechte und Verbindlich-

[6] In den anderen Ländern werden die Lotterieunternehmen meist in Form von Gesellschaften mit beschränkter Haftung geführt.

keiten ist vielmehr diejenige öffentliche Körperschaft, zu der sie gehören. Ihre organisatorische Selbständigkeit verdanken sie der Tradition oder, das ist die Regel, eigenen Gesetzen. Zu ihnen gehören die Bundesbahn[7], die Bundespost, das ERP-Sondervermögen.

In den Körperschaften, Anstalten und Stiftungen des öffentlichen Rechts ist die rechtliche Abtrennung völlig vollzogen. Sie sind Träger eigener Rechte und Pflichten. Sie sind für sich abgeschlossene, selbständige Einrichtungen. Ihren Status verdanken sie besonderen Oganisationsakten; in der Regel sind sie durch ein Gesetz ins Leben gerufen worden. Dort sind auch ihre Aufgaben und Befugnisse geregelt, ihre innere Organisation und ihr Verhältnis zu Bund, Land oder Gemeinde. Je nachdem unterstehen sie einer mehr oder weniger engen Aufsicht des Ministeriums, dem sie ihrer Aufgabenstellung nach zugeordnet sind. Öffentlich rechtlich organisiert sind die Träger der Sozialversicherung, ferner selbstverständlich die Deutsche Bank als Bundesnoten- und -währungsbank, zahlreiche Kreditinstitute und die Sparkassen, die öffentlichen Versicherungsanstalten, Rundfunk und Fernsehen, Universitäten. Der Kreis der Körperschaften und Anstalten des öffentlichen Rechts ist sehr weit gezogen.

Eine Reihe von Vermögensträgern erscheinen im Kleide der Gesellschaften mit beschränkter Haftung oder der Aktiengesellschaften. Sie sind entweder mit allen Anteilen oder Aktien in der Hand einer oder mehrerer öffentlicher Körperschaften (Eigengesellschaften) oder werden von der öffentlichen Hand und Privatunternehmen zusammen geführt (gemischtwirtschaftliche Betriebe). Hier tritt „der Staat im privatrechtlichen Gewande“ (Vialon) auf. Der Sinn der Verkleidung sind höhere Beweglichkeit durch Unabhängigkeit von der administrativen Gängelung, größere Sicherheit in der Führung durch Verkürzung des Instanzenzugs, Befreiung von der Nachprüfung der Entscheidungen durch die Verwaltungsgerichte, Loslösung vom bürokratischen Denken. Das öffentliche Dienstrecht findet auf derartige Unternehmen keine Anwendung, es gilt das normale Arbeitsrecht. Natürlich bedeutet die Rechtsform der Gesellschaft mit beschränkter Haftung oder der Aktiengesellschaft auch eine rechtliche Beschränkung der Haftung auf

---

[7] Die Bundesbahn ist mit einer Jahresbilanzsumme von 45 Milliarden DM zweifellos das größte Wirtschaftsunternehmen des Bundes. Die Rechtsverhältnisse der Deutschen Bundesbahn sind im Bundesbahngesetz vom 13. 12. 1951 (RGBl. Teil I, S. 955) geregelt. Dort ist bestimmt, daß das Bundeseisenbahnvermögen als nicht rechtsfähiges Sondervermögen des Bundes mit eigener Wirtschafts- und Rechnungsführung verwaltet wird. Die Deutsche Bundesbahn kann im Rechtsverkehr unter ihrem Namen handeln, klagen und verklagt werden. Über ihre Verwaltungs- und Betriebsführung ist gesagt, daß sie unter Wahrung der Interessen der deutschen Volkswirtschaft nach kaufmännischen Grundsätzen zu verwalten ist.

das Vermögen des betreffenden Betriebs, doch erscheint es recht zweifelhaft, ob der Träger desselben diese Beschränkung im Ernstfall politisch in jedem Falle vertreten und durchhalten könnte. Die Gründung solcher Unternehmen und die Beteiligung daran bedürfen der Zustimmung des Finanzministeriums. Durch geeignete Abmachungen soll sich der Staat den nötigen Einfluß auf die Geschäftsführung der Gesellschaft, insbesondere eine angemessene Vertretung im Aufsichtsrat sichern. Es muß außerdem gewährleistet sein, daß die Gesellschaft durch eine Prüfungs- und Revisionsgesellschaft geprüft wird, die dem Staat genehm ist. Trotzdem unterliegen sie noch der Prüfung durch den Rechnungshof.

Gelegentlich haben solche, aber auch nicht-wirtschaftliche Einrichtungen die unscheinbare Form eines bürgerlichen Vereins gewählt. Das beste Beispiel für letztere bietet die Max-Planck-Gesellschaft zur Förderung der Wissenschaften, die sich in dieser Rechtsform die für ihre wissenschaftliche Aufgabe notwendige Selbständigkeit gewahrt hat, obgleich sie fast ausschließlich mit öffentlichen Mitteln gespeist wird. Eine Reihe von Forschungsgesellschaften bedient sich ebenfalls einer bürgerlich-rechtlichen oder handelsrechtlichen Organisationsform. Es sind also nicht nur wirtschaftliche Unternehmen, die im privatrechtlichen Kleid auftreten.

4. Daraus ergibt sich, daß nicht nur die Art des Vermögens und seiner Verwendung, sondern auch die innere Organisation und die äußere Rechtsgestaltung außerordentlich mannigfaltig sind. Die sehr interessante Lehre von den „Hilfsfisci“, die F. Karl Mann[8] begründet hat, hat einiges zur Klärung und Durchdringung der gesamten Problematik beigetragen. Vor allem war es ihr Verdienst, auf den Tatbestand aufmerksam zu machen, daß öffentliche Aufgaben, besonders wenn sie sich nicht so ganz in den Rahmen der üblichen Verwaltung einpassen, in immer stärkerem Maße ausgegliederten Organisationen übertragen werden, denen von der öffentlichen Hand Vermögen zugeführt und dauernd überlassen wird. Die im Gefolge auftretenden Spannungen in Fragen der Staatsaufsicht, der parlamentarischen Kontrolle, des Haushaltsbewilligungsrechts und der Rechnungsprüfung sind im allgemeinen mehr pragmatisch als systematisch geordnet. Die geltende Haushaltsordnung gedenkt dieser Dinge nur am Rande[9].

5. Es erscheint unter diesen Umständen verständlich, wenn man bisher überall von Fall zu Fall, also kasuistisch vorgegangen ist[10]. Prag-

[8] F. Karl *Mann*, Die intermediären Finanzgewalten, Jahrbücher für nationale Ökonomie und Statistik 1928, III. Folge, Bd. 74, S. 219 ff.

[9] Vgl. §§ 9, Abs. 2, Ziff. 3, 9 a, 9 b, 9 c, 64 a RHO.

[10] Das erschwert auch die Darstellung.

matisch ist auch die Einteilung, nach der der Bund sein Vermögen klassifiziert. Er unterscheidet folgende Vermögensklassen:

Allgemeines Verwaltungsvermögen
Sachen im Gemeingebrauch[11]
Vermögen der Bundesanstalten und -einrichtungen
Betriebsvermögen
Allgemeines Kapital- und Sachvermögen
Sondervermögen

Die drei ersten Gruppen umfassen Verwaltungsvermögen. Der Bund bewertet sein einschlägiges Vermögen auf 15,8 Milliarden DM. Die folgenden drei Klassen kann man wohl als Finanzvermögen ansprechen. Sie stehen beim Bund mit etwa 39 Milliarden DM zu Buch.

§ 3. Die Wirtschaftsunternehmen, insbesondere die Bundeskonzerne

1. Die Verflechtung zwischen Staat und Wirtschaft hat zu allen Entwicklungsphasen des modernen Staatswesens ein Problem von stark politischem Gehalt geboten. Es hing in Deutschland zutiefst mit den geistigen Vorstellungen und ihrem Wandel zusammen, wenn sich eine Lösung endgültigen Charakters noch nicht ergeben konnte, ja nicht einmal abzeichnet. Die Vorstellung vom Staat als reinem Ordnungsverband, der das Wirtschaften seinen Bürgern überläßt und sich darauf beschränkt, eine rechtliche Ordnung dafür zur Verfügung zu stellen, ist mindestens seit der Weltwirtschaftskrise überholt. Vom Staat wird heute mehr erwartet. Er ist deswegen längst zum wirtschaft-regulierenden Verband geworden, der in aktiver Weise lenkend und steuernd eingreift. Es geschieht das in erster Linie mit den Mitteln der Gesetzgebung: Die Regelung der Berufsausbildung, des Arbeitsschutzes, der Sicherung des Arbeitsplatzes, die soziale Sicherung, die Lebensmittelgesetzgebung, das Wettbewerbs- und Kartellrecht, die Banken- und Versicherungsaufsicht, um nur einige Gebiete beispielsweise zu nennen, sind schon längst unter die Obhut des Gesetzgebers genommen und geradezu Testfälle für die Fortschrittlichkeit des Staatswesens. Die Frage geht nach den Zielen und Grenzen der Regulierung. Sie geht auch nach der Methode: Soll der Staat auch als Unternehmer am Wirtschaftsverkehr teilnehmen oder soll er nur mit Hilfe hoheitlicher Eingriffe (Gesetzgebung) sich Geltung verschaffen?

---

[11] Sachen im Gemeingebrauch sind alle der Allgemeinheit zur Verfügung gestellten Gegenstände wie Straßen, Brücken, Wasserstraßen, Grünanlagen. Sachen im Gemeingebrauch werden nicht bewertet.

Diese Frage ist kürzlich in einer Untersuchung über die Kreditinstitute der öffentlichen Hand folgendermaßen beantwortet worden: „Die Beeinflussung der Wirtschaft durch die Lenkung der Geld- und Kapitalströme stellt ein überaus wirksames Instrument interventionistischer Wirtschaftsministration dar. In einem Staatswesen, das die Freiheit des wirtschaftenden Menschen und das private Eigentum an den Produktionsmitteln bejaht, bereitet sich hier der Weg, um die unmittelbare „Inverwaltungsnahme" der Wirtschaft zu vermeiden[12]." Daß diese Argumentation bedeute, den Teufel durch den Beelzebub auszutreiben, glauben viele. Sie denken vielleicht nicht daran, daß es in Deutschland lange Zeit nicht entschieden war, ob die Zukunft den privaten oder den öffentlichen Banken gehören solle. Gegen Ende des vorigen Jahrhunderts und wohl im Zusammenhang mit einem Gründerkrach, der auf eine Welle hoher Konjunktur gefolgt war, schlug die öffentliche Meinung deutlich zuungunsten der Privatbanken aus. Ihre Wortführer waren ernste Männer aus dem Kreise der Wissenschaft. Dies ist nur ein Beispiel dafür, wie die Meinungen schwanken und zwar, wie oft im Finanzwesen, zwischen den gegensätzlichsten Polen.

Auf einem neuen Gebiet ebenfalls wirtschaftlichen Charakters bahnt sich mit der neuesten Zeit ein Beispiel notwendiger staatlicher Betätigung an. Es handelt sich um den Beitrag der öffentlichen Hand zur Finanzierung von Kernkraftwerken. Dabei treten häufig Elektro-Versorgungsunternehmen als Auftraggeber für die Reaktorbauindustrie auf. Der Aufwand für die Projektierung und Entwicklung von Versuchsreaktoren belief sich bisher auf insgesamt gut 200 Millionen DM, wovon die öffentliche Hand einen sehr wesentlichen Betrag zuschoß. Im allgemeinen rechnet man damit, daß die Baukosten eines Leistungskraftwerks zu 70 vH von der öffentlichen Hand getragen werden, während das Betriebsrisiko zu 90 vH bei ihr liegt. Es sind offensichtlich Kosten und Risiken dieses neuen Betätigungsfeldes für die Privatwirtschaft noch zu groß und unüberblickbar. Der Staat muß, ähnlich wie in Anfangszeiten der Industrialisierung, bahnbrechend vorangehen.

2. Der politisch umstrittene Teil des Betriebsvermögens der öffentlichen Hand ist ihr industrieller Besitz. Von seinem Umfang, von seiner Vielseitigkeit macht man sich kaum eine Vorstellung. Im Vordergrund stehen die bundeseigenen Gesellschaften, an denen die Länder vielfach wesentlich beteiligt sind. Die Liste der Bundesbeteiligungen umfaßt 418 Gesellschaften des privaten Rechts, an denen der

---

[12] *Scholz,* Kreditinstitute des Bundes und ihre Aufgaben im Rahmen der Wirtschaftsverwaltung, Frankfurt 1960, S. 11.

Bund mittelbar oder unmittelbar zumindest mit einem Viertel des Kapitals beteiligt ist. Dazu gehören Betriebe der verschiedensten Art. Die unmittelbaren Beteiligungen des Bundes an wirtschaftlichen Unternehmen des öffentlichen und privaten Rechts umfassen 78 Unternehmen des öffentlichen und privaten Rechts. Dazu gehören sieben Kreditinstitute, sieben große Konzerngesellschaften, eine Werft, 19 verkehrswirtschaftliche Unternehmen. darunter die deutsche Lufthansa, sowie 29 Unternehmen, die sich mit der landwirtschaftlichen Siedlung oder dem Wohnungsbau befassen. Das Nennkapital dieser Unternehmen beläuft sich auf 4 Milliarden DM, der Anteil des Bundes am Nennkapital auf 2,2 Milliarden DM[13]. Diese Gesellschaften haben zusammen einen Jahresumsatz von rund 12 Milliarden DM. Sie beschäftigen mehr als 300 000 Arbeitnehmer.

An der Gesamterzeugung der Bundesrepublik sind die bundeseigenen Gesellschaften auf einigen Produktionsgebieten überraschend stark beteiligt. Ihr Anteil belief sich:

	Gesamterzeugung der Bundesrepublik einschl. Saarland		Anteil der Bundesgesellschaften a)	
	1960	in 1000 t	1960	vH 1960
Eisenerz	18 869		7 011	37,2
Steinkohle	142 287		34 834	24,5
Braunkohle	96 138		8 704	9,1
Koks	44 754		6 539	14,6
Erdöl	5 530		329	6,0
Hüttenaluminium	169		122	72,2
Roheisen	25 739		1 616	6,3
Rohstahl	33 428		1 657	5,0
		in 1000 t N		
Primärstickstoff	1 242		282	22,7
		in 1000 BRT		
Schiffbau	1 144		311	27,2
		in Millionen kWh		
Stromerzeugung	116 418		19 504	16,8
		in 1000 Stück		
Personenkraftwagen	1 674		757	45,2

a) Beteiligung von 50 vH und mehr

3. Die Kernstücke des industriellen Bundesbesitzes sind 3 Großkonzerne, nämlich die Vereinigte Elektrizitäts-Bergwerks-AG, Bonn/Berlin (VEBA), die Vereinigte Industrieunternehmungen AG, Berlin/

[13] Das Grundkapital der rund 2500 Aktiengesellschaften in der Bundesrepublik kann mit etwa 30 Milliarden DM beziffert werden.

Bonn (VIAG), die Salzgitter AG, Berlin, sowie die Saar-Bergwerke und das Volkswagenwerk.

Das Betätigungsgebiet der VEBA liegt auf dem Gebiet der Energiewirtschaft. Sie stammt aus der Zeit als es galt, die Stromversorgung in Nordostdeutschland, Schleswig-Holstein und Niedersachsen von seiten des Staates im Interesse der Landesentwicklung voranzutreiben. Sie betätigt sich weiter auf dem Gebiet des Bergwesens und verkörpert hierbei ein Stück der deutschen Wirtschaftsgeschichte. Die Bergwerksunternehmen, über die sie verfügt, stammen nämlich teilweise aus der umfangreichen Betätigung der Preußischen Staatsverwaltung auf allen Gebieten des Berg-, Hütten- und Salinenwesens, die bereits im 18. Jahrhundert begann. In ihrem Bereich befindet sich auch die Hibernia, deren Anteile von Preußen in den Jahren 1902—1908 aufgekauft wurden mit dem Ziel, auf die Gestaltung der Arbeitsverhältnisse und des Kohlenpreises einzuwirken, die von einem Syndikat privater Unternehmen monopolisiert werden sollten. Im Hintergrund stand wohl auch der Wunsch, den Kohlenbedarf des Staates für seine Eisenbahn, auch im Interesse des Heeres, unabhängig vom Markt sicherzustellen.

Die VIAG ist ein Kind des ersten Weltkriegs. Ihm verdankt die deutsche Aluminium-Industrie weitgehend ihre Entstehung und gleichzeitig mit ihr auch die gewaltigen Kraftwerke, die den für die Produktion des Aluminiums erforderlichen Strom liefern.

Die Salzgitter AG wurde gegründet, um die saueren Erze des Salzgittergebietes abzubauen, die lange als wertlos gegolten hatten. Der ursprüngliche Plan, das Erz ins Ruhrgebiet zu bringen, schlug fehl; man entschloß sich die Kohle zum Erz zu bringen. Es wird dort bis zur letzten Wärmekalorie in einer Verbundwirtschaft mit Kokerei, Hochofen, Kraftwerk und Gasverwertung so wirtschaftlich wie möglich ausgenutzt. Ebenso erfolgt die Weiterverarbeitung des flüssigen Roheisens im Stahlwerk und Walzwerk unter größtmöglicher Energieausnützung.

Das sind nur Beispiele aus der Geschichte und Entwicklung des industriellen Besitzes, die einer eigenen Bearbeitung würdig wäre.

4. Aus dieser Geschichte ergibt sich, daß der Staat sich auf das Gebiet der Wirtschaft nicht leichtsinnig vorgewagt hat, aber auch, daß er erfolgreich war, wo er es tat. Es liegt das zweifellos nicht daran, daß sich die Staatskassen als unerschöpfliche Zuschußquelle, das Finanzamt als nachsichtiger Pfleger oder die Aufsichtsratsmitglieder als einflußreiche und wohlunterrichtete Gönner erwiesen hätten. Derartige in der Öffentlichkeit verbreitete Meinungen treffen in dieser Allge-

meinheit keineswegs zu. Ganz im Gegenteil erwies und erweist sich der Gesellschafter „Staat“ als ein Unternehmer, der sehr viele politische Rücksichten nehmen muß und die Unternehmungsführung ist gelegentlich in der merkwürdigsten Weise eingegrenzt.

Die Geschichte der Wirtschaftsunternehmen der öffentlichen Hand ist im Regelfall eine Geschichte der Rechtfertigung für ihre Betätigung auf diesem Gebiet. Im Vordergrund des Interesses stand nicht die Idee, der Privatwirtschaft Konkurrenz zu machen oder einen Ertrag für die Staatskasse herauszuwirtschaften. Es kam vielmehr auf die Bedarfsdeckung und die Bedarfssicherung sowie auf die Verbesserung der Landesstruktur durch einen zielbewußten Einsatz an Angelpunkten an. Hier ist viel geleistet worden. Leider wird das nicht in dem Umfang anerkannt, den diese Leistung verdient. Leider pflegt man auch hinterher zu vergessen, wie stark der Ruf nach dem rettenden Staat war, wenn ein Betrieb und mit ihm die Arbeitsplätze in der Krise in Gefahr waren! Eine Reihe von Betrieben sind auf diese Weise an den Staat gefallen. Die Sozialisierung des Risikos ist fast selbstverständlich geworden.

Es ist hier nicht der Ort, für oder gegen eine Privatisierung der Betriebe zu sprechen. Die Auslieferung von Betrieben der öffentlichen Hand an private Interessenten, wo die Rechtfertigung für ihren Besitz entfallen ist, wird auch von den Anhängern der Privatisierungspolitik nicht als befriedigend empfunden. Denn welches andere als ein rein dogmatisches Interesse könnte dafür sprechen, den Staat als Gesellschafter durch eine anonyme Schar von Aktionären zu ersetzen?

Man hat deshalb mit der Privatisierung das soziale Ziel verfolgt, breiteste Kreise der Bevölkerung im Dienst einer Politik gerechterer Einkommensverteilung an dem industriellen Vermögen zu beteiligen. Die „Volksaktie“ wurde geschaffen und in kleiner Stückelung und sehr breiter Streuung zu einem sozialen Ausgabekurs veräußert. Durch komplizierte Maßnahmen soll die breite Streuung erhalten und verhindert werden, daß Interessengruppen sich durch Aufkauf von Aktienpaketen einen beherrschenden Einfluß auf das privatisierte Unternehmen verschaffen. So wurde bei der Teilprivatisierung der Preußischen Bergwerks- und Hütten-AG, eines Teils der oben erwähnten VEBA, und bei der Teilprivatisierung des Volkswagenwerks verfahren. Die Erfahrungen mit diesen gutgemeinten und ideenreichen Maßnahmen müssen erst abgewartet werden. Zweifellos kann sich die Konstruktion der Sozialisierung öffentlichen Besitzes dieser Art durch breite Streuung der Aktien als zukunftsträchtige Erfindung erweisen. Aber häufig ist auf dem Gebiet der Finanzwirtschaft der letzte Schrei nicht das letzte Wort.

Es hat den Anschein, als würden die Probleme der Nationalisierung und der Sozialisierung der Grundstoffindustrie heute in Deutschland nicht als so drängend empfunden wie unmittelbar nach dem Kriege. Dazu mag sowohl die Einführung des Mitbestimmungsrechts in den Betrieben wie auch die starke Stellung der öffentlichen Hand durch ihren wirtschaftlichen Besitz gerade in diesen Bereichen beigetragen haben. Andere Überlegungen, wie etwa die erwähnten Vorgänge aus dem Bereich der Kernstoffindustrie, treten in den Vordergrund. Aus den Erfahrungen der hochentwickelten Industrieländer und dem Beitrag des Staates zu dieser industriellen Entwicklung läßt sich sehr viel lernen. Es handelt sich um eine wechselvolle Geschichte, die sich über mindestens 150 Jahre zurück erstreckt. Es ist die Geschichte der Industrialisierung Deutschlands.

Nachwort

Die Arbeit ist aus Vorlesungen entstanden, die der Verfasser an der Universität und an der Hochschule für politische Wissenschaften in München über Finanzverfassung und Finanzwirtschaft hielt. Die Vorlesungen ihrerseits erwuchsen aus einer beruflichen Tätigkeit, der er das Miterleben der deutschen Finanzpolitik nach dem Krieg von ihren ersten Anfängen an verdankt.

Anschaulichkeit und Lebendigkeit, selbst auf das Risiko gelegentlicher Verkürzung und mancher Lücken, erwiesen sich als erforderlich, um dem Zuhörerkreis den Zugang zu einem Sachgebiet zu erleichtern, das merkwürdigerweise als spröde und trocken gilt, obwohl es doch von politischer Spannung vibriert.

Die Sammlung von Material ist stets mühevoll. Manche Sorge bereiteten die statistischen Tabellen, die in sich nicht immer übereinstimmen. Es hängt das damit zusammen, daß die Finanzstatistik im Interesse der Aktualität häufig mit vorläufigen Daten arbeiten muß. Auch dafür wird die Nachsicht des Lesers erbeten.

Auf seinen zahlreichen Auslandsreisen hat der Verfasser sich stets um Information auf seinem Arbeitsgebiet bemüht. Er hofft dem Gast aus dem Ausland in etwa zu bieten, was er selbst suchte: eine knappe und anschauliche Darstellung aktueller finanzwirtschaftlicher Fragen und ihre Zusammenhänge.

So wäre auch dic Einreihung dieser Arbeit in die Schriftenreihe zu rechtfertigen.

Es stellt sich die Frage: kann das Ausland von der deutschen Finanzwirtschaft lernen? Die Antwort ist einfach. Niemand denkt daran, ein fertiges System „made in Germany“ zum Export anzubieten. Es geht darum, den Leser über die deutsche Lösung als ein Beispiel von vielen zu unterrichten. Exempla docent.

Literaturverzeichnis

Duhmer, Wilhelm: Das öffentliche Vermögen. Ein Problem der organischen Finanz- und Steuerreform, Bonn 1955.

Egner, Erich: Der Haushalt, Berlin 1952.

Finanzbericht, herausgegeben vom Bundesfinanzministerium, 1962, 1963, 1964.

Forsthoff: Lehrbuch des Verwaltungsrechts, 1. Bd., 1961.

Gangemi, Lello: Finanza Pubblica, Vol. I, Napoli 1961.

Gegenwartsprobleme des öffentlichen Haushalts, Schriftenreihe der Hochschule Speyer, Bd. 12, 1961.

Gerloff-Neumark: Handbuch der Finanzwissenschaft, 2. Aufl., Tübingen 1952 und 1956.

Gerloff, Wilhelm: Die öffentliche Finanzwirtschaft, 2. Aufl., Frankfurt a. M. 1950.

Grundlagen und Möglichkeiten einer organischen Finanz- und Steuerreform, Heft 60 des Instituts „Finanzen und Steuer", Bonn 1962.

Haller: Finanzpolitik, 1957.

Heinig, Kurt: Das Budget, Tübingen 1949/1952.

— Haushaltsfibel, Wörrishofen 1953.

Helmert: Haushalts-, Kassen- und Rechnungswesen, Berlin 1961.

Hettlage-Loschelder: Gemeindewirtschaftsrecht, 3 Teile, Berlin-Eberswalde 1937 und 1943.

Hicks, J. R.: Einführung in die Volkswirtschaftslehre, in: Rowohlts deutsche Enzyklopädie, 1962.

Jèze, G., und Fr. *Neumark:* Allgemeine Theorie des Budgets, Tübingen 1927.

Liefmann-Keil: Ökonomische Theorie der Sozialpolitik, Berlin 1961.

Musgrave: The Theory of Public Finance, McGraw, New York-London.

Neumark, Fr.: Der Reichshaushaltsplan, Jena 1929.

Peters, Hans: Handbuch der kommunalen Wissenschaft und Praxis, 3. Bd.: Kommunale Finanzen und kommunale Wirtschaft, Berlin-Göttingen-Heidelberg 1959, mit Beiträgen u. a. von: van Aubel, Bollig, Brügelmann-Ludwig, Daub-Tomasczewski, Duhmer, Eich, Giere, Hacker, Hettlage, Jansen, Labs, Schmölders, Weisser, Winckelmann, Zeiß.

Popitz: Der künftige Finanzausgleich zwischen Reich, Ländern und Gemeinden, Berlin 1932.

Predöhl, Andreas: Das Ende der Weltwirtschaftskrise, in: Rowohlts deutsche Enzyklopädie.

Preiser: Nationalökonomie heute.

Rostow: Stadien wirtschaftlichen Wachstums, Göttingen 1960.

Schmitt-Lermann: Der Versicherungsgedanke im deutschen Geistesleben des Barock und der Aufklärung, München 1954.

Schmölders: Finanzpolitik, 1955.

Schnabel: Deutsche Geschichte im 19. Jahrhundert, 1947.

Schneider: Geschichte der formellen Staatswirtschaft von Brandenburg-Preußen, Berlin 1952.

Thoms: Kameralistische und Kaufmännische Buchführung, Berlin 1936.

Vialon, F. K.: Haushaltsrecht, 2. Aufl., Berlin-Frankfurt a. M. 1956.

— Öffentliche Finanzwirtschaft, Gesetzessammlung, Berlin 1956.

Walb, E.: Die Erfolgsrechnung privater und öffentlicher Betriebe, Berlin-Wien 1926.

Weichmann, Herbert, und Curt *Wawrczeck:* Neuordnung der öffentlichen Haushalte, Hamburg 1952.

Wuenschel, Hans Ph.: Staatliche Haushalts-, Kassen- und Rechnungsvorschriften in Bayern, 4. Aufl., München 1957.

FSC
www.fsc.org
MIX
Papier | Fördert
gute Waldnutzung
FSC® C083411

Kolibri 360 GmbH
Ferdinand-Jühlke-Straße 7
99095 Erfurt, Deutschland
produktsicherheit@kolibri360.de